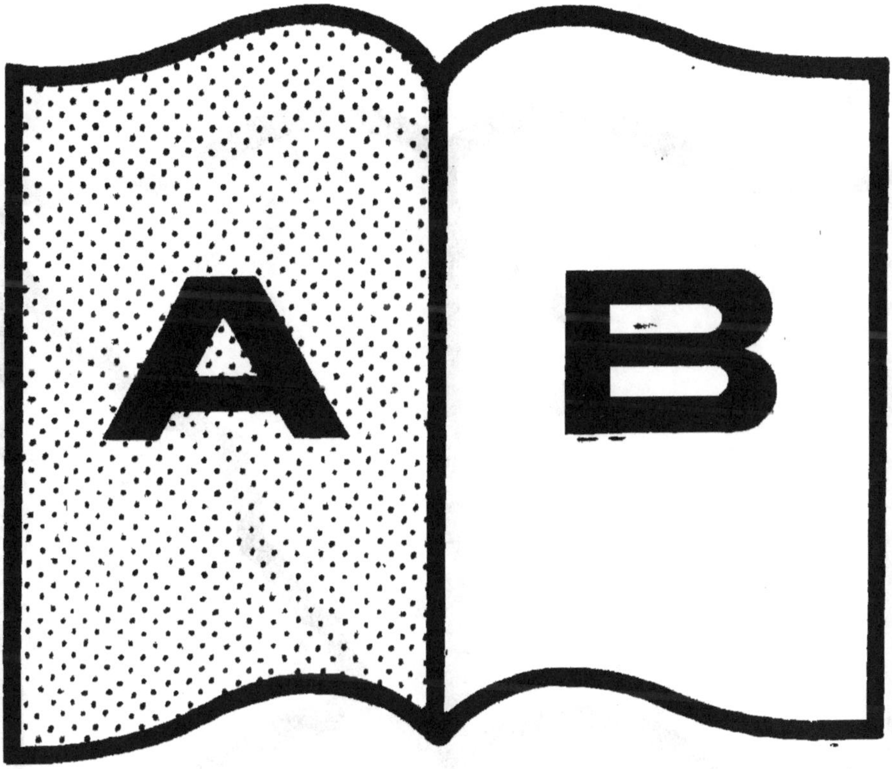

Contraste insuffisant

NF Z 43-120-14

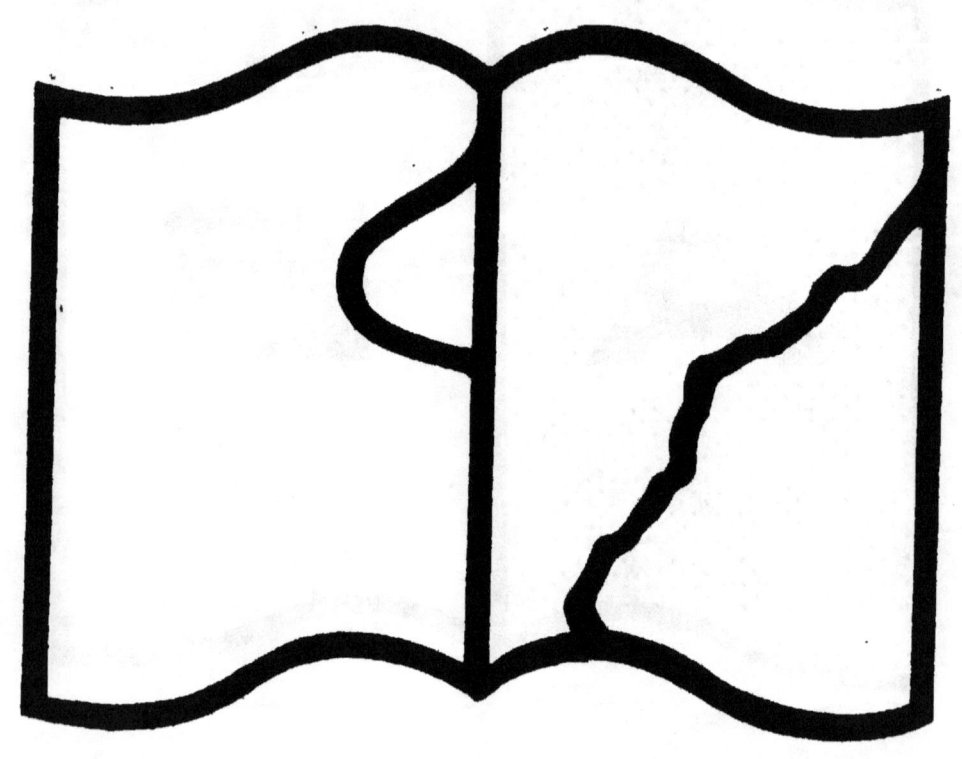

Texte détérioré — reliure défectueuse
NF Z 43-120-11

LES DRAMES DE LA JUSTICE

DIXIÈME ÉPISODE

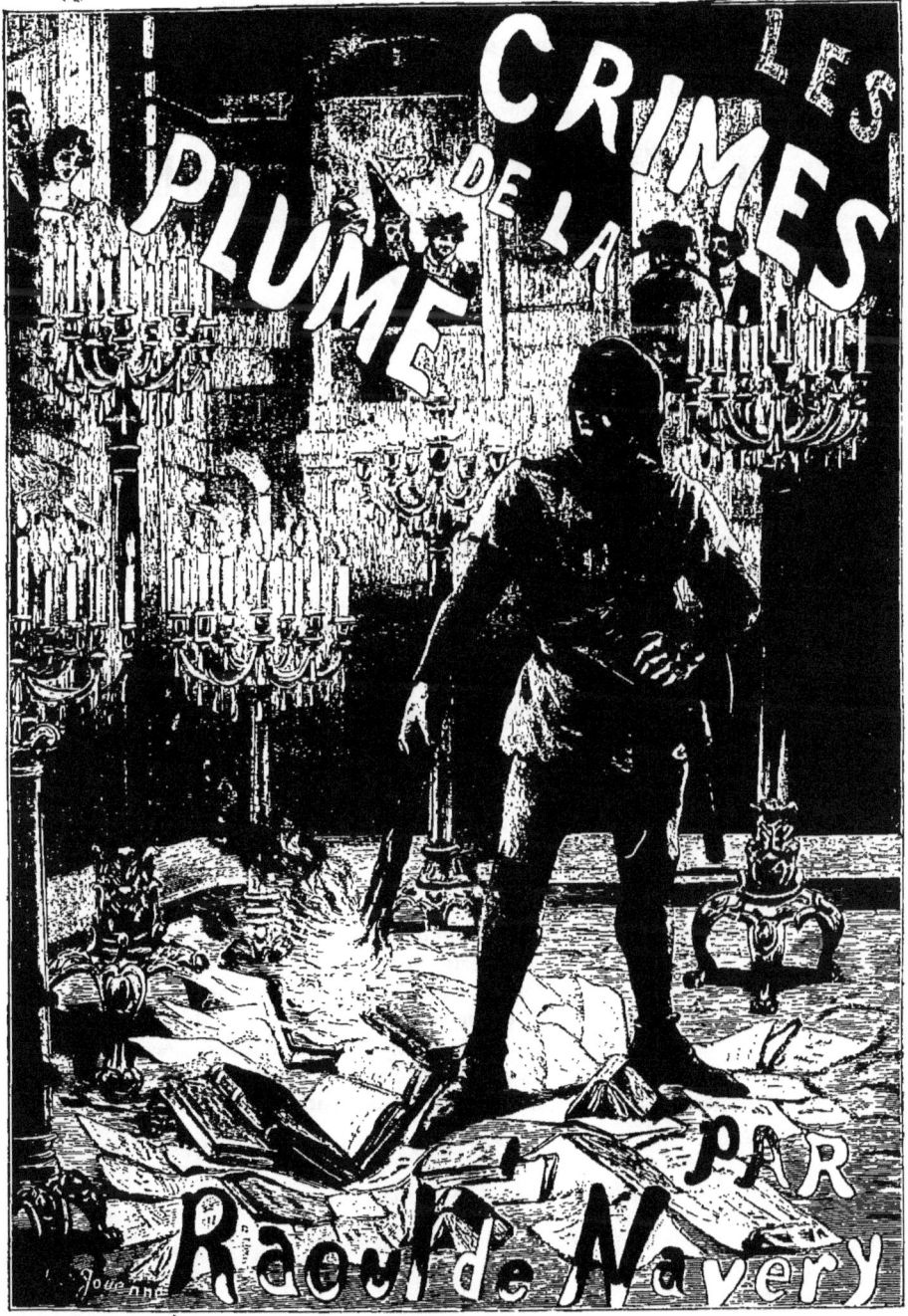

LES DRAMES DE LA JUSTICE

DIXIÈME ÉPISODE

LES CRIMES DE LA PLUME

Par RAOUL DE NAVERY

CHAPITRE PREMIER

VINGT ANS APRÈS

M. Victor Nanteuil est-il chez lui?

— Cette question était adressée à un domestique en petite livrée du matin, par un homme d'environ quarante-six ans qui ne pouvait manquer d'être étranger. La couleur bistrée de son teint, la coupe de ses habits, tout en lui trahissait un homme n'ayant jamais connu, ou ayant perdu, depuis longtemps, les habitudes parisiennes. Du reste, la physionomie était belle et franche, le regard clair et droit, et le ton d'assurance du visiteur suffisait pour indiquer qu'il possédait une valeur personnelle.

— Monsieur est sorti, répondit le valet de chambre.

— Quand on est sorti, on rentre.

— Monsieur rentrera peut-être tard.

— J'attendrai, répondit le visiteur.

Le valet de chambre ouvrit la porte d'un salon meublé à la turque et séparé par des portières d'un second salon plus vaste.

Ensuite le domestique désigna les revues, les journaux couvrant la table et sortit.

Le visiteur promena autour de lui un regard curieux.

— Quel luxe! murmura-t-il : des bronzes admirables, des cloisonnés artistiques, des tentures enlevées à quelque chambre du sérail; des chibouks garnis de pierreries, des toiles merveilleuses! On m'avait dit que mon copain de collège, Victor Nanteuil, était devenu riche et célèbre, mais je ne croyais pas que ce fût à ce point.

L'étranger admirait, sans envie, avec un sentiment de joie sincère; il se réjouissait à la pensée que le premier, le plus ancien de ses camarades, avait fait un chemin rapide. Certains objets bizarres ou précieux, venus de Perse ou d'Amérique, lui rappelaient ses propres voyages, et il souriait en retrouvant des choses connues.

Il était près de onze heures quand Victor Nanteuil, rentrant chez lui, fut averti que quelqu'un l'attendait au salon.

— Je n'ai pas osé demander la carte à ce monsieur, il semblait si certain d'être reçu.

— S'il s'agit d'un importun, je ne le garderai pas longtemps, dit Nanteuil.

Victor Nanteuil était, à la fois, le romancier et le dramaturge le plus célèbre de Paris ; ses loisirs étaient rares, ses moments précieux, il ne pouvait ni perdre une heure ni sacrifier une matinée. Des obligations, des traités le liaient, l'entraînaient et faisaient de lui un homme emprisonné dans un cercle infranchissable de production et de travail.

Quand il pénétra dans le salon, il jeta sur le visiteur, qui l'attendait, un regard rapide, incisif ; ce regard le rassura, puis il sembla dire clairement à la personne qui l'attendait :

— Expliquez-vous vite, je suis pressé.

Le voyageur, qui s'était retourné au bruit léger de la porte, s'avança vers Nanteuil les mains tendues :

— Toussaint! dit-il, tu ne reconnais pas ton camarade Toussaint?

— Comment! c'est toi?

Les deux hommes s'étreignirent avec une force virile, puis l'auteur dramatique prit place sur une ottomane avec son ami.

— Parlons de toi d'abord, dit l'écrivain ; moi je suis resté, toi tu as fait des voyages sans nombre, et tu t'es frotté à toutes les civilisations, ce qui est le meilleur moyen de perdre ses préjugés.

— Tu n'attends pas, sans doute, que je te raconte comment j'ai fait quatre fois le tour du monde?

— Au contraire, le tour du monde est à la mode.

— Je garderai cela pour mes Mémoires, si j'ai jamais la patience de rassembler mes notes et de rédiger un ouvrage complet. C'est toujours mon défaut maudit : la paresse, qui mettra obstacle à ce que, moi aussi, je me fasse presque un nom ; j'ai l'amour de la découverte et l'horreur du classement... D'où je viens? de partout... J'ai habité Timor et Madras, Calcutta et Ispahan. J'ai couché dans des hamacs de lianes, et sous des huttes de neige ; j'ai mangé du singe rôti, des filets de morse et des pattes d'ours ; bu du vin de palmier et du kawas. Des sauvages d'Afrique m'ont appelé leur

« mingos » en frottant leur nez contre le mien. J'ai failli être brûlé pour être entré dans une pagode sacrée, et découpé en tou petits morceaux, à l'aide de coquillages, parce que j'avais osé pénétrer dans un bois déclaré *Tabou*. Des rois m'ont offert leurs filles en mariage; on m'a dressé des autels dans une tribu africaine; et l'on m'a offert des sacrifices comme au dieu de la médecine. J'ai dormi sous un mancenillier et je n'en suis pas mort; je rapporte du suc d'euphorbe et de la résine de boon-upas. Le navire qui m'a ramené en France n'avait d'autre lest que mes collections. Je suis peut-être riche comme un roi, et je m'en soucie comme d'un fétu de paille. Plus j'ai vu l'œuvre de Dieu, plus je l'ai trouvée admirable... Sur tous les points du globe, j'ai rencontré des missionnaires, je reviens jeune de cœur, croyant et pas méchant, voilà tout!

— Oui, voilà bien ce que tu étais, et ce que tu devais rester.

— Ah! pardon, Victor, je réclame; je pense pouvoir réclamer pour nous deux. Au collège, on me traitait de paresseux, sous prétexte que j'apprenais mes leçons à l'aide d'une méthode personnelle; en dépit de cette paresse, j'ai beaucoup appris. Les hommes me semblaient si frivoles, quand j'eus fini mon cours de médecine, que j'ai voulu me consoler avec les choses, et j'y suis parvenu.

— Est-ce d'abord à ma porte que tu es venu frapper?

— Tout droit.

— Voilà qui est bien.

— Du Havre à Paris, je voyageais avec un aimable homme qui, sachant que j'arrivais des Indes, parut me prendre en grande pitié. Je n'allais plus me trouver dans le mouvement, comme il disait; je ne connaissais ni l'histoire des carambolages de ministère, ni les questions d'art et de turf. J'avais beau dire à cet obstiné que j'avais assisté, à Ceylan, à des chasses d'éléphants plus curieuses et plus dramatiques qu'une course de poneys, il n'en voulait point démordre. Comment! j'avais manqué l'ouverture de la salle du nouvel Opéra! Mais, lui répliquais-je, j'ai vu les temples d'Ellra dans l'Inde, les ruines de Balbeck, la muraille de Chine. J'ai vu danser les Almées, je sais une réunion de pantouns malais, et je ferai don au Conservatoire de la plus belle collection existante d'instruments de musique javanais, rien n'y faisait! J'étais un sauvage, un ignorant, et le plus malheureux des hommes. Et nos écrivains célèbres, poursuivit-il, nos artistes fameux, nos grands dramaturges, jamais vous ne les avez rencontrés! Moi, Monsieur, au Théâtre-Français, j'ai aperçu un jour Victor Nanteuil dans sa loge, et pendant une semaine, j'ai retrouvé dans mon souvenir le profil de ce grand homme. — Ici je me permis de l'interrompre, car sa pitié devenait loquace. — Victor Nanteuil ! fis-je, mais je le tutoie ; c'est mon ami intime ! — Et me voilà de m'enquérir de toi, de ta situation. J'apprends, avec une joie dont tu peux te faire l'idée, que tu es l'écrivain le plus goûté de Paris ; que tes romans et tes drames te rapportent trois cent mille francs par an ! Mais sois tranquille, je n'ai pas eu un seul moment la crainte que tu ne reconnusses pas ton vieux compagnon.

— Je le pense bien !

— Te souviens-tu de notre vie de collège, des tours joués aux professeurs, des pensums que nous copiions avec cinq plumes, de tout ce bon temps que nous avons eu l'esprit de ne pas maudire ! Même, à cette époque, ta famille comptait faire de toi un magistrat...

— Sais-tu à qui je dois d'être devenu homme de lettres ?

— Ce n'est certes pas à ton père..

— Naturellement ! Quand nous étions en seconde, te souviens-tu du père Brochant, notre professeur ?

— Je n'en suis pas bien sûr.

— Il arrivait régulièrement à la classe en se frottant les mains, et nous disait, de sa voix un peu aigre : — « Allons, Messieurs, nous allons travailler, ce matin, beaucoup travailler ! » — Là-dessus un de nous répondait, moi le premier, peut-être : « — Mais, Monsieur, nous avons remis tous nos devoirs et appris toutes nos leçons. — Est-ce bien vrai, cela ? — Oh ! oui, Monsieur, nous ne voudrions pas vous tromper. — Et vous avez raison, ce serait mal, très mal... Il faut, cependant, faire quelque chose. » La même voix insidieuse reprenait : « — Monsieur Brochant, n'auriez-vous pas apporté quelque livre intéressant ? vous nous feriez une lecture... — Non, Monsieur, je n'ai rien ce matin, rien, absolument rien ! — Oh ! vous lisez si bien, Monsieur Brochant. — Heu ! heu ! j'ai bien là quelque chose, mais cela ne vous intéresserait pas ! — Ne pas nous intéresser ! quand vous trouvez du mérite à cette œuvre, quand vous voulez bien nous la lire ! » — Et là-dessus, le père Brochant cherchait dans la poche la plus mystérieuse de sa serviette, un volume bizarre, les contes d'Hoffmann ou ceux d'Edgard Poë, et il nous lisait, d'une voix lamentable, quelques-unes des aventures enfantées par des cerveaux atteints d'une sorte de névrose. Je n'ai jamais compris par quel prodige la voix, naturellement aigre et vibrante, de ce digne homme se métamorphosait d'une façon aussi soudaine et aussi invraisemblable. Il se faisait un accent spécial ; il inventait une mélopée, digne, croyait-il, d'accompagner les récits de deux hommes de talent, qui ont eu le malheur de préférer le rêve à la vie réelle.

Que l'on doue un écrivain raisonnable des qualités d'analyse, d'induction et de déduction d'Edgard Poë ; qu'on lui prête la forme incisive d'Hoffmann ; que cet écrivain applique ces dons merveilleux à la peinture de la vie, des passions, au récit de drames poignants, et l'on aura un romancier plus fort que Balzac. Sur la foi du père Brochant, nous étions donc devenus non pas seulement des lecteurs d'Edgard Poë, mais des disciples, des adeptes, des fanatiques.

— Pardon, dit le docteur, je ne partageais pas cette admiration.

— C'est juste, et il faut même avouer que quelques-uns d'entre nous, jugeant de ton intelligence d'après ce détail, affirmaient que tu ne ferais jamais rien.

— J'ai toujours préféré les choses vraies aux rêves.

— Il t'arriva même souvent de dire que tu aimerais mieux doubler la quantité des devoirs à écrire, que de n'en pas faire du tout.

— Mon père était pauvre, dit le docteur, je devais me hâter de gagner de l'argent pour mettre un terme aux sacrifices que mes parents s'imposaient... Hélas! un mois après que j'eus reçu le titre de docteur, ils s'en allaient ensemble, souriants, consolés à la pensée que je serais heureux.

— Et tu quittas la France?

— Je voulais expérimenter les moyens curatifs employés par les peuples primitifs, qui se passaient de science anatomique et de codex. Je comptais rester trois ans hors de mon pays... je reviens au bout de vingt années. Et toi?...

— Moi! j'aimais toujours Edgard Poë et Hoffmann. J'échouai, naturellement, lors de l'examen du baccalauréat, et l'on en conclut que toute carrière m'était fermée. J'essayai de me corriger, et, sous prétexte de piocher, je m'installai dans une jolie chambre, et je commençai à imiter Hoffmann et Poë, mes modèles. Je lus mes essais au père Brochant qui m'embrassa en pleurant de joie, et en affirmant qu'il venait de donner un grand homme à la France. Ce qui est certain, c'est qu'il s'occupa de faire paraître mes articles, et un soir, à sa grande stupéfaction, mon père lut une *nouvelle* bizarre au bas de laquelle se trouvait ma signature. Il ne me parla plus jamais de faire mon droit. Il eut assez de bonté et de logique pour comprendre que mieux valait avoir pour fils un écrivain ayant une vocation sincère, qu'un chasseur de dossiers sans conviction. Il pleura de joie à ma première pièce, et je ne puis songer à lui sans le bénir du fond de l'âme. Si tu veux savoir ce qu'a été ma vie, un seul mot la résume : j'ai travaillé. Tandis que tu parcourais, à pied, les montagnes et les forêts vierges, je m'y égarais en imagination, et la puissance de l'intuition et de l'assimilation m'inspiraient des descriptions plus colorées que les tiennes. J'ai fait jouer quarante drames ou comédies. J'ai vu des salles entières se lever, pour acclamer mon œuvre... J'ai vidé la coupe de l'enthousiasme que l'on fait naître, et la griserie qui m'a monté au cerveau était dissipée au bout d'une heure. Mes livres sont tous vendus d'avance; j'ai des terres et des titres de rentes; un mobilier qui vaut une fortune. Mes pièces me créent des revenus que j'ai seulement la peine de recevoir. Au fond d'un écrin, je garde une vingtaine de décorations, et je puis, comme un ministre, me passer un grand cordon en sautoir... Voilà!

— C'est beau, dit le docteur, oui c'est beau!
— C'est heureux, au moins.
— Et tu es parvenu sans peine?
— Sans peine! Cela me fait bondir, quand j'entends quelqu'un se servir de cette expression. Sans peine! mais j'ai écrit souvent pendant douze heures consécutives; je suis resté réveillé des nuits entières, cherchant le commencement, le nœud ou le dénoument d'un drame. Je suis écrivain par l'esprit, par le cœur, par le cerveau, écrivain jusque dans les moelles. Toute œuvre a vibré en moi! Dans chacun de mes livres je pourrais toucher, du doigt, une page, et dire : — J'ai pensé ainsi! j'ai souffert cela! Réussir sans peine, quelle sottise, ou quel blasphème! Ah! sans doute, je n'ai point subi l'humiliation de me voir repoussé par un éditeur, de m'entendre refuser mes articles; je n'ai pas eu d'habit râpé et je ne me suis point passé de dîner pour acheter des gants. Voilà ce qu'en général une catégorie de fumeurs de pipes et de buveurs d'absinthe appellent avoir eu de la peine à parvenir. Moi j'ai étudié, observé, cherché; si j'ai trouvé, c'est à force de labeur, et de cela seulement, j'ai le droit d'avoir, non pas de la vanité, mais de l'orgueil.

— Enfin, tu jouis pleinement de ce que l'on appelle la gloire?
— Pleinement, oui.
— Peux-tu me permettre de t'adresser une question?
— Vingt questions.
— Es-tu heureux?
— Comment ne le serais-je pas! après ce que je viens de te dire.
— Les médecins sont défiants par nature, et ils vont toujours plus loin que l'apparence. Analysons donc : Es-tu marié?
— Trouves-tu que ce soit une condition opposée au bonheur?
— Au contraire. Quelle femme as-tu épousée?
— Une orpheline, élevée en province, intelligente, juste assez pour comprendre qu'elle devait me laisser toute la liberté néces-

saire à mes travaux. Trois cent mille francs de dot, une jolie figure et une extrême douceur.

— As-tu des enfants?

— Une fille, Cécile... grande, belle, d'un caractère un peu entier peut-être, mais généreux, enthousiaste; puis, pour servir de compagne à Cécile, j'ai élevé Angèle, laissée orpheline par ma pauvre sœur. Ma femme a bien voulu agrandir pour elle le foyer de la famille, et ma vie se passe entre ces deux anges et ma femme. Tu vois que l'on ne saurait rêver un intérieur plus heureux.

Le docteur Toussaint serra les mains du romancier.

— Dieu soit loué! fit-il, oui Dieu soit loué!

En ce moment, le domestique entra et présenta à son maître des lettres et des journaux.

Tu permets que je décachète mon courrier devant toi? demanda-t-il.

— Comment donc! mais je t'aiderai si tu veux?

Le romancier parcourut quelques lignes d'un article de critique et poussa une exclamation de dépit.

— Quels niais que ces gens-là! ils ne comprennent rien à mes livres!

Il fit une boule du journal, le lança dans la cheminée et décacheta une lettre.

Voilà qui est plus poli, fit-il avec un sourire, mais c'est trop gracieux : « Monsieur, jamais votre talent ne s'était élevé à une hauteur... » Toutes ces lettres-là se ressemblent! ajouta Victor en brisant l'enveloppe d'une seconde : « Vous avez fait faire un pas immense à la littérature, et la postérité vous devra... » On dirait que je fais de la coquetterie avec toi, ajouta Victor... Ah! voici une critique amère, emportée : On m'accuse de pervertir le peuple, de démoraliser la famille... Il faut, paraît-il, refuser aux jeunes demoiselles le droit de lire mes ouvrages...

Je le crois bien! Est-ce que j'écris pour elles? pas même pour ma femme, à qui j'ai dit, le lendemain de mon mariage : « Ma chère enfant, il existe en moi deux hommes : l'un qui vit par l'imagination, noue des intrigues dans ses livres, invente des crimes dans ses drames, et l'autre qui t'aimera cordialement, et te rendra douces les années que tu dois passer avec lui. N'ouvre de mes livres que ceux que je te remettrai; quand mes pièces de théâtre seront dignes de toi, je te mènerai les voir. Promets-moi de ne jamais enfreindre cette défense dont dépend notre bonheur à venir.

— Et ta femme a consenti?

Tandis que tu parcourais, à pied, les montagnes et les forêts. (Voir page 6.)

— Naturellement.
— Et elle a tenu parole?
— J'en jurerais.
— Eh bien! à ta place j'aurais un remords.
— Lequel?
— Celui de tromper une semblable femme.
— La tromper, moi? comment?
— Tu ne devrais pas le demander.
— Au contraire, je le demande, parce que je ne comprends pas; tu deviens ténébreux comme un savant.

— C'est que tu n'aimes peut-être pas la morale ?
— Et à quel sujet m'en ferais-tu ? grand Dieu ! Mais je suis une épitaphe, moi : Bon père, bon époux, et le reste.
— Tu as raison, d'ailleurs ; j'arrive, heureux de te voir, reconnaissant de ton accueil, le cœur gonflé d'attendrissement, et pourtant je vais peut-être te faire de la peine.
— Je t'en défie, tu es trop bon.
— Tu me permets de parler ? Eh bien ! je le répète ; tu trompes ta femme et cela est mal. Oh ! je sais qu'il existe plusieurs manières d'expliquer ce mot. Pour moi, tout ce qui est supercherie, mensonge, de quelque nature que soit ce mensonge ou cette supercherie, est une faute qui retombera non point sur la dupe, d'une adresse persistante ou d'une duplicité habile, mais sur l'auteur même de la tromperie. Comment ! tu as pour femme une créature assez loyale pour ne pas transgresser tes ordres, assez discrète pour n'avoir point entr'ouvert les feuillets d'un livre que tu n'as point remis dans ses mains, et ce roman, tu as eu le courage de l'écrire à ses côtés ? Tandis qu'elle travaillait, paisible, à la clarté de la lampe, tu cherchais dans une combinaison adroite, dans une peinture vive, à captiver l'intérêt d'un lecteur passionné ou d'une femme romanesque ? Tu rêvais, tu créais le mal à côté du berceau de ta fille ?..
— Toussaint !
— Tu m'as autorisé à parler, je parlerai ! Je n'admets point, dans la sainte égalité du mariage, que l'homme ait tous les droits, sans que la femme en garde aucun. Tu veux l'amour, l'estime, le respect de ta femme, et si tu les conserves, c'est grâce à son ignorance. Que penserait-elle de toi, si elle lisait tes livres ? Elle apprendrait à connaître un autre Victor Nanteuil, que celui que tu lui as révélé. Élevée en province, dans une famille austère, sans doute, elle ne traiterait point légèrement ce que tu sembles te pardonner si vite. Peut-être son cœur resterait-il à jamais et mortellement blessé !
— Bah ! tu exagères.
— Je crois, plutôt, que tu oublies de compter avec l'exquise sensibilité féminine. Ta femme est-elle pieuse ?
— Elle assiste aux offices presque régulièrement.
— Donc elle n'est pas pieuse ; sans cela tu ne dirais pas : presque régulièrement. Ceci est un mauvais point pour toi.
— Sais-tu que tu mets une tache sur mon soleil ?
— J'aimerais mieux me retirer que d'y jeter de l'ombre.
— Jamais personne ne m'a parlé comme toi.

— Personne ne l'eût osé. Il faut beaucoup aimer quelqu'un pour le contredire.

— C'est vrai, dit Nanteuil avec une nuance de tristesse.

— Et jamais un de tes ennemis ou de tes amis, jamais une amie de ta femme, ne lui a conseillé de te désobéir?

— Je ne crois pas ; elle me l'aurait dit.

— Tes livres sont donc bien mauvais? demanda le docteur.

— Bien mauvais! c'est relatif. On en écrit de pires. Certes! la jeune femme qui le cache sous son oreiller ou dans sa table à ouvrage ne saurait y trouver de sages conseils et de bonnes pensées ; et une jeune fille qui les lirait serait perdue, comme dit Rousseau dans la préface de la *Nouvelle Héloïse*. Aussi, il existe entre ma femme, ma fille et mes livres une sorte de lazaret moral.

— Mais enfin, tu n'es pas perverti?

— Je suis dans le mouvement, voilà tout ; j'ai secoué bien des idées de jeunesse, traversé bien des fantaisies ; je me suis brûlé à bien des caprices, ravagé à plus d'une passion, mais il reste en moi le sentiment de certains devoirs. Je crois avoir payé tout ce que je dois à Augustine en ne lui refusant rien pour sa dépense, en faisant de son salon le lieu de rendez-vous de toutes les célébrités... Elle reçoit ce soir : tu trouveras ici les sculpteurs célèbres, les musiciens connus, des ambassadeurs étrangers, des ministres. Ma femme règne au milieu d'une société élégante ; je ne lui refuse rien pour sa parure, et Augustine s'habille bien, ce dont je suis heureux. Je fais des livres au goût du jour, pour gagner beaucoup d'argent!

— Quoi! fit Toussaint, ce mobile?

— Mène tant de choses et tant de gens, mon bon camarade! C'est grâce à cet argent que j'ai des chevaux superbes, des voitures modèles, un train de prince.

— N'as-tu jamais réfléchi au mal que causent tes œuvres?

— Ma foi non! je n'oblige personne à les lire.

— Sans doute, mais ton éditeur y songe pour toi. Je sais ce que c'est que la réclame à Paris. On remplit les journaux d'annonces alléchantes, on placarde des titres sur les murs, on les accompagne de gravures gigantesques, reproduisant la scène capitale du livre. Cette page illustrée vous frappe, vous crève les yeux ; ce nom retentit à vos oreilles, et puis toujours et partout la réclame qui vous guette dans les magasins, dans les kiosques ; qui vous arrive dans la boîte du facteur, vous prend pour ainsi dire à la gorge, et ne vous quitte que vaincu. Tiens, tu as raison de le dire, tu n'as jamais réfléchi au mal que répand un livre dangereux : c'est l'inoculation de la peste ! Ce crime se propage, il marche, il a des ailes : il vous suit, il vous survit; rien n'entravera son progrès. Toute idée jetée dans les masses, et formulée avec habileté est douée, par cela même, d'une sorte d'immortalité. Bien des types sont populaires et vivants de telle sorte qu'ils ne sauraient mourir, et vivront tant qu'il existera une littérature. Une parole dite s'envole et s'oublie, une faute commise s'efface; d'ailleurs, elle est personnelle : mais le livre ! le livre ! quand je songe à cela, je me sens pris d'épouvante !

— Tu t'exagères le mal.

— Mon cher ami, sais-tu pourquoi j'ai eu sous toutes les latitudes du globe, la réputation d'être un bon médecin?

— Parce que tu es un praticien habile.

— Tu te trompes ; c'est surtout parce que je suis un médecin moral. Ce qui fait le plus souvent l'incapacité du médecin, en face d'une maladie, c'est qu'il en voit les effets sans en deviner les causes. Si, au lieu de se contenter de palper le pouls du malade, il interrogeait son cœur et sa conscience, il serait infiniment plus fort.

Le docteur Toussaint saisit le poignet de son ami.

— Pouls excellent, dit-il, santé physique parfaite.

— Tu ne me l'apprends pas.

— Mais là, reprit le docteur, en frappant sur la poitrine de Victor Nanteuil; et là, ajouta-t-il, en effleurant de l'index le vaste front du romancier, des lésions à signaler.

— Te charges-tu de me guérir?

J'essaierai ; du moins, je suis venu pour expérimenter à Paris la science que j'ai ramassée un peu partout.

— Je te promets un succès fou : un docteur cosmopolite est rare, et Paris est avide de nouveautés. Ce soir même tu seras célèbre !

— Comment cela?

— Tu dînes avec nous, naturellement; je te présente ma femme, ma fille et ma nièce, et comme nous avons aujourd'hui une grande soirée, je t'abouche avec tant de critiques et de journalistes que demain on ne parlera plus que de toi.

A propos, as-tu un système de médication spécial ?

— Je n'emploie que les toxiques.

— A merveille ! Tu es descendu ?...

— Dans un hôtel ; demain je loue un appartement, tu m'indiqueras un tapissier, un carrossier, et par-dessus tout tu m'apprendras la vie parisienne que j'ai oubliée.

— A ce soir, dit Victor.

Les deux amis se serrèrent la main, et le docteur sortit.

Elle eut une fille pendant la seconde année de son mariage. (Voir page 13.)

CHAPITRE II

CHEZ UN HOMME CÉLÈBRE

Le romancier n'avait rien exagéré en parlant de la beauté, de la grâce, du charme de sa femme ; peut-être même n'en avait-il pas assez dit, et s'il n'en avait pas assez dit, c'est que jamais Victor Nanteuil ne s'était préoccupé d'en savoir davantage. Quand il songea à se marier, afin de trouver, dans le calme d'un intérieur, un moyen efficace de travailler davantage et de s'arracher aux tentations, qui ne pouvaient manquer d'assaillir sa jeunesse, il ne choisit point Augustine comme une compagne qui doit être l'élue du cœur et la sainte du foyer domestique. Il commençait à être connu, possédait une fortune modeste et souhaitait épouser une jeune fille ayant une dot suffisante. Victor Nanteuil, en raison du grand cas qu'il faisait de lui-même, ne songeait point à prendre une femme supérieure. Il avait sur le mariage une théorie spéciale, à laquelle sa situation d'écrivain donnait un caractère tranché. N'admettant nullement l'égalité intelligente et même morale de la femme, par rapport aux aptitudes et aux qualités de l'homme, il possédait un plan tout fait de sa vie future. Celle qui serait sa compagne partagerait de son existence ce qu'il voudrait bien lui en révéler. L'homme, le bourgeois, le mari lui appartiendraient; le poète, l'artiste lui échapperaient d'une façon absolue. Sa femme, incapable de le comprendre, — il avait, à l'avance, déclaré que sa femme ne le comprendrait pas, — n'aurait aucun moyen d'action sur sa vie faite d'activité, de fièvre, d'angoisses et de soucis.

Dans les dispositions d'esprit où se trouvait Nanteuil, il aimait autant qu'un ami lui cherchât une fiancée. Ce fut son notaire qui la trouva.

Augustine comptait dix-huit-ans et trois cent mille francs de dot. Orpheline depuis son enfance, elle venait de perdre une vieille tante, qui l'avait élevée avec tendresse, et se trouvait désormais seule au monde. Une amie de pension venait de lui ouvrir sa maison à Paris. Nanteuil fut présenté. Il était grand, presque beau à force de rayonnement et d'intelligence; Augustine se sentit touchée de quelques paroles affectueuses; un peu d'orgueil se mêla à sa sympathie, et, deux mois plus tard, après avoir, chaque jour, reçu le bouquet blanc des fiancées, Augustine épousa Victor Nanteuil.

Une seule qualité lui manquait, et Victor ne songea point à lui en faire un reproche, au contraire. Élevée par une tante à demi voltairienne, Augustine, si elle ne partageait pas complètement ses opinions, n'avait, du moins, aucune attraction vers les choses de la foi. Elle considérait comme un acte de haute convenance d'assister aux offices, et elle y allait. Mais son âme n'avait jamais eu faim des choses célestes, et il manquait à cette jeune femme le seul point d'appui réel de la vie. Victor se réjouit à l'idée de ne point avoir une compagne dévote, il considéra son bonheur comme parfaitement établi, et ce fut avec la tranquillité d'une conscience satisfaite qu'il apprit à sa femme que leurs vies se coudoieraient sans se confondre, qu'elle lirait, seulement, de ses œuvres celles qu'il lui mettrait dans les mains; il agissait ainsi, disait-il, afin de lui éviter bien des angoisses, bien des craintes. Elle jouirait des triomphes, mais elle ignorerait les batailles perdues.

Augustine accepta tout. Victor Nanteuil lui inspirait une tendresse profonde, une confiance sans bornes; il était, pour sa femme, un maître dont les ordres ne pouvaient être discutés, un ami dont les souhaits devaient se réaliser sans retard.

Nanteuil fut donc complètement, absolument heureux; plus heureux qu'il ne le méritait peut-être, car il ne chercha pas à savoir si la femme que Dieu lui avait donnée valait une confiance entière, spontanée. Il resta fidèle à son plan de conduite, et Augustine ne parut pas en souffrir; jamais l'idée ne lui vint d'ouvrir un livre qu'on ne lui avait pas remis. Au milieu d'un nombre incalculable d'œuvres, Victor en choisissait une de temps en temps; celle-là, il la voulait pure et digne de rester dans les mains d'une honnête femme, car, si la confiance de l'écrivain n'avait pas grandi, il faisait, du moins, beaucoup de cas d'Augustine.

Elle eut une fille, pendant la seconde année de son mariage, et cette enfant devint l'objet d'une tendre, d'une constante sollicitude. Augustine eut, cependant, l'art de ne point négliger le père pour l'enfant. Elle remplit non seulement ses devoirs d'épouse, mais ceux de compagne d'un homme célèbre. Les amis de Nanteuil trouvaient chez le romancier le plus aimable accueil; sa table était excellente. Comme elle tenait à faire honneur à celui qui l'avait choisie, elle s'habillait avec goût, témoignait une joie franche quand son mari prélevait, sur ses droits d'auteur, le prix d'une dentelle ou d'un bijou. Enfin, au milieu de tous les bonheurs que l'on pouvait envier au dramaturge, on pouvait compter la joie d'avoir une semblable compagne.

Sa fille Cécile grandit dans un double foyer d'adoration. Victor la gâta, Augustine laissa faire. Elle était si belle, toute enfant, cette créature blanche et rose, aux grands yeux noirs pétillants d'intelligence, à la chevelure sombre et lustrée! Son intelligence se développa vite. Son caractère trahit rapidement une volonté forte, presque violente. Mais elle disait : « Je veux, » d'une façon que Victor et Augustine jugeaient irrésistible, et tous deux cédaient à la tyrannique et ravissante enfant.

Plus tard, quand le romancier adopta la fille d'une sœur qu'il venait de perdre, Angèle fit de Cécile l'objet d'un culte. Il devait naturellement résulter, de toutes ces tendresses combinées, que Cécile fût, sinon exigeante et mauvaise, du moins capricieuse et fantaisiste. Orgueilleuse de sa beauté, fière du talent et de la situation de son père, prodigue par habitude, elle n'eut jamais la crainte d'essuyer un refus et ne trouva autour d'elle que des adorations.

Eugénie de Reuilly, une amie de pension qui était demeurée la seule amie vraie d'Augustine, tenta bien de prémunir Mme Nanteuil contre les inconvénients d'un semblable système d'éducation, mais il était trop tard; la mère avait pris l'habitude d'une faiblesse sur laquelle comptait Cécile, et Victor se contenta de trouver sa fille charmante.

Quand le docteur Toussaint arriva à l'heure du dîner, la famille était réunie au salon; Cécile jouait, avec un talent déjà formé, une *Polonaise* de Chopin, Angèle travaillait à un ouvrage de tapisserie et Augustine causait avec Eugénie de Reuilly.

Ce fut la main tendue, avec son plus ravissant sourire, que Mme Nanteuil accueillit le docteur.

— Ne croyez pas être un étranger pour moi, lui dit-elle; lorsque mon mari me parlait du temps de sa jeunesse et de ses compagnons d'étude, il vous nommait toujours le premier. Combien de fois n'a-t-il pas regretté de manquer de vos nouvelles! « Où est-il? » lui demandai-je. — « Au bout du monde! » me répondait-il. Vous avez bien fait d'en revenir.

Toussaint fut tout de suite conquis par la grâce d'Augustine.

Quand il vit Cécile, il pensa que le romancier n'avait pas trop vanté sa beauté, car elle était éclatante; seulement Toussaint jugea qu'elle s'imposait. Cette brune fille de vingt ans possédait trop d'assurance, parlait trop haut, regardait trop en face. Ses sourcils se rapprochaient pour se confondre, avec une sorte de violence; ses cheveux, ondés naturellement, semblaient se révolter sur cette tête superbe.

— Ah! ah! pensa le docteur, je serais bien étonné si cette belle personne ne causait pas, plus tard, quelque chagrin à son père! Le cœur doit être sec et la volonté obstinée.

Quand il regarda Angèle, un sourire vint à ses lèvres.

C'était une enfant de seize ans, blanche et frêle, aux grands yeux bleus d'un ton de pervenche, à la bouche craintive, qui semblait à peine oser sourire. Tout en elle était doux, tremblant, ingénu. On voyait, dans toute sa personne, le désir, le besoin de plaire, de se dévouer aux autres. Reconnaissante des bienfaits reçus, elle aimait profondément Augustine et son mari. Sa grâce et sa modestie ne désarmaient pas toujours Cécile, dont les railleries ne lui étaient guère épargnées. Cécile trouvait qu'elle ne s'habillait pas à sa physionomie, qu'elle n'était point assez coquette, qu'elle jouait chez le romancier le rôle d'une Cendrillon.

— Tu te trompes, répondait Angèle, dont les yeux se voilaient de larmes; je ne joue aucun rôle, celui-là moins que tout autre. La bonté de ton père ne me laisse manquer de rien; j'ai des bijoux autant que toi; si j'en porte moins, c'est que je trouve que trop d'élégance convient mal à une orpheline sans dot. Et puis, je me plais dans l'ombre, j'aime les teintes effacées; ce qui te sied ne m'irait pas. D'ailleurs, est-ce qu'on me regarde, moi? On s'occupe de ma chère, de ma belle Cécile, et on a bien raison.

Voilà pourquoi, tandis que Mlle Nanteuil portait, ce soir-là, une parure savante, composée par une des couturières à la mode de Paris, Angèle avait une simple robe bleue et une rose pâle dans ses cheveux blonds.

Et cependant, pour le docteur Toussaint, cette mignonne enfant était mille fois préférable à la belle, à l'orgueilleuse Cécile.

— Docteur, dit Augustine, pendant que nous sommes en famille, je vais compléter ma présentation : Eugénie de Reuilly. Si j'avais eu une sœur, j'aurais souhaité qu'elle lui ressemblât.

Le docteur s'inclina.

— Si vous étiez à Paris seulement depuis quinze jours, vous sauriez qu'elle a du talent, mais vous arrivez de la Cochinchine, et je vous l'apprends tout de suite. Mon mari, qui déteste les femmes de lettres, chérit très cordialement Eugénie.

— Certes! répondit Victor, et pour deux raisons : d'abord elle est sincère. Ce qu'elle écrit dans ses livres, elle le pense dans son cœur. Ensuite elle écrit des œuvres honnêtes. Ne me parlez pas des femmes qui font de leurs œuvres des objets de scandale, ou qui étalent, sur le papier, les élégantes turpitudes de leurs vices. Je ne dirai pas qu'un homme a raison, dans le sens absolu de ce mot, de composer des œuvres dangereuses, mais la femme n'a aucune excuse. Elle manque doublement à la pudeur, et j'en sais plus d'une qui s'est ravi l'estime de tous pour avoir osé prêcher l'immoralité et l'athéisme. Et puis madame de Reuilly est modeste, et cela est assez rare pour lui être compté.

— Allons, vous me gâtez! dit Eugénie avec un sourire.

— Moi? Je ne gâte personne, surtout les femmes... Cécile me regarde avec une pitié malicieuse; mais Cécile est ma fille, et tenez, tout à l'heure, quand afflueront ici les visiteuses, vous verrez quelle indulgence je professe pour les bachelières, les savantes et les libres penseuses.

Le dîner s'acheva gaiement, animé par l'esprit brillant du romancier, faisant assaut avec la finesse du docteur et les saillies d'Eugénie de Reuilly. Mme Nanteuil paraissait heureuse ; quant à Cécile, plus d'une fois son regard se porta sur la pendule dont elle parut examiner le cadran avec une sorte d'inquiétude.

Vers dix heures quelques invités firent leur entrée.

Victor avait promis de consacrer sa soirée au docteur Toussaint. Sauf le temps qu'il sacrifia à ses devoirs de maître de maison, il ne quitta guère son ami.

Il lui présenta certains artistes et quelques écrivains, ajoutant, en parlant de Toussaint, des phrases qui portaient coup, car le romancier ne se montrait jamais banal.

Cécile, éblouissante de beauté, se tenait debout, près de la cheminée, et paraissait occupée à ranger ses frisures quand, la porte du salon s'ouvrant, le domestique annonça :

— M. Kasio Vlinski.

Victor fit un mouvement de contrariété et murmura, entre ses dents :

— Encore ce Polonais !

— Pourquoi le reçois-tu, s'il te déplaît ? demanda Toussaint.

— Ah ! pourquoi ? pourquoi ? Parce que, raisonnablement, je n'ai pas de prétexte pour lui faire une grossièreté, mais il m'est antipathique au dernier point, crois-le bien ; d'ailleurs, les Polonais ont l'échine souple des fauves et rentrent, comme eux, leurs griffes pour faire patte de velours. Je le reçois froidement, il ne semble pas s'en apercevoir ; je le chasserais par la porte, il rentrerait par la fenêtre ; et si je fermais la fenêtre, il inventerait une trappe, comme dans les féeries. Et puis il a été élevé par Léonard Chodski que nous aimions tous ; il a écrit un livre sur Miskievicz, traduit Conrad Wallenrod, et il joue la musique de Chopin. Trouve-moi donc un Polonais plus Polonais que celui-là ?

— Est-il riche ?

— Évidemment non. Sa toilette est toujours irréprochable, comme sa coiffure et ses gants. Il habite dans un endroit perdu et n'est jamais chez lui. Peut-être cherche-t-il l'occasion de faire un mariage riche !...

— Pourquoi pas une place, plutôt ?

— Parce qu'il faudrait travailler et qu'il est trop paresseux pour cela ! Il trouvera quelque héritière romanesque émue par les malheurs de la Pologne et les souffrances de ce bel exilé, qui me semble ne pâtir de rien, et il aura la condescendance de se laisser rendre heureux.

Tandis que Victor Nanteuil achevait le portrait de Kasio, celui-ci se dirigeait du côté du piano, placé dans un tout petit salon. Cécile venait d'ouvrir un volume, et Kasio Vlinski arriva juste à temps pour tourner les pages.

— Ah! reprit le romancier, en désignant un homme d'environ trente ans à son ami, voici Darthos, un garçon plein d'avenir. Je l'estime encore plus que je l'aime. Depuis trois ans il travaille avec une persistance admirable et un mérite croissant. Sa vie est celle d'un sage. Il a, pour se garder dans la voie droite, une raison hautaine et un amour sincère.

— Il t'a fait ses confidences?

— Moi? Je serai le dernier à qui il devra dire la vérité.

« Mais on n'est pas pour rien un auteur de comédies; on voit clair, à la fois, dans le cœur naïf d'une jeune fille et dans l'âme virile d'un honnête homme. Le moyen que Darthos, qui entre dans la carrière littéraire, sans protecteur, presque sans appui, ose demander la main de Cécile Nanteuil, à qui son père donne cinq cent mille francs de dot? Je laisse la tendresse de Darthos jeter de profondes racines, puis, un jour, je lui tendrai la main en lui disant : « Soyez mon « gendre! »

— Et ta fille?

— Ma fille sera la plus heureuse des femmes! Venez donc, Darthos, ajouta Nanteuil en s'adressant au jeune homme, on parle de vous, et j'en dis du mal afin d'apprendre son Paris à mon ami le docteur Toussaint, qui ne le connaît plus. Je suis certain que vous vous conviendrez, et je crois bon de vous l'apprendre. Lui est le plus ancien de mes camarades ; vous, Étienne, vous êtes le dernier ; mais tous deux vous m'êtes infiniment chers. Ainsi arrangez-vous pour vous apprécier mutuellement.

Toussaint tendit la main au critique qui la serra respectueusement.

Au même moment entrèrent trois femmes, très dissemblables au premier abord, et dans lesquelles on retrouvait cependant, au bout d'un moment, un rapport bizarre. L'une était blonde, d'un blond albinos avec des cils presque blancs ; la seconde, brune comme les ailes d'un corbeau ; la troisième avait de longues anglaises couleur de lin. Leurs prétentieuses toilettes dissimulaient mal la médiocrité des étoffes et l'inhabileté des couturières. Zoé Cobra, dont les cheveux tombaient en frisons jusque sur ses yeux, portait une robe défraîchie; Flore Dorvet, une toilette d'un rouge éclatant; Sosthénie Simonin, une robe vert pâle. Des feuilles de roses se mêlaient à ses longues anglaises.

— Devine comment on appelle ces trois femmes? demanda Nanteuil à Toussaint.

— Les trois Grâces? demanda en riant le docteur.

— Déjà méchant! fit le romancier.

— Galant tout au plus.

— Eh bien! non, les trois Vipères.

— Diable! une vipère est déjà redoutable, mais trois... Ont-elles du venin?

— Comme dix!

— Détaille, détaille! dit Toussaint; tu réussis le portrait.

— La brune, en bandeaux noirs collants, se nomme Zoé Cobra; elle a visité l'Orient, franchi la porte de tous les harems et a rapporté de ces voyages à travers les deux mondes des notes qui ne sont pas sans intérêt. Malheureusement pour elle, Zoé Cobra n'a que cette note, et, quand on a écrit les *Mille et un Jours*, il faut bien s'arrêter. Elle a été belle et en a été très fière; cette beauté s'efface, et l'on voit qu'elle le sait et qu'elle en souffre, à la façon dont elle regarde les jeunes et jolies femmes. La seconde, Flore Dorvet, a publié trois volumes de poésies qui se ressentent de la mode éphémère dont jouissent les œuvres d'Ossian; la dernière, Sosthénie Simonin, écrit des livres sur l'éducation, des articles de morale à l'usage des jeunes filles, et manque à la fois de fonds et de forme. Ces trois femmes se quittent rarement; qui voit l'une voit l'autre. Chacune d'elles a un encensoir au service de son amie. Naturellement elles se plaignent de l'injustice de la critique et se dressent, de leurs propres mains, un autel dans un temple dont elles sont à la fois les prêtresses et les fidèles. C'est Maillet le critique qui les a surnommées les trois Vipères; ce nom leur restera.

— Je vais te demander, comme je l'ai fait au sujet du beau Kasio Vlinski...

— ... Pourquoi je les reçois? Mon cher, dans cette galerie, tu as vu un Titien et un Bamboche, un dessin d'Ingres et une caricature de Gavarni. L'art est sans préjugés.

« J'aime le jour et l'ombre; le laid est le repoussoir du beau. Je déteste ces femmes, et elles le savent, mais Augustine est la bonté même et les accueille d'une façon charmante. »

— Si les Vipères savaient comme tu les traites?

— Elles siffleraient.

— Malheureux! elles feraient davantage; les vipères mordent, et je ne connais pas de remède contre leurs blessures.

— Bah! tu as jonglé avec les serpents de l'Inde, du Brésil et de la Guyane.

— Après avoir arraché leurs crochets. Défie-toi, et ne publie pas trop haut ton appréciation!

— Merci du conseil, mais il vient trop tard.

— Comment?

— Je leur ai donné un rôle dans une comédie que je viens d'écrire, et dont la première représentation a lieu à la fin de la semaine. Je pousserai la galanterie jusqu'à leur envoyer trois fauteuils. Un artiste de mes amis est chargé, ce soir, de dessiner leurs toilettes, car personne n'inventerait cela! Je suis certain d'obtenir un succès fou avec une scène où mes trois vipères, gonflées de venin, réunissent leurs efforts pour perdre une pure et inoffensive jeune femme. Tout le monde les devinera, excepté elles.

— Et si un ami charitable les avertissait?

— On refuse toujours de se reconnaître dans une caricature. C'est ce qui est cause que les énormes boules de verre que les Allemands aiment tant à placer dans leurs jardins, n'obtiennent aucun succès en France. On ressemble à un masque en large ou en pointu, mais on ne retrouve plus son visage.

— Et les maris?

— Oh! de braves gens, ces maris, n'écrivant pas, et travaillant, l'un en qualité de comptable dans un magasin important, l'autre dans un ministère; le troisième a été marin. Chacun d'eux professe la plus pure, la plus grande admiration pour sa femme, et, quand ils sont ensemble, c'est à qui donnera le plus d'éloges à la compagne de son ami. Ce serait touchant si ce n'était pas si bête!

— Il n'est jamais bête d'être bon, Victor.

— Cela dépend, si la bonté est mal placée. Ces trois Muses habillées en élégies, pleurant en trio sur des malheurs imaginaires et se créant des caps de Leucade dans des salons de quatre mètres carrés, rembourrés d'étoupe, c'est très amusant! Si elles avaient du talent, rien de mieux; mais elles ne se doutent pas de ce que c'est que le talent, les malheureuses!

— N'importe! reprit le docteur; si tu les trouves ridicules, mauvaises ou grotesques, ne les invite pas; si elles mangent chez toi le pain et le sel, sous la forme d'un sorbet, tu leur dois ta protection ou tout au moins une neutralité polie.

— Laissons donc les trois Vipères. Voici un charmant homme qui vient à moi, tout souriant, tout épanoui. On voit bien qu'il vient d'écrire les *Heures de soleil*, un livre jeune, pas trop naturaliste, rempli de sentiments élevés et de paysages superbes. Vois-tu cette femme au type étrange, avec quelque chose de doux dans les lèvres et de cruel dans les yeux? Elle arrive d'Italie et, de ses doigts fuselés, crée des bustes de la valeur de cette tête de Gorgone. Elle cause avec Philippe Bertrand qui a inventé l'école du naturalisme.

— Le naturalisme? demanda le docteur. Que signifie ce mot?

— J'avoue ne pas le comprendre; mais il est fait, il s'est imposé. Le naturalisme n'est pas le vrai, car dans toute chose vraie il reste un côté ayant une beauté spéciale. Le naturalisme est en quête des laideurs, des monstruosités physiques et morales. Il plonge dans les égouts et repêche les cadavres dans les filets de Saint-Cloud. Il possède un dictionnaire composé de mots qui, s'ils ne sont pas l'argot des voleurs, sont du moins celui des mauvais ouvriers. L'auteur naturaliste est atteint d'une maladie spéciale de l'œil intelligent.

— C'est une façon de daltonisme.

— A mon tour, je te demanderai : qu'est-ce que le daltonisme?

— Tout simplement, une fausse appréciation des couleurs. Ce mot vient du nom du savant qui, le premier, définit et classa cette maladie, qui est la perversion des organes visuels. Le savant, après s'être livré avec assiduité à des études au microscope, perdit subitement l'appréciation vraie des couleurs. Un daltonien verra tous les objets qui l'entourent comme s'il les regardait à travers ces kiosques allemands, coupés d'une face octogone, et dont l'un, au moyen de vitraux de couleur, vous fait voir un paysage jaune ou un paysage couleur de pourpre. Seulement les naturalistes sont des daltoniens qui voient laid.

— Tu me prêtes ton mot?

— Pourquoi faire?

— Pour le mettre dans une pièce.

— J'ai vu des lascars à Bornéo, mais ils ne sont pas de ta force! Comment s'appelle ce jeune homme — non, ce n'est plus un jeune homme, mais c'est un homme jeune — qui cause avec le chef de l'école naturaliste?

— Gustave Palma, l'illustrateur dont le crayon vaut une mine d'or. Il a fait vivre dans des éditions splendides Dante et Cervantès, Fracone et Rabelais. Et il n'est pas seulement un grand dessinateur, mais un peintre admirable. On ne le comprend pas et on lui refuse, comme peintre, la place qui lui est due. Il voit grand et on ne lui pardonne pas la vastitude de ses compositions. Il ne peint pas dans un atelier, mais dans un hall immense. Quant à moi, j'admire grandement sa puissance et je m'honore d'être de ses amis. Les Américains lui achètent toutes ses œuvres. Il est élégant, spirituel et d'une simplicité charmante.

— A qui fais-tu un signe?

— Tandis que tu parcourais Java, nous passions en France par de rudes épreuves, mon ami; nous souffrions la guerre, la famine et, ce qui est pire, l'humiliation. Eh bien! durant ces heures néfastes, il s'est trouvé un jeune et vaillant artiste, ayant assez de cœur et d'idéal pour trouver le groupe admirable qui s'appelle *Gloria victis*. Je te montrerai la maquette de cette œuvre qui l'a placé du premier coup à la tête de notre jeune école de sculpture. Paul Dubois l'aborde et lui tend la main; ce dernier a fait les belles statues destinées au tombeau de Lamoricière. Et maintenant, si tu le veux bien, promenons-nous un peu dans les salons; je manque à une partie de mes devoirs.

Toussaint suivit son ami.

Victor n'avait rien exagéré; tout le Paris intelligent se pressait chez lui, ce soir-là. On devait jouer une comédie de lui à l'Odéon, quelques jours plus tard; chacun venait promettre ses applaudissements et prédire un succès. Les académiciens lui faisaient espérer les palmes vertes; un ministre remarqua qu'il n'était encore qu'officier de la Légion d'honneur et lui promit un grade plus élevé. Les femmes l'entouraient, le complimentant sur son dernier roman, et lui demandaient où il prenait ses héroïnes.

Il vivait dans une atmosphère d'adulation, de bonheur presque aigu, de surexcitation de cerveau, qui poussait à se demander comment cette tête énorme n'éclatait pas. Et Victor portait cette renommée sans vanité; il jouissait de son bonheur avec plus de bonhomie que d'ostentation.

Il regardait le talent que Dieu lui avait départi comme un don, et non point comme une qualité qui lui était personnelle. Il pouvait travailler, il se sentait incapable de se donner l'inspiration. Et voilà pourquoi il comptait peu d'ennemis. La vanité en crée plus que le succès. Cependant, lorsque le docteur, cet analyste enragé, lui demanda s'il avait des amis:

— Sait-on jamais cela, quand on n'a pas encore été malheureux? répondit Victor Nanteuil. La moitié des hommes qui sont ici se décernent ce titre, et je me garderais bien de les mettre à l'épreuve. Je compte sur Darthos et sur toi; cela fait deux. Deux amis, c'est beaucoup!

Au moment où Victor Nanteuil s'approchait du salon de musique, Kasio Vlinski, assis au piano, chantait une mélodie slave qu'il venait de mettre en musique.

La voix possédait une douceur pénétrante; tandis qu'il chantait, il levait vers le ciel deux yeux bleus d'une teinte de saphir, et il secouait une longue chevelure bouclée. C'était une longue et charmante ballade que chantait Kasio; elle ramenait en guise de refrain cette courte strophe :

> Dans un petit bois vert
> Une jeune fille cueille des fraises;
> Sur un petit cheval gris
> Passe un jeune seigneur.

Non loin du piano se tenaient Cécile et Angèle. La petite blonde regardait Étienne Darthos qui semblait perdu dans une profonde rêverie intérieure, tandis que Cécile prêtait une attention émue au chant de Kasio Vlinski.

Victor passa le bras de sa fille sous le sien et la reconduisit près de sa mère.

— Tu seras mieux ici, lui dit-il ; l'air du boudoir est étouffant.

Cécile regarda son père bien en face, comme si elle voulait lui adresser une question; mais elle ne l'osa pas, sans doute, car elle s'assit docilement à la place qu'il venait de lui ménager.

— Mademoiselle, demanda en souriant le docteur Toussaint à Angèle, aimez-vous les ballades polonaises?

— Je les déteste ! dit-elle avec une sorte d'impatience. Quand je dis : je les déteste, ce n'est pas absolument exact, je les aime dans les livres.

— Eh bien! continuez, ma chère enfant.

Vers deux heures du matin, les invités de Victor Nanteuil se retirèrent. Le front du romancier était couvert d'un nuage, et le docteur s'en aperçut :

— Allons, sybarite, dit-il, tu trouves une feuille de rose dans ton lit?

— Oui, répondit le romancier, et je crains bien qu'elle ne m'empêche de dormir.

Cher maître, lui dit-il, je n'aurais jamais osé vous déranger ce matin. (Voir page 29.)

CHAPITRE III

DEMANDE EN MARIAGE

Cécile et Angèle se trouvaient dans une petite pièce tendue de bleu et travaillaient en causant, ou plutôt causaient, en oubliant souvent de tirer leur aiguille.

— T'es-tu amusée hier? demanda Angèle, en regardant timidement sa cousine.

— Certainement! J'étais en beauté; ma robe m'allait bien et j'ai obtenu beaucoup de succès.

— Oui, un grand succès; M. Darthos n'a cessé de te regarder.

— Eh bien! il a eu tort.

— Pourquoi?

— Parce que l'admiration qu'on me témoigne m'agace, souvent plus qu'elle ne m'intéresse.

— Sais-tu que mon oncle fait grand cas de M. Darthos? Il ne reçoit personne avec une bienveillance aussi marquée. La comparaison qu'il en faisait, l'autre jour, avec la plupart des jeunes gens de notre époque, trahissait l'enthousiasme. Il lui croit un grand avenir; il estime son talent autant que son caractère. Enfin...

— Il me semble que tu partages, d'une façon bien complète, ces sentiments, à la fois affectueux et honorables...

— Moi? répondit Angèle, dont le visage rougit subitement.

— Oui, toi.

— Tu penserais?...

— ... Que, comme mon père, comme ma mère, sans doute, et peut-être même la majorité de ceux qui connaissent M. Étienne Darthos, tu crois à son talent et à son avenir; et tu estimes que la jeune fille qu'il prendra pour femme sera complètement heureuse.

— Oui, je le crois, répondit Angèle, en saisissant les deux mains de sa cousine et en levant sur elle ses grands yeux purs, dans lesquels montait une larme involontaire. Est-ce que toutes les joies du foyer ne reposent pas sur la solidité des principes du mari, sur les vertus mâles dont il donne l'exemple?

— Peut-être? dit Cécile, d'un ton presque railleur. Vois-tu, ma petite Angèle, je ne te vaux pas, et, cependant, je me trouverais horriblement triste si je te ressemblais. Je craindrais d'être condamnée, toute ma vie, à marcher sur un chemin bien uni, bien sablé, s'étendant à perte de vue, et que la mort seule dût m'arrêter dans cette route monotone...

— Eh bien! fit Angèle, c'est le droit chemin; celui de la logique, de la vertu, de la félicité domestique.

— Oh! fit Cécile, d'un air de révolte, plutôt que de m'engager dans cette route régulière, uniforme et facile, j'aimerais mieux m'enfuir par des sentiers perdus, me déchirer et m'ensanglanter les mains à toutes les ronces, connaître la misère, le désespoir, mais vivre! vivre!

— Oh! Cécile! dit Angèle, avec une expression d'inquiétude mêlée de tristesse, qu'as-tu, aujourd'hui? qu'as-tu?
— Moi? Rien.
— Si, on dirait que tu viens d'éprouver une peine violente ou que tu redoutes un malheur terrible. L'existence est si belle, si douce, si facile pour toi! Mon oncle t'adore, tu es l'objet d'un culte pour ta mère ; ton avenir est l'objet de leur sollicitude la plus tendre...
— Ma petite cousine, répondit Cécile, je vais t'enlever une illusion. Mon avenir fait, dis-tu, la préoccupation de mon père; oui, sans doute, mais à une condition, c'est que cet avenir s'arrange à sa fantaisie personnelle. Ne m'objecte pas que la sagesse d'un père et d'une mère vaut mille fois mieux que l'imprévoyante confiance d'une jeune fille; ces phrases-là, je les connais, elles ont traîné dans tous les livres de morale. Les caractères, pas plus que les cœurs et les consciences, ne sont faits sur les mêmes modèles. Ainsi, moi, je déclare mon père très incompétent dans la question de me choisir un mari.
— Oh! Cécile!
— Il n'y a pas de : « Oh! Cécile! » Tu es un bon petit ange, qui ne connaît d'autre père que le chef de famille apportant au milieu de nous un visage reposé, nous contant des histoires curieuses, amusantes, et nous comblant de cadeaux ; ce père-là, jeune, célèbre, aimable, est parfait, n'est-ce pas? Mais sais-tu combien il existe de codes de morale? Non? tant mieux. Ce qu'il trouvera bon de me dire, à moi, dans le cercle de notre foyer, il le démentira à d'autres foyers, dans d'autres familles. Il prêche ailleurs le droit qu'a chaque créature intelligente de choisir le compagnon de sa vie et de réaliser son rêve de bonheur particulier.
— Oh! dit Angèle, tu as déjà fait ce rêve-là?
— Et toi aussi?...
— Jamais, non, jamais!
— Ne mens pas, ou plutôt ne te trompe pas toi-même. Si tu avais le courage de regarder au fond de ton cœur, tu y verrais l'image de M. Darthos.
— Moi! moi! je serais capable d'une trahison pareille? Est-ce que je ne vois pas que mon oncle te le destine pour mari? Ne sais-je point combien est grande la sympathie qui l'entraîne vers toi?... Et je pourrais garder une pensée, dans le fond le plus secret de mon âme, pour celui que je considère, déjà, comme ton fiancé?
— Ne te trouble pas, ne t'alarme pas, mignonne! Jamais je ne t'ai soupçonnée. Est-ce ta faute, à toi, si tu aimes le beau, le bien,

le vrai ; si une nature loyale t'attire, d'une façon irrésistible? Comme lui, tu chéris ce qui va droit au but, sous la franche lumière de la vérité ; comme lui, tu mets Dieu au dessus et au fond de toutes choses. Il te faut le calme serein de la vertu, le bonheur régulier, tout ce qui m'effraie, tout ce qui me ferait fuir au bout du monde. Je suis bien la fille de mon père, va ! Et mon imagination, pour ne pas se répandre dans des livres, n'en est pas moins ardente... Heureusement, nous n'avons point encore discuté, tous deux, cette question de mon bonheur et de mon mariage ! Je vais surprendre et troubler mon père, peut-être le ferai-je souffrir !

— Non, tu n'aurais pas le courage de l'affliger, de mettre un chagrin dans cette existence si heureuse, si enviée?

— Ma petite Cécile, voilà plus de vingt ans que mon père jouit de tous les biens que Dieu peut départir à l'homme; moi, j'entre dans la vie, jeune, souriante, pleine de foi, résolue à lutter s'il le faut et à vaincre si je le puis. Je n'aime ni le bonheur en formules, ni la raison à fortes doses ; jamais, jusqu'à cette heure, mon père ne m'a interrogée sur ce que je pense, sur ce que je souhaite ; il garde à peine assez de temps pour consulter le cœur des héroïnes de ses romans et de ses drames. Sois-en certaine, nous comptons moins qu'elles dans sa vie.

Angèle écoutait sa cousine avec une sorte de stupeur. Jusqu'à ce moment, elle avait cru Cécile heureuse ; jusqu'à cette heure elle l'avait, sinon enviée, du moins trouvée enviable. Et maintenant, tandis que Cécile lui permettait de lire au fond de son âme, elle se reculait, épouvantée, comme si, avançant un pied imprudent au dessus d'un lacis de fleurs, elle s'apercevait, brusquement, qu'elle allait se précipiter dans un abîme. Elle comprenait que sa cousine disait vrai et se sentait le cœur rempli d'épouvante. Souvent elle avait, avec regret, constaté que Cécile ne priait pas. Plus d'une fois elle tenta de l'entraîner dans le monde infini de la prière qui adore, implore, remercie ; mais Cécile lui répondit par des railleries, et la renvoya à ses habitudes de province.

Angèle avait résolu de ne plus soulever une question brûlante ; mais ce jour-là, en voyant l'agitation de Cécile, elle crut devoir lui donner un dernier conseil.

— Tu devrais prier, lui dit-elle.

— Prier ! Que dirais-je à Dieu, petite folle ? Il me semble si loin de moi, qu'il ne pourrait m'entendre. Laisse-moi débrouiller, toute seule, l'écheveau de ma destinée ; sois tranquille, je saurai me tirer d'affaire...

« Pauvre mignonne, tu ne comprends rien, je joue ton jeu! »
— Quel jeu? demanda Angèle.
— Je n'épouserai jamais M. Darthos, dont je me reconnais parfaitement indigne, et, comme il est trop homme d'esprit pour ne point apprécier quelle différence existe entre une petite sainte comme toi et un démon de ma force, il finira par te confier le soin de sa destinée.

Angèle secoua la tête à plusieurs reprises.

En ce moment, Mme Nanteuil entra, et le regard, presque impérieux, jeté par Cécile sur sa cousine avertit celle-ci d'oublier les révélations qui venaient de lui être faites.

Tandis que les trois femmes causaient, avec un abandon apparent, Darthos se faisait annoncer chez le romancier.

— Cher maître, lui dit-il, je n'aurais jamais osé vous déranger ce matin; vous m'avez prié de venir et je viens prendre vos ordres.

— Mes ordres? mes ordres? Mais c'est moi qui veux vous demander un conseil!

— Un conseil? Et sur quoi? grand Dieu! Vous savez bien que vous ne comptez pas d'admirateur plus sincère.

— Quant à la forme de mes œuvres; mais, soyez franc, vous faites des restrictions.

— Pour le fond, oui, je l'avoue; et je puis vous aimer beaucoup, me sentir pris pour vous de tous les dévouements, sans pour cela partager vos idées.

— Naturellement! et la franchise de vos appréciations n'est pas ce qui me plaît le moins dans votre caractère. Comme on joue *Réjane* samedi, et que vous devez en rendre compte, je veux que vous connaissiez bien la pièce à l'avance; je vous ai réservé ces feuilles d'épreuves. Votre article sera, je ne dirais pas meilleur, je trouve tous vos articles bons, mais vous l'aurez mûri davantage. Vous avez, en critique, des rivaux très forts que vous pouvez cependant dépasser. Il vous faut conquérir la première place à force de travail, c'est possible; mais, quand vous l'occuperez, vous ne vous souviendrez plus des peines, causées par une lutte que récompensera le triomphe.

— Peut-être? dit Etienne, d'une voix assourdie par l'émotion. Mais ce que je n'oublierai point, c'est avec quelle bonté indulgente vous daignez m'accueillir et m'encourager.

— C'est une joie, je dirai plus, c'est un devoir de frayer un peu la route des jeunes. Vous avez déjà vos entrées dans bon nombre de journaux, demain je vous ouvrirai les pages d'une revue nouvelle, qui va faire du bruit; vous gagnez déjà près de dix mille francs par an, il ne vous manquera plus qu'une seule chose...

— Laquelle? demanda Darthos.

— Il faut vous marier.

— Me marier?... Oui, vous avez raison, cher maître; avoir un intérieur embelli, protégé par la présence d'une jeune femme; voir grandir des chérubins autour de soi, sentir se hausser son ambition en même temps que ses tendresses...; tout cela serait une félicité complète... Mais je n'ai pas besoin de vous dire à combien de difficultés, d'obstacles, peut se heurter mon désir... Bien des femmes, qui se disent mes amies et qui furent celles de ma mère, m'ont parlé de jeunes filles réunissant, les unes des conditions de beauté, les autres des avantages de fortune ou de situation bien faites pour tenter; mais, je vous l'avoue, j'ai refusé toute proposition, toute avance de ce genre...

— Je ne vous parle point des jeunes filles devant lesquelles vous passez avec dédain, ou indifférence, mais de celles que vous regardez.

— Moi? Cher maître, que voulez-vous dire?

— Faut-il vous la nommer? demanda Nanteuil, qui semblait éprouver une joie malicieuse à torturer Étienne.

— Je vous en supplie, n'ajoutez pas à mon angoisse!

— Mais vous ne comprenez donc rien? vous ne voyez donc rien? fit le romancier, en saisissant les deux mains du jeune homme.

— Non, fit Darthos, dont la sueur mouillait les tempes, je ne comprends pas...

Nanteuil continua :

— Vous avez du talent et du cœur, je vous sais honnête homme, vous aimez ma fille, je vous la donne.

Darthos poussa un cri et devint d'une pâleur de marbre.

— Oh! ce n'est pas possible! Vous vous raillez de moi... Épouser votre fille, quand je suis presque pauvre!

— Elle aura cinq cent mille francs de dot.

— Quand ma réputation est à faire!

— Je vous accorde du temps pour le reste.

— Non, encore une fois, vous raillez... Tenez, vous avez peut-être besoin d'une scène pour une comédie ou pour un drame; vous vous êtes dit, car vous avez deviné ce qui se passe en moi : « Voyons donc comment une belle scène se jouerait? » et vous faites de moi votre collaborateur forcé. Oui, vous me raillez! Mais tant pis pour vous! Je m'étais juré de garder mon secret, ce secret m'étouffe et je ne saurais plus me taire. Je croyais de mon devoir de dissimuler... pardonnez-moi, je croyais bien jouer mon rôle... Comme vous le voyez, j'ai mes côtés naïfs... Mais est-ce ma faute, après tout? Il ne fallait point m'accueillir, de la sorte, à votre foyer, m'y ménager une place si grande, vous montrer si indulgent et si bon. Je trouvais cela doux, moi qui n'ai plus ni mère ni famille... Je me réchauffais le cœur à vos joies... Vous ne saurez jamais quelle reconnaissance je vous avais vouée... Je me serais jeté au feu pour vous... C'était une folie que de lever les yeux sur votre fille!... Je me gourmandais parfois, je tentais de fuir; je me condamnais à ne point venir chez vous pendant plusieurs jours, une semaine même, et puis je souffrais trop, je revenais... Mon Dieu! mon Dieu! combien j'ai été heureux et combien j'ai souffert de cette tendresse sans espoir!... Il y avait des moments où mon cœur éclatait en moi, mon cœur jeune, ardent, honnête, enthousiaste, et j'avais alors la tentation de me jeter dans vos bras et de vous dire : « Mon père! »

Étienne eut à peine le temps de prononcer ce mot : « Mon père! » que Nanteuil le serrait sur sa poitrine.

— Ainsi, c'est vrai? demanda Darthos, quand il fut un peu remis de son émotion.

— Oui, c'est vrai, Étienne; j'ai voulu me donner, à moi-même, cette joie de vous dire le cas que je fais de vous et vous annoncer que, depuis plus de six mois, je vous regarde comme mon fils. Ma femme vous estime profondément, ma fille a en moi une confiance absolue. Ce soir, je lui annoncerai cette grande nouvelle. Samedi, vous assisterez à la représentation de *Réjane* dans ma loge, et je vous présenterai, officiellement, comme mon futur gendre.

— Et je pourrai voir Mlle Cécile?...

— Apportez-lui demain votre premier bouquet.

— J'avais peur de devenir fou; maintenant, je crois faire un rêve.

— C'est une belle et bonne réalité. J'ai voulu jouir, moi, romancier, du plaisir de voir naître et grandir une pure tendresse sous mes yeux; mais, au rebours du père de comédie, qui trouve toujours le jeune homme trop jeune et l'avenir pas assez sûr, il m'a plu de présenter, moi-même, aux fiancés la plume qui signera le contrat. Les droits d'auteur de *Réjane* serviront pour le mobilier de ma fille.

— Vous êtes généreux comme un roi!

— Dites plutôt comme un père. Et maintenant, Étienne, quittez-moi, l'heure de la répétition est venue, il faut que je surveille tout et que je fasse un raccord. Préparez, d'ici demain, le compte rendu de ma comédie.

— A quelle heure pourrai-je me présenter chez vous?
— Venez avant le dîner.
— Au revoir, mon père! dit Étienne, dont le visage rayonnait.

Tous deux s'étreignirent la main, et Darthos sortit.

Nanteuil, lui aussi, se sentait heureux. La pensée de donner cet honnête et vaillant garçon, pour mari à sa fille, le charmait. Il quitta la maison sans voir Augustine ni Cécile, car il voulait garder tout le temps indispensable pour les graves confidences qu'il souhaitait faire. Sa répétition marcha admirablement, tout le monde comptait sur un succès, et il rentra dans une de ces heureuses dispositions d'esprit qui fait que l'on se croit capable de parvenir à posséder tout ce que l'on souhaite.

Le repas fut charmant. Augustine possédait une bonne humeur souriante qui avait don de rasséréner le romancier, lorsqu'il avait éprouvé une contrariété, et qui doublait ses joies de famille, quand le travail lui laissait le temps de les savourer. Il se montra étincelant d'esprit, pendant le dîner; il fut charmant pour sa femme, pour sa fille, pour sa nièce. Mme Nanteuil jouissait, pleinement, de le voir si rempli d'abandon, si exubérant de verve; Cécile, au contraire, paraissait presque alarmée et levait sur son père un regard dans lequel passait, parfois, le reflet d'une inquiétude.

Le repas s'acheva, comme il avait commencé, et, une heure après, Nanteuil, prenant le bras de sa fille sous le sien, lui dit avec un sourire :

— Nous avons à causer.

Angèle devina ces mots plus qu'elle ne les entendit, et le regard qu'elle jeta à sa cousine signifiait : « Tu n'auras pas le cruel courage de briser tant d'espérances de bonheur! » Cécile sourit et fit un mouvement de tête railleur, dont le sens n'échappa point à Angèle.

Comprenant que bientôt sa tante aurait besoin d'être consolée, elle s'approcha d'elle, câlinement, et posa sa tête blonde sur son épaule.

Nanteuil et sa fille avaient gagné le cabinet de travail.

Le romancier désigna, presque cérémonieusement, un fauteuil à sa fille; mais sa gravité se fondit dans un sourire attendri.

— Ma chère enfant, lui dit-il, tu ne mets pas en doute mon amour paternel, et je crois avoir entouré ton enfance de trop de soins pour que tu puisses douter de la sagesse, de la sollicitude avec laquelle je veillerai sur ton avenir?

— Vous m'avez rendue parfaitement heureuse, mon père, répondit Cécile, qui se sentit devenir de plus en plus grave.

Elle ne se jeta point dans les bras de Nanteuil, pour ajouter la grâce d'une larme à la parole qu'il venait de prononcer; au contraire, elle s'enfonça, plus avant, dans son fauteuil, comme une personne qui a le temps de tout entendre et qui prendra celui de tout discuter.

— Je ne te dirai point que je me vieillis, reprit le romancier, et que j'éprouve, avant de mourir, le besoin d'assurer ta destinée. Je suis un jeune père, mais j'ai de bonne heure compris la joie de posséder un intérieur, et je voudrais voir s'augmenter, autour de moi, les objets de ma tendresse.

— Cela signifie, sans périphrase, que vous songez à me marier?

— Eh bien! oui; as-tu quelque répugnance contre le mariage?

— Nullement.

— En ce cas, je t'achèterai des diamants demain.

— Doucement, doucement, mon père! reprit, avec lenteur, Cécile, dont le beau visage semblait couvert d'un masque de froideur et dont la voix gardait un calme imperturbable. Avant de parler diamants, vous conviendrait-il de parler du mari?

— Le mari? Un phénix: jeune, intelligent, presque beau, loyal; toutes les qualités qui font, à la fois, estimer et chérir.

— Comment! fit-elle, pas un défaut? pas le plus petit défaut?

— Es-tu intéressée?

— Moi? Quelle idée!

— En ce cas, il n'a point de défauts; il est seulement pauvre.

— Tant mieux! dit Cécile.

— Ah! tu es ma digne fille!

— Ne vous pressez point d'applaudir à ma réponse. Ce qui me plaît, dans ce que vous venez de me dire, c'est que j'ai, de la sorte, la preuve que vous ne tenez pas plus à avoir un gendre riche que moi à prendre un mari dans de brillantes conditions de fortune : voilà tout. Vous avez vos pauvres, je puis avoir les miens.

— Que veux-tu dire?

— Rien. Je vous écoute; nous en étions au phénix.

— As-tu deviné son nom?

— Je ne cherche jamais la solution d'une énigme.

— Ah! la méchante fille, qui se plaît à mettre un père dans l'embarras, et un père romancier et dramaturge encore! Si je n'étais aussi certain des vertus, des qualités et des charmes de mon candidat, j'avoue que le beau calme dont tu m donnes le spectacle m'interdirait presque!... Et puis un père ne dit jamais bien certaines choses... J'aurais dû prier ta mère de te parler... ou plutôt non, c'est Étienne Darthos que j'aurais dû amener près de toi, en lui disant : « Plaidez la cause de la jeunesse, de l'affection, de l'espérance, et bâtissez, tous deux, ces beaux châteaux qui ne sont pas en Espagne, mais dans cet Eden enchanté... »

Victor Nanteuil s'était animé, en prononçant ces derniers mots, et il fixa son regard clair sur sa fille, afin de juger de l'impression qu'il venait de produire.

Cécile gardait sa tête renversée sur le dossier du fauteuil, ses deux coudes appuyés sur les bras du meuble capitonné ; elle regardait le bout de ses ongles roses, et ce fut sans lever les yeux sur son père qu'elle lui répondit :

— Ainsi vous, vous, mon père, l'homme inventif, logique tout ensemble, vous avez pu penser à M. Darthos pour en faire mon mari? Il fallait étudier ce jeune homme très honorable, très intelligent, croyant et doux, fier et affectueux, et vous auriez compris que ma cousine Angèle eût été pour lui une compagne parfaite.

— Mais c'est toi qu'il demande en mariage !

— Je le regrette, sincèrement, mon père.

— Tu le refuses?

— Je le refuse.

— Sans réfléchir?

— Vous vous trompez, mon père. j'ai réfléchi ; je souhaite me marier suivant mon inclination, en prenant que mon goût pour guide. Ne me dites point que cela est, à la fois, irrespectueux et imprudent : c'est au moins logique. Peut-être serai-je malheureuse, avec l'homme que je choisirai de la sorte ! Cela ne regarde que moi. J'ai de l'orgueil, et, dans ce cas, je subirai, sans me plaindre, le châtiment de ma faute, si c'est une faute de vouloir édifier soi-même son bonheur.

— Cécile? dit le romancier, je ne m'attendais pas à une réponse semblable !

— N'est-elle point en situation, mon père, comme vous dites au théâtre?

— J'ai rassemblé tous mes efforts pour mériter ta confiance, et, le jour où je te parle de ton avenir, tu m'apprends, brusquement, brutalement même, que, seule, tu désires prendre le soin d'y songer...?

— Non pas ! répliqua Cécile, de la même voix tranquille. Je veux bien m'en préoccuper, m'en occuper avec vous, à la condition que vous ne m'imposiez pas un mari et que vous me laissiez en choisir un.

— Quand on parle ainsi, c'est que le choix est fait.

— Eh bien! oui, répliqua Cécile, ce choix est fait; et j'attendais une heure propice pour vous l'apprendre.

— Et le nom de cet homme? demanda le romancier, dont la voix vibrait douloureusement.

— Kasio Vlinski! répondit Cécile, qui regarda son père en face.

Celui-ci était devenu blême. Debout, une de ses mains crispée à son bureau, l'autre cachée dans sa poitrine, il attendait que le flot de colère qui bouillonnait en lui se fût apaisé, afin de répondre à sa fille sans emportement. Pour la première fois, il comprenait la force de volonté, la violente énergie de Cécile. La profondeur de ses yeux noirs l'épouvantait à cette heure. Oui, elle était bien sa fille, mélange de calme apparent et de bouillonnements secrets, de douceur tranquille et de révoltes terribles. Comment n'avait-il rien deviné de cette nature qui s'était développée sous ses yeux?

Et, maintenant, quand il lui offrait, pour compagnon de sa vie, un homme honnête, dont les sentiments, les vertus, les talents lui étaient connus, elle lui répondait en lui jetant en face le nom de l'être qui pouvait, qui devait lui être le plus antipathique!

— J'ai mal entendu, dit le romancier, en s'efforçant de contenir la colère qui s'emparait de lui; tu n'as pu faire un choix sans prendre l'avis de ta mère, sans me demander si j'adopterais pour fils celui que tu souhaiterais pour mari? Je me suis montré père indulgent, affectueux; j'ai voulu être ton ami et mériter ta confiance, autant que ton respect. Écoute, je ne te gronderai point. Tu peux avoir hérité de mon impressionnabilité nerveuse, de la vivacité de mon imagination; tu as pris des chimères pour des réalités, affaire d'optique de la vingtième année. Tu ne connais de la race slave ni ses défauts ni ses exagérations. Elle garde un renom de chevalerie qui lui laisse un prestige; la persécution, dont elle fut victime, l'a grandie. Elle a souffert, elle souffre encore. Personne n'admire plus que moi les grandes figures et n'honore davantage les grands noms. Mais, si la nation polonaise compte des héros, elle renferme aussi des personnages dignes d'un intérêt médiocre et d'une estime problématique. Parmi les Polonais, beaucoup possèdent des talents; ils les ont mis en œuvre, ils ont vaillamment lutté pour se faire, en France, des situations définies. Ceux-là sont dignes de toutes nos sympathies. Mais Kasio Vlinski n'est point dans ce cas. Il joint à la paresse d'un Oriental une finesse italienne. Personne ne connaît ce qu'est sa fortune; son existence reste trop mystérieuse pour ne point devenir suspecte. Le moins que l'on puisse croire, c'est que, doué d'une beauté incontestable, assez habile pour tirer parti de tous ses avantages physiques et de ses talents, il cherche à épouser une riche héritière, afin de vivre dans sa même indolence, sans souci du lendemain, sans songer que la dignité de l'homme est dans le travail. Oh! je sais qu'il a traduit *Conrad Wallenrod*, ce poème étrange et charmant, dont, sans me consulter, tu as lu la traduction peut-être; il joue, non sans talent, l'entraînante musique de Chopin; puis, tandis qu'Étienne n'osait pas même te laisser deviner le fond de sa pensée, Kasio Vlinski t'exprimait la sienne et s'efforçait de l'entretenir dans la voie de la sentimentalité. Tu es ma fille, et je t'excuse; il est homme, ayant l'expérience, habile à la lutte, fort de la faiblesse même d'une enfant, qui écoute, avec son cœur, le premier madrigal venu, et je le condamne. Tu serais malheureuse avec Kasio; malheureuse et humiliée, car la situation de ton père t'a accoutumée à respirer dans une atmosphère de joie orgueilleuse; puis tu souffrirais, cruellement, de sa pauvreté.

— Étienne Darthos n'a rien!

— Mais il travaille, lui! Il saura se créer une place dans le monde; Vlinski n'a jamais fait que son étude sur Miskiewicz et sa traduction de *Conrad Wallenrod*, et encore il a exécuté ces deux tours de force parce qu'ils devaient faire partie de sa mise en scène.

— Mon père, dit Cécile, avec une obstination froide, je serai la femme de Kasio!

— En dépit de ma volonté?

— Vous ne voudrez pas me rendre malheureuse, en me refusant votre consentement?

— Je le refuse; tu ne l'obtiendras jamais.

— Jamais? C'est bien long! fit Cécile.

— Ma porte sera désormais fermée à cet homme.

— Vous ne le chasserez pas de mon cœur.

— Tu te révoltes donc?

— Je me défends.

— Mais, malheureuse enfant! qui a pu pervertir de la sorte ton jugement et ton cœur?

Cécile se leva, se dirigea lentement vers la porte; puis, se retournant vers Victor Nanteuil, elle lui dit de sa voix glaciale:

— J'ai lu vos livres, mon père...

Il nous faut une vengeance ! (Voir page 42.)

CHAPITRE IV

NID DE VIPÈRES

On jouait *Réjane*. La salle était comble ; le succès, en s'accentuant, prenait les proportions d'un triomphe. La loge de Victor Nanteuil se remplissait, tour à tour, d'amis prenant une part sincère à sa joie, de rivaux applaudissant, du bout des doigts, et prêts à éreinter la pièce, en se promenant dans les couloirs. Comme toujours, les femmes avaient fait assaut de toilette, et Mme Nanteuil, éblouissante de beauté et de parure, se sentait plus heureuse que jamais. Le bonheur de son mari se reflétait sur son visage, et rien n'eût manqué à sa joie intime si l'expression de la physionomie de Cécile ne lui eût que trop révélé ce qui se passait en elle.

Cependant Augustine ne savait pas tout.

Nanteuil gardait, enfoncée dans son cœur, la flèche que sa fille lui avait jetée, en fuyant. Cécile, sachant que la question de son mariage dépendait de son père, plus que de sa mère, usait, vis-à-vis de celui-ci, d'une sorte de violence. D'ailleurs, elle se croyait le droit de lutter contre son père et de le vaincre, avec ses propres armes. Dans les livres de Nanteuil, que Kasio Vlinski lui avait prêtés, afin de détruire autant qu'il le pourrait dans son âme, le respect qu'elle professait pour son père, Cécile trouva des enseignements terribles. Le romancier avait, plus d'une fois, prêché, dans ses œuvres, la liberté, que garde une jeune fille, de faire elle-même choix de l'homme qui doit partager sa destinée. Il s'était élevé contre ce qu'il appelait un monstrueux abus de pouvoir et semblait rendre les pères responsables de la félicité, de l'honneur et de la vie de leurs filles, quand celles-ci n'avaient point été maîtresses de se marier, suivant leur impulsion. C'était : surtout, dans son livre, *Les Filles majeures* que Victor Nanteuil avait exprimé ces idées; faites pour bouleverser l'ordre et détruire, à la fois, le respect et le bonheur dans les familles. Ce livre avait obtenu un de ces succès foudroyants, qui se comptent par vingt, éditions successives. Nanteuil croyait que jamais Cécile n'ouvrirait cette œuvre malsaine; il n'en gardait pas même un exemplaire chez lui. Mais, quand le serpent se glisse dans l'Éden, la parole fatale est bientôt dite, et le conseil pernicieux ne tarde pas à germer. Kasio Vlinski, prévoyant une lutte, se hâta d'armer Cécile pour ce qu'elle croyait être la défense de sa félicité. Cécile lut *Les Filles majeures*, avec un étonnement croissant. Quand elle l'eut achevé, elle déchira le volume, page par page, fit un peu de cendre de ses feuilles et garda, dans le fond de son cœur, une blessure qui ne devait plus se fermer. Il lui semblait que, subitement, sa tendresse et sa vénération pour son père s'étaient écroulées. Elle ne voyait plus, en lui, qu'un adversaire contre lequel elle pouvait batailler, à armes égales; encore se trouva-t-elle d'abord la plus forte : elle connaissait son secret, il ignorait le sien.

Elle souhaita, vivement, apprendre si sa mère avait mordu aux fruits pleins de cendre, dans lesquels Nanteuil avait mis le désentendement, l'irréligion et le mépris de toute loi familiale. Avec des précautions inouïes, elle s'informa, elle chercha ; mais Augustine s'était pliée, sans détours et sans arrière-pensée, sous la volonté de son mari ; elle avait cru devoir lui prouver une soumission affectueuse. Elle n'avait jamais trouvé, dans sa corbeille, sous les laines de sa tapisserie, un livre dangereux, signé du nom de son mari.

Le lendemain du jour où il avait eu, avec Cécile, le pénible entretien, qui s'était terminé par un mot renfermant une accusation, Victor se borna à dire à sa femme :

— Une romanesque sympathie est née pour Vlinski dans le cœur de notre fille; efforce-toi de la lui faire oublier.

En même temps, il prévint Étienne, avec des précautions d'ami, que la pensée d'un prochain mariage effrayait sa fille et qu'il prendrait un peu de temps pour l'accoutumer à cette idée.

Étienne Darthos secoua la tête :

— C'était trop beau ! dit-il.

Il serra la main du romancier, et il ajouta :

— Merci du fond d'un cœur qui saignera longtemps!

Le romancier s'efforça de rendre l'espérance au critique ; mais celui-ci avait compris, sous les réticences de Nanteuil, le refus catégorique de la jeune fille.

Celle-ci ne parut plus, le lendemain, se souvenir de ce qui s'était passé. Elle se montra la même à l'égard de son père, avec une nuance de froideur et de défi, perceptible pour lui seul. En revanche, elle accabla Angèle des témoignages de sa tendresse et lui parla souvent, bien souvent, de cet Étienne Darthos auquel elle reconnaissait toutes les qualités, à la condition qu'on ne cherchât point à le lui faire épouser.

Elle assistait, tranquille, satisfaite en apparence, parfaitement belle et élégante, à une représentation qui allait être pour son père l'occasion d'une joie nouvelle.

Pendant l'entr'acte du deuxième acte, l'animation était grande dans les couloirs. Nanteuil, assez sûr de lui pour affronter les regards du public, se montrait plein d'entrain, se critiquait lui-même, et réclamait l'indulgence de tous, avec une modestie charmante.

Au troisième acte, le rideau se leva sur une scène représentant les trois Vipères occupées, avec un acharnement odieux, à tenter de perdre de réputation une malheureuse jeune femme dont la vertu, la candeur leur faisaient ombrage. Les pièges tendus pour amener cette créature digne, fière, innocente, au milieu d'un cercle de brebis galeuses, qui peuvent aider à la corrompre, étaient le chef-d'œuvre de l'astuce et de l'hypocrisie. Les trois actrices, chargées de représenter ces trois femmes, avaient, sans nul doute, reçu des conseils utiles ou consulté des photographies exactes, car elles étaient parvenues à s'habiller, à se coiffer, à se grimer de telle sorte qu'au premier moment les amis de Zoé Cobra, de Flore Dorvet, de Sosthénie Simonin crurent que les excentriques personnes avaient accepté un rôle dans la pièce. Cependant, on ne tarda point à se désigner, dans la salle, trois fauteuils de galerie occupés par les originaux, dont il avait plu à Nanteuil de donner les portraits. On chuchota dans une loge, les confidences gagnèrent de proche en proche, et, pendant l'entr'acte suivant, ce ne fut, au foyer et dans les couloirs, qu'un immense éclat de rire. Les uns trouvaient l'idée de Nanteuil très drôle; les autres s'effrayaient de son audace et se demandaient ce qu'allaient résoudre les maris de ces dames. Seules, désormais, de toute la salle, Zoé Cobra, Sosthénie Simonin et Flore Dorvet ignoraient qu'elles étaient devenues l'objet de la risée générale. Placées bien en vue, très fières d'étaler la plus élégante de leurs toilettes dans les fauteuils du premier rang, donnés par Nanteuil, elles sentaient, à mesure que s'accentuait le succès de la pièce, grandir le sentiment d'envie que leur inspirait Augustine.

Peu leur importait Nanteuil, c'était un homme; Augustine, qui les écrasait par sa beauté, par sa fortune, par son élégance, par son bonheur, paraissait être, pour elles, une ennemie.

— Elle est donc invulnérable ! s'écria Zoé.

— Et impeccable ! ajouta la Simonin.

— Oh ! conclut Flore, pour la voir humiliée, pour savoir qu'elle souffre, je donnerais... je donnerais !...

— Combien ? demanda une voix aiguë.

— Peu vous importe, monsieur Pharès ! Vous ne la prendrez jamais en faute, répondit Zoé Cobra, en se retournant.

Le jeune homme, auquel elle venait de donner le nom de Pharès, appartenait à cette classe de petits journalistes qui courent dans vingt bureaux durant une seule journée, font, tour à tour, du reportage, des articles de théâtre, de la fantaisie et des récits d'accidents. Pharès, aigu comme un stylet, envieux, plein de venin et de bave, était assez estimé dans les bureaux de quelques feuilles satiriques. On le considérait comme un bravo littéraire, prêt à frapper dans l'ombre, protégé par son pseudonyme. On le chargeait de missions périlleuses; il confectionnait de bons petits articles de diffamation, ne reculait pas devant le chantage et, méprisé de tous, il parvenait à se faufiler partout. Sa spécialité était connue. Chacun de ses succès de livres, et il en comptait quelques-uns, était un véritable crime littéraire. Chose honteuse à avouer, il s'était créé, plus vite, une notoriété en se tenant dans les marais littéraires où les scorpions et les serpents font leurs nids, que s'il avait naïvement suivi une belle et large voie.

Les Vipères le connaissaient et l'appréciaient. Il allait à leurs jeudis, les régalait de médisances et de calomnies infâmes, traitant la réputation des hommes et des femmes avec le dédain d'un homme qui n'a plus rien à perdre. Jamais il n'avait pu réussir à se faire inviter chez Nanteuil, et il lui gardait rancune de son mépris.

— Tant pis pour qui cherche à m'écraser! disait-il. Je pique !

Les Vipères s'applaudirent, deux fois, de l'avoir bien accueilli, quand M. Pharès, par un mot énigmatique, parut leur faire comprendre que sa volonté pouvait peser sur le bonheur de Mme Nanteuil.

Afin d'irriter davantage un reptile, le charmeur l'agace à l'aide d'une baguette sifflante; il se joue de sa colère, de sa bave, de ses morsures. Pharès voulait monter, à son diapason le plus aigu, la colère des trois femmes, et, pour cela, il devait leur révéler autre chose que les secrets d'Augustine.

— A la soirée que Nanteuil a donnée mardi, reprit Pharès, en s'adressant à Zoé Cobra, avez-vous remarqué l'actrice qui joue un des trois rôles de vieilles femmes?

— Non, répondit Zoé.

— Elle y assistait cependant.

— Elle a beaucoup de talent, ajouta Flore Dorvet.

— Et savez-vous ce qu'elle allait chercher dans les salons du dramaturge?

— Des conseils? hasarda Flore Simonin.

— On affirme qu'elle demandait des modèles.

— Pourquoi?

— Pour la composition de son rôle. Puis-je tout vous dire? Ne m'en voudrez-vous pas de ma franchise, et considérerez-vous que je vous aie rendu un service si je vous apprends ce qui se murmure dans tous les coins de la salle ?

— Je ne vous comprends pas, dit Zoé, en regardant ses amies.

— C'est bien difficile à expliquer, reprit Pharès. Je fais le plus grand cas de votre intelligence; votre amitié m'est précieuse, et je cours risque de la perdre si je me montre franc. Cependant, il m'est cruel de voir des femmes de votre valeur devenues le point de mire de toute une salle, de songer que demain les journaux, en rendant compte de la pièce, ajouteront que vous sembliez prodigieusement vous amuser pendant cette représentation.

— Mais nous nous amusons, en effet, beaucoup : une belle salle, des toilettes charmantes, des fauteuils excellents... envoyés par Nanteuil... On peut lui pardonner son bonheur et sa fortune ; il est poli. Ce n'est pas sa femme qui aurait songé à nous faire remettre ces coupons !

— Ma parole ! je ne sais plus comment vous apprendre la vérité, dit Pharès. Voilà que vous admirez, que vous bénissez Nanteuil, maintenant ! Vous lui devez de la reconnaissance, n'est-ce pas ? Mais ouvrez les yeux et les oreilles ! Examinez les toilettes des trois femmes de province, au troisième acte ! Elles sont copiées sur les vôtres ; les coiffures reproduisent les vôtres...

— Quel mal voyez-vous à ce que l'on nous emprunte notre coiffure et notre couturière ? demanda Flore Dorvet.

— Aucun ; mais ce qui est un crime, c'est de vous avoir donné ces fauteuils, tandis qu'on vous reconnaît, dans la salle, pour les modèles de la scène des trois Vipères, sifflant sur les pas de l'ange blond qu'elles veulent perdre. Nanteuil vous a photographiées, ou plutôt il a donné votre caricature ; et, maintenant, chacun dans la salle vous désigne du doigt.

— Nous ? s'écrièrent, ensemble, les trois femmes.

— Vous ! et je suis venu vous avertir.

— Où sont nos maris ? demanda Flore Simonin.

— Au foyer.

— Apprenez-leur ce qui se passe, et qu'ils fassent remettre leurs cartes à ce misérable Nanteuil !

— Ils ne se battront pas, dit Pharès.

— Oh ! dit Flore, mon mari est brave.

— Zéphirin ne laissera jamais insulter sa femme, ajouta Zoé.

— Eh bien ! quand ils se battraient ? Nanteuil fait mouche à tout coup, et il est la meilleure lame de Paris. En seriez-vous plus avancée si chacun de ces messieurs recevait une balle ou un coup d'épée, au choix ?

— Non, certes ! répondirent les femmes, mais il nous faut une vengeance, et...

— Je viens vous l'offrir, ajouta Pharès.

Alors, lentement, avec mille précautions, destinées à envenimer davantage leur haine, Pharès mit les Vipères au courant de la vie intime d'Augustine. Il la représenta tranquille, sereine au milieu de son bonheur. Il ajouta que toute cette félicité avait la fragilité d'un château de cartes.

Pour la détruire, il suffisait de lui apprendre mille secrets de la vie de son mari, de lui révéler le titre et le sujet du plus dangereux de ses livres, de faire entrer dans son cœur une ardente curiosité de connaître ses œuvres.

— Dès qu'elle les aura lues, poursuivit Pharès, chez elle le dédain remplacera la tendresse. Elle manque de piété et ne se croira point obligée au pardon. Toute sa vie s'écoulera, en une seule minute, et il ne restera rien des débris de son idole. Oh! son mari la connaît bien! Il l'a entourée d'un mur de confiance, qu'elle ne tente pas même de franchir pour savoir ce qui se passe au delà! Quand elle perdra sa foi dans Nanteuil, la vie sera close pour elle. Vous avez, toutes les trois, de l'esprit, de la logique et de la patience; vous connaissez l'œuvre complète de Nanteuil; apprenez à cette femme qu'elle est la dupe de son mari et que sa confiance en lui est l'objet de la risée. Le désespoir de Mme Nanteuil sera assez grand pour que l'éclat, qui en sera la suite, vous venge complètement de ce qui se passe, ce soir.

Les trois femmes échangèrent un regard, gros de complicité.

Puis, après avoir rapidement remercié Pharès, elles se levèrent, quittèrent leurs fauteuils et sortirent du théâtre, après avoir fait prévenir leurs maris.

Pendant qu'elles redemandaient leurs manteaux aux ouvreuses, Nanteuil se tenait, dans un coin du foyer, au milieu d'un groupe d'hommes. Son ami, le docteur Toussaint, était à ses côtés. Le savant reprenait, subitement et complètement, possession de la vie parisienne. Il oubliait le long espace qui s'était écoulé entre son départ pour tous les mondes et le retour qui lui rendait le plus cher de ses condisciples, heureux, envié, en pleine chance, en pleine gloire littéraire. Son amitié éclatait avec une vérité franche et communicative. Il ne le louait point avec exagération, mais on comprenait qu'il était heureux de le louer.

— Tiens! dit-il, en frappant sur l'épaule de Nanteuil, si tu le veux, je collaborerai avec toi; j'ai une idée. Oh! ne ris pas! Je comprends combien de fois tu dois entendre, cette phrase : « J'ai une idée! » D'abord, je ne serai point de la pièce comme tu dis; ensuite, je ne demanderai point de droits d'auteur. J'ai toujours cru que, de même qu'il existe des maladies morales agissant sur le corps, en frappant d'impuissance toute médication, il se commet des crimes mal définis, non classés, que la loi n'atteint pas, que le Code n'a point prévus et qui ne relèvent que de la justice de Dieu. Un mot peut tuer, aussi sûrement qu'un toxique. Une lettre anonyme donne la mort, aussi bien que le plus aigu des stylets napolitains. Je voudrais écrire un livre ou un drame ayant pour titre *les Crimes de la plume*, et, dans cette œuvre, grouper toutes les infamies que la plume peut commettre et aider à commettre. Par exemple : vois-tu rien de plus odieux qu'une lettre anonyme, de plus lâche qu'un faux, de plus dangereux qu'un livre créé dans le but de pervertir des âmes ? Les journalistes qui égarent le peuple, les romanciers qui lui corrompent le cœur, ne sont-ils pas coupables ? Les ruines creusées par la plume sont innombrables, et nul ne les a encore groupées, de façon à en faire le moyen d'une puissante action dramatique. Crois-moi, un livre semblable renfermerait une leçon et pourrait être utile, à une époque où 'la liberté enfante la licence ; où l'insulte et le mépris sont déversés sur les plus nobles, les plus saintes choses, et où le poison semble jaillir d'un si grand nombre d'encriers.

— Si Dieu me prête vie, Toussaint, répondit Nanteuil, j'écrirai ce livre-là.

La sonnette électrique annonça le commencement du quatrième acte.

A peine Victor Nanteuil rentrait-il dans sa loge qu'il aperçut, en face de lui, le vide laissé par le départ des trois Vipères.

— Se seraient-elles reconnues? fit-il, en riant. Je ne leur croyais pas assez d'esprit pour cela.

— Je t'avais dit de prendre garde, murmura le docteur Toussaint.

Le quatrième acte s'acheva, plus tranquillement. Le cinquième couronna une soirée dont le souvenir devait rester, longtemps, dans la mémoire des amateurs de théâtre.

Nanteuil fut obligé de s'éclipser, avant la fin de la pièce, dans la crainte d'être l'objet d'une ovation.

Augustine, sa fille et le docteur sortirent ensemble.

Au moment où ces dames reprenaient leur manteaux, Kasio Vlinski passa, rapidement, près de Cécile.

La jeune fille le regarda à peine, à travers ses longs cils bruns, et s'enveloppa, frileusement, dans son manteau.

Augustine n'aperçut pas Kasio.

Le lendemain de la première représentation de *Réjane*, les Vipères se trouvaient réunies dans l'appartement de Zoé Cobra.

Il était situé rue du Mont-Dore, dans la partie reculée d'un immeuble assez grand, donnant sur la cour. Cette cour sablée précédait le vestibule, et quelques aucubas, dont les panachures ressemblaient à une maladie végétale, croissaient à côté de fusains rabougris. Chez Zoé Cobra, tout respirait un faux luxe et une énorme prétention. Les tentures étaient d'une étoffe de laine tramée de coton; les fauteuils et les divans trahissaient une rembourrure en crin végétal; une pendule énorme en fonte, jouant le bronze, s'étalait sur la tablette de la cheminée. Au milieu de la grande pièce, dans laquelle elle recevait ses amis, et qui ressemblait moitié à un salon, moitié à un bureau, se trouvait une grande table, couverte en reps vert. Sur cette table s'alignaient, méthodiquement, des journaux, des revues, des brochures nouvelles, même des gravures de mode.

Au moment où trois heures sonnent à la lourde pendule, les trois femmes ont achevé leurs préparatifs. Chacune a devant elle un cahier de papier, un encrier, et tient une plume à la main.

— Voici mon avis, dit Zoé Cobra : d'après les renseignements qui nous ont été fournis par M. Pharès, nous allons, séparément, chacune rédiger le modèle d'une lettre explicite, racontant à Augustine Nanteuil les doubles secrets de la vie de son mari. Vous connaissez ses œuvres. Nous devons nous attacher à faire ressortir le côté dangereux de ses ouvrages et prouver à Mme Nanteuil quel dédain doit professer pour sa compagne l'homme qui peut, près d'elle, écrire des pages d'une immoralité si révoltante.

— C'est compris ! répondit Flore Dorvet.

— A l'œuvre ! ajouta Sosthénie Simonin.

Les trois femmes s'inclinèrent sur la table, et les trois plumes coururent sur le papier.

Jamais ces créatures, dont aucune ne passait pour avoir un talent réel, n'avaient si facilement trouvé la forme dont elles voulaient envelopper leurs idées. Elles, qui, d'habitude, travaillaient avec une sorte de lenteur somnolente, s'abandonnaient à l'entraînement d'une verve singulière. Souvent un sourire passait sur leurs lèvres minces, ou bien la méchanceté pétillait dans leur regard, quand elles venaient de trouver une forme cruelle, pour la phrase destinée à torturer une femme, heureuse dans son ignorance. D'autres fois, l'une d'elle s'excitait, en relisant ce qu'elle venait d'écrire, avec une satisfaction évidente.

Une joie étrange éclatait sur le visage des trois Vipères ; le sang montait à leurs pommettes maigres ; l'expression du triomphe se lisait dans leur attitude, comme dans leurs regards. Au bout d'une demi-heure environ, les trois plumes s'arrêtèrent ; les complices repoussèrent, légèrement, leur papier et parurent se dire :

« — Voici une besogne heureusement conduite ! »

Zoé Cobra lut sa lettre. Elle respirait une pitié railleuse : avant de lui déchirer le cœur, Zoé s'attendrissait sur sa victime. Le crocodile réussit, dit-on, à trouver des larmes. Après avoir compati à la déception qui ne pouvait manquer de briser sa vie, l'« amie sincère », qui croyait de son devoir de prévenir Augustine, lui conseillait, en même temps, l'oubli d'une sanglante injure. Elle s'apitoyait sur la femme aimante et demandait grâce pour l'homme coupable. Avec une redoutable perfidie, elle faisait valoir, pour excuse des écarts de Victor Nanteuil, l'entraînement des passions, la fougue d'une imagination déréglée. On ne peut point, disait-elle, juger les poètes, les dramaturges et les romanciers comme les hommes vulgaires. Ils doivent jouir d'immunités à part, et la compensation des fautes, qui blessent à la fois l'orgueil et la tendresse de leur femme se trouve dans les satisfactions d'orgueil qu'elles doivent à leurs succès. L'« amie sincère » terminait en assurant à Augustine qu'elle prierait Dieu de guérir son âme déchirée.

— Parfait! s'écria Flore Dorvet, tellement parfait que j'ai bien envie de déchirer mon brouillon !

— Vous n'en avez point le droit, répondit Sosthénie Simonin; la lettre que recevra Augustine doit être notre œuvre à toutes trois, et, quoique je ne me flatte point d'avoir mieux réussi que cette chère Zoé, je lirai, cependant, ce qui m'est venu au courant de la plume Voici mon œuvre :

La raillerie amère, sanglante, débordait de la lettre de Flore. Elle traitait Augustine avec un mépris outrageant. Quoi! cette petite provinciale avait eu l'audace de croire qu'elle serait l'inspiratrice d'un homme d'un grand talent ! Il avait agi en galant homme, la laissant à ses futilités, l'amusant avec quelques diamants et des volants d'Angleterre, mais la dédaignant assez pour ne jamais lui confier le secret de ses travaux. Elle n'avait point su monter jusqu'à lui, et lui avait repoussé l'idée de l'élever jusqu'à elle. Comme on l'avait raillée, dans ce Paris dont elle se croyait une des reines! Quoi! elle ignorait ce qui se passait autour d'elle, elle gardait cette passible obéissance de l'ilote à qui commande le maître? Si elle tentait, maintenant, d'éclairer soudain les ténèbres au milieu desquelles elle avait volontairement vécu, elle serait prise, à la fois, de honte et de vertige. N'importe! Elle devait lire. Il faut avoir ce courage de regarder en face le malheur. Elle déciderait, ensuite, si elle pouvait rester près d'un mari qui la traitait, publiquement, avec ce dédain. Une liste des volumes, les plus dangereux, de Victor Nanteuil terminait cette lettre.

— Bien! bien! fit Zoé; nous trouverons dans cette lettre d'excellentes choses.

Sosthénie Simonin, cédant à la violence de sa nature, avait fait, de sa dénonciation contre le romancier, quelque chose de passionnément violent. Jalouse et envieuse à l'excès, ce que Sosthénie avait le plus désiré des joies groupées autour d'Augustine, c'était le luxe qui l'entourait : ce franc et vrai luxe qui s'étend de l'appartement aux attelages, de la toilette à la table. Elle avait aussi senti s'agiter en elle des rages folles, quand elle avait remarqué la beauté parfaite d'Augustine et qu'elle l'avait comparée à sa laideur brutale. Il lui semblait qu'elle éprouverait une joie étrange en voyant se creuser, sous l'empire d'un chagrin, des joues qu'elle avait vues si fraîches, et se rougir, dans les veilles et les larmes, ces yeux bleus remplis d'une bonté affectueuse et d'une joie naïve.

Un second travail emprunta à chacune de ces lettres ce qu'elle avait de plus saillant, et il en résulta une œuvre terrible, distillant le venin à chaque mot.

Zoé, dont l'écriture était de celles qui ne peuvent trahir le caractère, copia cette lettre énorme sur un papier banal. Chaque phrase qu'elle écrivait lui causait un soubresaut de joie.

Quand elle eut terminé, elle signa : « Une amie sincère »; traça, d'une main ferme, l'adresse d'Augustine Nanteuil, y colla un timbre; puis elle sonna pour faire mettre le terrible *factum* à la poste.

— Cette lettre sera remise à la dernière distribution, dit-elle.

— On sera en famille, ajouta Sosthénie Simonin.

— Eh bien! fit Flore, les vipères ont sifflé, si on les a jouées!

Rouges de joie, se félicitant de leur mutuelle vengeance, elles se quittèrent, et chacune se demanda ce qui allait, ce soir-là, se passer dans la maison du romancier.

Las d'un travail dont peuvent seuls se faire une idée ceux qui s'occupent de théâtre, Victor Nanteuil avait résolu de passer, chez lui, dans un repos complet, les trois jours qui suivraient la représentation de *Réjane*. Sauf Étienne Darthos et le docteur Toussaint, personne ne devait être reçu. D'ailleurs Nanteuil se proposait d'employer ce temps à calmer l'irritation de sa fille et à lui faire comprendre à quel point elle compromettait son avenir, si elle s'entêtait à poursuivre des rêves impossibles.

Augustine, radieuse du succès de la veille, rappelait à son mari les souvenirs de cette représentation. Cécile travaillait, Angèle s'arrêtait, de temps à autre, pour embrasser sa cousine.

Vers neuf heures, le valet de chambre entra. Il portait, sur un plateau d'argent, les journaux et les lettres.

Victor prit tout ce qui se trouvait sur le plateau, fit un triage des lettres qui devaient venir d'amis, puis, après avoir retourné dans ses mains une lourde enveloppe :

— Ma chère, dit-il, ceci est pour vous.

— Pour moi ? répondit Augustine. On dirait un pli officiel !

Nanteuil coupa les enveloppes, et Augustine déchira celle de sa lettre volumineuse.

Elle se renversa dans son fauteuil, comme une personne qui s'apprête à faire une longue lecture. Cécile, qui leva les yeux sur sa mère, fut vite frappée par l'altération de son visage. Cependant Mme Nanteuil lut presque toute la première page, sans comprendre ce que signifiaient les choses monstrueuses accumulées dans ce *factum* anonyme. Quand elle saisit la portée de cette dénonciation, une rougeur ardente lui monta au visage. Elle fut tentée de lacérer cette lettre et d'en jeter les morceaux au feu. Mais la soif d'apprendre la vérité lui mordit le cœur. Elle trouvait qu'elle commettait une faute en lisant des pages, insultantes pour l'honneur de l'homme qui restait, ce soir-là, savourant à son foyer les joies de sa gloire ; et, pourtant, elle lisait, elle lisait encore. Parfois, un spasme la prenait au cœur, elle se sentait suffoquer, ou bien des larmes brûlantes, larmes d'indignation et de colère, montaient à ses paupières. Elle souffrait horriblement. Quand elle eut fini, elle regarda son mari qui souriait, en lisant des articles élogieux sur sa pièce de *Réjane*.

Une parole de mépris écrasant vint à ses lèvres, mais elle regarda sa fille et elle se tut.

— Eh bien ! demanda en riant le romancier, et cette fameuse lettre ?...

— ... ne te regarde en aucune façon, répondit Augustine, qui venait de la cacher dans sa poitrine.

Un moment après, prétextant une extrême fatigue, elle embrassa sa fille et Angèle et se retira dans son appartement.

Pleurer, toi, qu'as-tu?... (Voir page 50.)

CHAPITRE V

L'AMIE

Eugénie de Reuilly travaillait. Il était dix heures du matin, et la porte était sévèrement interdite. Pendant la première moitié de la journée, elle se livrait, d'une façon complète et passionnée, à un labeur quotidien qui, sans épuiser ses forces, entretenait, en elle, la force productrice. A une imagination puissante, qui lui permettait d'entreprendre des œuvres vivantes, elle joignait la logique qui enchaîne les événements, enfantés par le cerveau, et une foi ardente dont l'inspiration passait à travers ses œuvres. Elle vivait, non pas isolée, mais recueillie ; amoureuse du silence, elle se jetait dans la solitude, avec une sorte de passion, lui demandant la puissance dont elle dispose et s'y retrempant, comme un lutteur qui a besoin de prendre terre, afin de se retrouver et de respirer à pleine poitrine.

Elle achevait un gros livre, et les recommandations de ne la déranger, sous aucun prétexte, avaient été multipliées aux domestiques. Cependant, à un coup de sonnette, presque violent, succéda, dans l'antichambre, une discussion à voix basse ; puis le timbre des voix s'éleva, et enfin, la porte du bureau d'Eugénie s'ouvrant rapidement, Augustine Nanteuil, habillée de noir, pâle, les yeux cernés, la bouche crispée aux angles, comme si elle se défendait de laisser éclater ses sanglots, s'avança vers son amie.

Eugénie s'était levée, en la reconnaissant, et Augustine se jeta dans ses bras.

— Pardonne-moi, lui dit-elle, pardonne-moi de venir aujourd'hui et à cette heure ; mais si, quand je me sens heureuse, je connais dix femmes près de qui je puis épancher ma joie, quand je souffre, ce n'est que près de toi que je désire me réfugier, pour pleurer.

— Pleurer, toi ! Qu'as-tu ?

Mme Nanteuil pressa son mouchoir sur ses lèvres, puis elle essuya, rapidement, une larme. Eugénie, qui, plus d'une fois, s'était alarmée des symptômes d'indépendance que trahissait le caractère de Cécile, et qui se souvenait d'avoir été grandement surprise des assiduités de Kasio Vlinski, attribua à quelque confidence de Cécile le violent chagrin d'Augustine : « La mère s'effrayait pour l'avenir de l'enfant, en constatant l'erreur d'un entraînement déjà, peut-être, difficile à étouffer ? »

Saisissant les deux mains d'Augustine, Eugénie lui dit, en plongeant son beau et franc regard dans les yeux voilés de Mme Nanteuil :

— Ta fille, n'est-ce pas ?

Augustine tressaillit. De ce côté, sans doute, elle aurait à lutter, à souffrir aussi ; mais Cécile avait gardé, à l'égard de sa mère, un silence si complet que Mme Nanteuil ignorait, encore, ce que son mari avait appris, pendant l'entretien qu'il avait eu avec sa fille, au sujet de la demande en mariage d'Étienne Darthos.

— Non, répondit Augustine, en secouant la tête, c'est de mon mari qu'il s'agit.

Eugénie de Reuilly attendit que son amie s'expliquât davantage. Il pouvait être dangereux d'aller au devant des confidences d'Augustine. Elle aimait trop celle-ci pour repousser ses confidences et lui refuser ses consolations ; mais elle sentait qu'elle allait se trouver, bientôt, sur un terrain brûlant et se tenait sur la défensive. Tandis qu'elle s'imposait une réserve complète à l'égard de son amie, elle lui laissait comprendre, par l'effusion de sa tendresse, par la sympathie dont elle l'entourait, par les mystérieuses effluves de son âme, la part sincère qu'elle prenait à sa douleur. Augustine, au moment d'avouer la cause du chagrin, qui bouleversait son existence, sentait combien il est difficile, même à l'égard de l'amie la plus chère, de lever tous les voiles de son âme. Enfin, elle s'abandonna à l'excès de son angoisse et sanglota, mais sans révéler encore le sujet de son désespoir.

Quand elle eut essuyé, avec une sorte d'emportement, les pleurs qui l'aveuglaient, elle fouilla dans son corsage, y prit une lettre dont les plis, les cassures, attestaient qu'elle avait été froissée avec rage, puis elle la tendit à Eugénie.

Celle-ci n'eut besoin que d'y jeter un coup d'œil pour en deviner la nature.

— Écriture déguisée, dit-elle ; précautions hypocrites, avant d'entamer l'objet de cette missive... Naturellement, pas de signature... C'est une lettre anonyme, c'est-à-dire une chose lâche, vile, dont la loi n'atteint pas toujours les auteurs, mais qui relèvera, un jour, de la justice de Dieu... Et tu peux ajouter foi à ce qu'elle renferme?... Tu viens chercher ici un conseil sincère, n'est-ce pas ?

— Oui, répondit Augustine, d'une voix étouffée.

— Je dois t'en donner un seul : oublie ce que tu as appris dans ces pages, évidemment souillées de mensonges, et n'exige point que j'apprenne, à mon tour, quelles turpitudes y sont accumulées.

— Non, répondit Mme Nanteuil, il faut lire. L'intention qui dicte cette lettre est mauvaise. On a voulu me frapper au cœur et on a réussi ; mais, si coupables que soient les auteurs de cette dénonciation, ils ont écrit des vérités, des vérités qui m'atteignent, à la fois, dans ma dignité de femme et dans ma tendresse d'épouse. Je veux faire la part du bien et celle du mal ; je veux apprendre la vérité, la vérité tout entière, sur l'homme dont je porte le nom.

— Augustine ! Augustine ! je t'en conjure, laisse-moi brûler ce papier !

— As-tu peur que je cesse d'estimer M. Nanteuil?

— Je redoute, répondit Eugénie, l'emportement de la première heure et l'effet qui suivra un mouvement de colère. Ne l'oublie pas : la vie des femmes est faite de sacrifice et de pardon.

— Si je l'offensais, Nanteuil me pardonnerait-il?

— Peut-être!... Mais souviens-toi que, quand même tu croirais à sa sévérité, tu n'en serais pas moins obligée à l'indulgence.

— Jamais! jamais!

— Tu as une fille, répondit, doucement, Mme de Reuilly.

— Lis, mais lis donc! Je veux que tu lises!...

L'accent avec lequel la jeune femme prononça ces mots convainquit Eugénie qu'elle ne calmerait son amie qu'en discutant, avec elle, la nature des griefs qu'elle se croyait contre Nanteuil. Avec un profond dégoût, elle commença donc la lecture de la lettre anonyme, rédigée sous la triple inspiration de Zoé Cobra, Sosthénie Simonin et Flore Dorvet.

Augustine épiait, sur le visage de son amie, l'impression que lui causerait cette abominable lecture. Quand elle eut fini, Eugénie prit les pincettes et jeta la lettre au feu.

— Eh bien? demanda Augustine.

— Mon amie, lui répondit Mme de Reuilly, jusqu'à l'heure où de misérables femmes se sont coalisées contre ton bonheur, ton mari ne t'a-t-il pas semblé le meilleur des compagnons et des amis?

— Certes! répondit Augustine, d'une voix âpre. Il multipliait tous les moyens pour épaissir, autour de moi, le voile qui me dérobait la vérité. Mais crois-tu qu'il puisse me suffire que M. Nanteuil m'ait entourée de certains égards, pour que je le croie quitte envers moi? En se conduisant d'une façon correcte, en apparence, n'augmentait-il point sa faute, quand il mentait, impudemment, à ce prétendu respect et à cette fausse affection? Il paraissait tenir à la gravité, à l'honneur de son foyer, et dans chacun de ses livres, de ses livres qu'il m'interdisait de lire, il raillait le calme de la vie domestique; il affirmait que le mariage est le plus léger, le plus fragile des liens; il prêchait une sorte de croisade contre la famille, tout en feignant de nous adorer, sa fille et moi! La lettre, que tu viens de lire, renferme bon nombre d'accusations d'un autre genre, mais aucune n'a produit sur moi l'impression que j'ai ressentie en voyant que la dignité d'une femme, la pureté d'une enfant, étaient restées insuffisantes pour obliger cet homme à nous respecter.

— Cet homme est ton mari, Augustine.

— Je le considère, maintenant, comme un fourbe et un lâche. Il n'a pas, seulement, menti une fois; il ment depuis vingt ans, en se cachant dans l'ombre, comme un malfaiteur. Il semblait prendre un soin touchant pour sauvegarder mon imagination et mon cœur des enseignements du mal ; il me choisissait mes lectures, et je l'en remerciais; je considérais cette délicatesse comme une exquise flatterie... Oh ! combien il a dû railler, avec ses amis, la sainte confiance de la petite provinciale ! Ai-je été assez jouée et insultée? Et non pas moi seulement, mais sa fille? Sa fille ! Grâce au ciel, Cécile n'a jamais eu, entre les mains, les volumes de M. Nanteuil. Je ne les lisais point, elle ne peut les connaître... Mais suppose cette double situation : une femme jeune, belle, exposée à mille séductions et puisant dans les œuvres de son mari l'excuse des fautes qu'elle est tentée de commettre. Te figures-tu une femme, luttant contre les entraînements du monde, prête à tomber dans un abîme que recouvront des fleurs, et trouvant, subitement, à l'heure où elle hésite et se débat, non point le conseil salutaire que souvent nous prodigue le livre, cet ami discret, mais le langage entraînant, passionné, qui nous pousse au mal et nous absout, à l'avance, de la faute que nous allons commettre? Dieu m'a donné assez de fierté pour me défendre, mais beaucoup de femmes en manquent et se sentent glisser dans un précipice, d'où l'on ne remonte jamais. Et ma fille ! ma fille ! Ainsi, depuis vingt ans, je m'efforce de verser dans son cœur l'amour du bien, le culte d'une vertu noble et grande ; mon âme a passé dans la sienne, et j'ai vécu de sa vie, faisant mon orgueil de sa beauté et mon bonheur de sa joie; et, si le hasard, le malheur voulaient qu'elle lût un volume de son père, tout s'écroulerait dans cette âme qui ne verrait plus, autour d'elle, que la ruine et le désespoir.

— Je discuterai, tout à l'heure, les torts de ton mari ; mais, d'abord, en dépit de la pitié que je réserve pour toi, de l'aide fraternelle que je suis prête à t'accorder, je te demande : « As-tu complètement rempli tes devoirs envers ta fille ? »

— Complètement.

Eugénie secoua la tête.

— Que me reproches-tu ? demanda Mme Nanteuil à son amie.

— De n'avoir point élevé ta fille en chrétienne.

— Ne m'accompagne-t-elle point aux offices? Ne fait-elle pas partie d'un grand nombre d'associations charitables ?

« — Elle n'est point chrétienne ! répéta Eugénie, en secouant la tête. Et comment aurais-tu donné à cette enfant les trésors que tu ne portes pas dans ton propre cœur? Ne te révolte pas, ne crois point que je veuille répondre à une confidence par quelque chose ressemblant à un reproche. Ce serait bien mal me connaître et bien peu comprendre le but que je me propose d'atteindre. Je connais toute ta vie; nous avons grandi ensemble dans ce vieux couvent que je considérais comme un paradis et auquel tu trouvais des allures de prison. Depuis, tu as côtoyé la religion sans t'y perdre; elle ne t'a pas donné ce qu'elle me prodiguait, à moi. Tu l'as respectée sans l'aimer, et tu as continué, durant ton existence de femme, comme pendant ta vie de jeune fille, de croire qu'elle faisait partie d'une sorte d'étiquette du beau monde. Oui, tu as conduit ta fille à l'église; mais sans lui graver, au fond du cœur, l'amour de Celui qui rend légers tous les sacrifices et possibles toutes les victoires. Tu ne l'as point prévenue contre le danger; tu as cru qu'il suffisait d'être, suivant l'opinion générale, une mère irréprochable et de la former à l'exemple de la vertu... Tu t'es trompée...

« J'espère que Cécile n'a point lu les livres de son père. Mais si le hasard, si l'entraînement d'une curiosité coupable l'avaient portée à tourner ces feuillets dangereux, lui resterait-il l'antidote du poison, le remède à son mal? Trouverait-elle dans la foi, avec le repentir de sa faute, la lumière indispensable pour distinguer l'erreur de la vérité et le sophisme de la logique? Guidée, seulement, par des sentiments humains, ne cherchera-t-elle pas, dans ces livres, ce qu'elle pourrait avoir intérêt à y trouver? »

— Ainsi, dit Augustine, d'une voix sourde, tu m'accuses?...

— Je te plains et je t'aime, d'abord... Mais que serait l'amitié, sinon le droit de parler avec une sincérité presque brutale? Pourquoi viens-tu vers moi, ce matin, sinon pour entendre, en moi, l'écho de ta conscience? Tu comptes bon nombre d'autres amies. J'en sais plusieurs qui commenceraient par accuser hautement ton mari, et par te poser en martyre. Au lieu de guérir la plaie, celles-là l'envenimeraient. Je veux bien essuyer tes larmes; mais je veux, surtout, te communiquer la force nécessaire pour entrer, avec courage, dans une voie nouvelle. Regarde l'avenir en face, sans exagération, sans désespoir. Il te reste beaucoup à faire.

— Je ferai deux choses, répondit Augustine, je marierai ma fille, et je me séparerai de M. Nanteuil.

— Toi! te séparer?...

— Oui, répondit Augustine, d'une voix brève.

— Tu n'as pas réfléchi à tes paroles?

— Ma pauvre Eugénie! Je ne fais qu'y songer, depuis le moment où cette lettre odieuse m'a été remise.

— Vas-tu rendre arbitres de ta vie des créatures assez viles pour écrire des pages anonymes ?

— Ont-elles menti ? demanda, froidement, Mme Nanteuil.

Eugénie serra dans ses bras son amie, sans répondre.

— Tu sais bien que je te croirai, sans examen, sans conteste... M. Nanteuil a-t-il écrit les livres dont je cite les titres, au hasard : *L'Ange des Mansardes*, *Les Chemises rouges*, *Une Femme tentée*, *Les Filles majeures* ?

« Il a publié plus de cent volumes, mon mari ! C'est un écrivain fécond, un des plus habiles de notre époque. Les dangereuses idées qu'il a répandues dans le monde se sont tirées à des milliers d'exemplaires. Et, dans l'une de ses œuvres, il a raillé la provinciale, compagne d'un homme de génie ; il a voulu que l'on s'apitoyât sur son sort, en le voyant, lui, ce grand homme ! compagnon d'une créature sotte et nulle, bonne à peine à remplir les devoirs d'une ménagère hollandaise ! Il a déversé sur sa femme le ridicule ; il m'a désignée du doigt, tandis qu'il se faisait plaindre... Et ce n'est pas tout ! Tandis que je m'efforçais de rendre joyeux le foyer, où il passait une partie de sa vie, tandis que je gardais, intacts, mon honneur de femme et celui de son nom, lui, lancé dans un monde où ma pensée n'eût jamais voulu le suivre, y rencontrait des aventures et des aventurières ; et il a osé, dans plus d'un livre, raconter, avec des détails odieux, ce qu'il faisait durant les soirées passées loin de sa famille. Il ne m'a pas laissé une illusion, une joie. Folle et stupide que j'étais ! Je m'estimais heureuse, je vivais entre mon mari et ma fille, fière de la gloire de l'un, ravie par les baisers de l'autre. Mon existence, sur laquelle nul n'a trouvé à médire, était l'objet de la risée, et l'homme qui donnait le signal de ces railleries, c'était mon mari ! Il faisait, sur sa femme, des *études* que les éditeurs lui payaient à la ligne ! Un peu plus, et il eût analysé le premier battement de cœur de sa fille ! Oh ! cela est horrible ! horrible !... »

Eugénie de Reuilly laissait déborder ce torrent de paroles amères, de plaintes, de larmes. Ce que son amie lui criait, au milieu de ses sanglots, il y avait longtemps qu'elle le savait.

Victor Nanteuil, doué d'une imagination exubérante, avide de bruit, de popularité, voulait du succès à tout prix ; succès bruyants, succès non marchandés. Il ne croyait point à la postérité, et il avait coutume de dire qu'il préférait la notoriété pendant sa vie à l'espérance vague de garder, pour quelques livres, une place de choix sur les rayons d'une bibliothèque. Avide de jouissances, aimant à la fois les beaux chevaux et les grands vins, la somptuosité dans l'ameublement et l'abondance recherchée de la table, il faisait de la littérature, non point ce que beaucoup d'écrivains sont convenus d'appeler « un sacerdoce », mais une source de revenus, à échéances aussi régulières que des fermages ou des rentes sur l'État. Ses traités avec les éditeurs lui permettaient de calculer, à l'avance, le rendement de chaque année. Tout théâtre où il *lisait* une pièce lui payait cette lecture 500 francs, que la pièce fut reçue ou non. Personne n'était plus habile pour faire rendre à un livre, à une œuvre, même à un article, tout ce qu'il pouvait donner. Aucun détail ne lui semblait au dessous de lui, quand il s'agissait de mettre en lumière un feuilleton nouveau. Il entendait, admirablement, la réclame; collaborait avec les dessinateurs, chargés de composer ses affiches illustrées; inventait, au besoin, de nouveaux systèmes d'annonces; visitait ses amis, et même ses ennemis, pour en obtenir des articles flatteurs. Il avait, à la fois, le talent d'un romancier et l'habileté d'un homme d'affaires. Sa fortune, déjà considérable, s'augmentait chaque jour. Il voulait être riche, d'une richesse solide, inattaquable, afin de se reposer, quand bon lui semblerait, sans rien déranger à son train de maison.

Avec ses ambitions, ses appétits, son amour du tapage autour de son nom, il comprit vite que, s'il cloîtrait sa pensée et s'il se contentait d'écrire des œuvres saines, longuement pensées et serties, avec lenteur, dans une forme irréprochable, il gagnerait l'estime des honnêtes gens, sans conquérir la notoriété bruyante, dont il avait soif.

Son expérience lui avait appris que la masse des lecteurs ne demande pas des chefs-d'œuvre, mais des romans d'un intérêt passionné. Il voulut, à tout prix, conquérir la faveur populaire et il l'obtint. Ses livres flattèrent les instincts de l'envie, ils célébrèrent les dangereuses libertés de la femme et celles des classes pauvres. Il s'attacha à devenir le défenseur des mauvaises causes, pour se faire un plus grand nombre de clients. Les sujets qu'il traita devinrent de plus en plus risqués; la pente sur laquelle il se trouvait l'entraînait, d'une façon irrésistible. Il faisait de l'immoralité à froid, calculant la progression de vente que pouvait donner, à un volume le titre scabreux inscrit sur la couverture. Il vivait des fanges où roulaient ceux qu'il poussait au mal. Et ce crime horrible de l'inoculation du vice, il le commettait le sourire aux lèvres, et sans que sa conscience s'éveillât jamais. A côté de sa femme et de sa fille, il rêvait au livre malsain qui sortirait de sa plume, et, sans honte, il dînait, sur l'or que lui donnaient ces turpitudes, le diamant qu'il offrait à Augustine, le riche jouet qu'il apportait à l'enfant. Le sens moral était mort en lui.

Eugénie savait tout cela. Elle avait parcouru plusieurs des livres de Victor Nanteuil, afin d'apprendre jusqu'où peut descendre l'écrivain qui veut de l'or, à tout prix ; mais, tout en ressentant une sorte de dédain pour le romancier, qui prostituait son talent au service du mal, elle n'avait point rompu ses relations avec Augustine. Loin de là ; un pressentiment l'avertissait que la crise, qui venait d'éclater, surviendrait d'une façon fatale. Il n'était pas possible que Victor Nanteuil ne payât pas, quelque jour, sa dette à Dieu, à la famille, à la société. Quand la vérité luirait aux regards d'Augustine, ce serait avec la rapidité de la foudre, et nul ne pourrait dire ce que souffrirait Mme Nanteuil. Le romancier, qui connaissait les opinions d'Eugénie de Reuilly, se savait condamné dans cette conscience droite ; mais il faisait grand cas de la rectitude de son jugement, de la sincérité de sa foi ; et, de toutes les amies de sa femme, c'était certainement celle qu'il préférait.

Peut-être se disait-il que, si Augustine apprenait un jour la vérité sur les irrégularités de sa vie et sur l'immoralité de ses œuvres, tandis que les autres femmes de son entourage conseilleraient à sa femme une vengeance ou une rupture, elle seule lui montrerait ce qu'exigeaient d'elle la raison, l'honneur et cette religion dont il faisait si bon marché pour lui, mais qu'il considérait comme utile pour bon nombre de créatures malheureuses.

Ne pouvant nier les erreurs et les fautes de Victor Nanteuil, Eugénie ne l'entreprit pas. Son devoir était de consoler, de fortifier son amie : voilà tout. Il eût été impolitique, imprudent, d'essayer de lui prouver que la lettre anonyme mentait ; car cette lettre, habilement calculée, produit de l'imagination et de la méchanceté de trois femmes envieuses, ne renfermait pas une accusation fausse, pas un fait controuvé.

A l'accès de désespoir violent de Mme Nanteuil succéda une sorte de prostration. Elle sentait sa vie brisée, son cœur en morceaux. Elle se demandait comment elle aborderait son mari ; ce qui, désormais, pouvait être commun entre lui et elle ? Il fallut la bonté, la grâce, la chaleureuse parole d'Eugénie, sa logique irréfutable, pour abattre l'irritation d'Augustine.

— Tu ne peux, à cette heure, pardonner au mari ? dit Eugénie à Mme Nanteuil, soit ! Une rancune involontaire restera au fond de ton âme blessée, mais tu as une fille. Tu dois à cette enfant de garder ton secret. Tu ne saurais, sans flétrir en elle quelques-unes des fleurs les plus pures de son âme, laisser éclater, dans la famille, le ressentiment qui t'anime. Peut-être crois-tu que tu trouverais un soulagement à ta peine en révélant à ton mari que tu connais ce qu'il t'a caché jusqu'ici? Il n'en est rien. Froissé, humilié, il ne changerait point sa façon d'écrire, et fuirait une maison qui lui deviendrait désagréable. Sache-lui gré d'avoir conservé certains dehors. Il t'aime plus sincèrement que tu ne le crois. Ce que tu considères comme une grave injure, il le regarde, lui, comme la plus pardonnable des peccadilles. Victor Nanteuil ne croit nullement nécessaire d'initier sa femme au secret du *scenario* de ses livres et de ses drames. Si tout est faussé dans cette conscience, tu ne redresseras rien. Une seule chose aurait le pouvoir de lui montrer l'odieux de ses œuvres, ce serait un rayon de cette lumière qui fond, parfois, sur les hommes que Dieu veut appeler, en dépit d'eux-mêmes.

— Mais moi! moi! que vais-je devenir? demanda Augustine.

— Tu n'es point la seule créature éprouvée, trahie; la seule dont les larmes coulent et qui voit succéder, à un bonheur qu'elle croyait éternel, des épreuves si grandes qu'il lui semble qu'elle ne les traversera jamais. Si tu restes avec ta douleur, sondant ta plaie, versant des larmes, la force finira par te manquer, et tu tomberas, avant d'avoir rempli ton devoir à l'égard de ta fille. Tu es riche, ton mari ne t'a jamais refusé d'argent; répands l'aumône autour de toi, monte dans les greniers, console les pauvres mères, fortifie les jeunes filles tentées; la souffrance que tu sentiras, en toi, te rendra habile à consoler, et tu trouveras, dans l'exercice d'une charité ardente, le seul soulagement à ta douleur. Je dis le seul, aujourd'hui, car la paix ne saurait se faire, complètement, dans ton âme, avant que tu aies déposé ton fardeau au pied de la croix. Mais Dieu est bon, Dieu est amour. Il regardera ce que tu feras pour les pauvres, comme étant fait pour lui-même, et cet acheminement vers lui commencera déjà à l'apaiser. Garde-toi de montrer à ton mari que ton affection a subi une rude épreuve; au lieu de l'éloigner, attire-le davantage; un jour, quand la force d'en haut te sera venue, ce sera toi qui le ramèneras à Dieu.

Augustine se débattit, longtemps encore, luttant contre des conseils dont elle sentait, cependant, la solidité et la sagesse; enfin elle se jeta dans les bras de son amie :

— Soit! dit-elle; je me tairai, mais pour ma fille, pour ma fille seulement... Quant à soulager les souffrances des autres, oui, je le tenterai; aussi bien ne me sentirais-je point le courage de m'abandonner, comme autrefois, à un courant d'existence qui me rappellerait trop la plaie que je garde au cœur... Ne me crois pas guérie, et dis-moi que tu me permets de venir pleurer près de toi...

— Oui, répondit Eugénie ; et je serai trop payée si je te console !

Augustine suivit le conseil de son amie.

Jusqu'à ce moment, ses bonnes œuvres s'étaient bornées à des souscriptions généreuses, lorsque survenait une calamité publique ; à une offrande aux comités de bienfaisance ; à une large aumône dans la bourse des quêteuses ; enfin à l'exercice de cette charité élégante, pratiquée avec de l'argent, et à laquelle la coquetterie et l'amour-propre trouvent leur compte.

En agissant comme le plus grand nombre de ses amies, Augustine se croyait quitte envers Dieu et les pauvres ; il lui semblait que la mission de les consoler, le soin de monter dans leurs taudis, appartenait, soit à des religieuses, soit à quelques vieilles femmes, ayant accepté cette œuvre, d'une façon presque administrative.

Les habitudes, les goûts raffinés d'Augustine l'avaient, jusqu'alors, tenue loin de la misère, des haillons et des bouges. Il fallait qu'elle ressentît un brisement de tout son être pour se sentir le courage d'affronter la vue des tortures physiques, du dénûment et du désespoir. Mais Eugénie lui avait affirmé qu'elle puiserait la consolation et le courage dans la pratique d'une charité active, et elle crut Eugénie.

Augustine n'avait pas besoin de demander des adresses de pauvres gens.

A Paris, certains quartiers sont dévorés par la lèpre de la misère. On peut, sans crainte de se tromper, frapper à toutes les portes.

La femme du romancier se fit conduire, en fiacre, dans une rue étroite et misérable ; puis, marchant devant elle, elle s'arrêta devant une maison noire et lézardée, trahissant, par son extérieur, le dénûment de ceux qui l'habitaient.

Une vieille femme balayait une cour, semblable à un puits. Augustine s'en approcha.

C'était une créature sans âge défini, aux yeux éraillés, aux cheveux d'un gris sale, dont un mouchoir noué en mentonnière, au sommet de la tête, semblait soutenir la mâchoire. Ses rides, ses loques concouraient, avec l'expression de son visage ravagé, à en faire un des types saisissants de la décrépitude humaine. Victor Nanteuil, s'il l'avait vue, n'aurait pas manqué de placer cette malheureuse dans un de ses livres à sensation.

— Que voulez-vous ? demanda la vieille femme à Augustine.

La voix de l'infortunée n'avait plus rien d'humain, et elle sem blait avoir une peine extrême à proférer des sons indistincts.

— Y-a-t-il des pauvres dans cette maison? dit Mme Nanteuil.

Si la vieille femme avait pu rire, elle aurait ri d'une façon sinistre. Ses lèvres se pincèrent plus fort, et un son rauque sortit de sa gorge :

— Des pauvres?

Elle fit, de la main, un geste désignant, tour à tour, les cinq étages de la maison, et chacun des trous noirs représentant les fenêtres de ces mêmes étages.

— Bien, dit Augustine, d'une voix douce ; je verrai ces malheureux l'un après l'autre.

Puis, se tournant vers la vieille, elle lui demanda avec bonté :
— Et vous?

Alors la malheureuse lui raconta, avec une grande lenteur et une peine extrême, que, étant restée veuve avec des enfants, elle avait, pour leur donner du pain, choisi un état terrible, dont les suites sont inévitablement fatales. Elle était entrée dans une fabrique d'allumettes chimiques. Le phosphore ne tarda pas à commencer son œuvre ; cependant elle resta, les petites filles grandissaient. Malheureuses, en dépit du travail de la mère, les chétives créatures souffraient souvent du froid; le manque d'aliments fortifiants les épuisa, pendant les années de l'adolescence, et toutes deux s'en allèrent dans leur seizième année... La mère crut mourir de douleur. Elle n'avait pas seulement sacrifié à ses enfants sa jeunesse et sa force, elle leur avait donné sa vie, jour par jour, heure par heure. Ses dents tombèrent, d'abord ; puis la carie attaqua les os maxillaires, et, quand l'infortunée quitta la fabrique, elle n'était plus qu'une sorte de squelette ambulant. Le propriétaire de la maison, qu'elle gardait en ce moment, l'accepta, en qualité de concierge, lui accordant, pour toute rémunération de ses peines, le bouge sans air qu'elle habitait; ses gages lui seraient payés par les locataires.

Que pouvaient, pour la malheureuse, des gens possédant à peine assez de meubles pour répondre d'un chétif loyer, qu'ils payaient à la semaine?

Mais la vieille Césarine avait un toit et s'en contentait. Quelques sous gagnés en raccommodant des vêtements, en gardant des enfants, suffisaient pour payer le lait et le pain nécessaires à sa vie.

Augustine lui remit une large aumône, traversa la cour et se trouva bientôt dans un couloir sombre, aboutissant à un escalier en spirale, auquel une corde graisseuse servait de rampe.

Pas même la visite de la Providence? demanda Mme Nanteuil. (Voir page 63.)

CHAPITRE VI

PRÈS D'UNE MOURANTE

Un tapage assourdissant, produit par les ouvriers appartenant à des états multiples, emplissait cette demeure, que l'on eût dit prête à crouler. Les marteaux, les scies, les rabots, les enclumes, les machines à coudre grondaient, ronflaient, sifflaient, mêlant leurs trépidations et leurs bruits. Pour ceux qui souffraient, cet assourdissement continu, que n'interrompait pas toujours la nuit, devait être une grave augmentation de tortures. Jamais cette maison ne se taisait. Elle se plaignait, geignait, hurlait sans trêve. Elle ne connaissait ni le calme du soir ni le repos du dimanche. On eût dit un animal énorme, monstrueux, couvert de pustules, soufflant et criant sous l'excès de ses maux.

Un moment, le dégoût envahit Augustine, à tel point qu'elle faillit reculer. Mais elle s'accusa de lâcheté, saisit la corde et commença à gravir l'escalier.

Eugénie avait dit vrai; Augustine ne soupçonnait rien des misères humaines. A peine les avait-elle entrevues dans les rues, sous la figure d'une enfant malingre vendant des bouquets fanés; d'une jeune femme tenant, sur un de ses bras, deux enfants entortillés dans un mauvais châle et présentant, d'une main tremblante, des cahiers de papier à lettre ou des enveloppes. Mais, cette fois, la misère se montrait dans sa nudité, dans sa réalité cruelle, avec ses douleurs et ses plaies, ses larmes, ses désespoirs, et sa nudité sinistre. Augustine allait se trouver en face de spectres affamés et demi-nus.

Le premier étage se composait d'un couloir, faisant suite à un palier étroit.

Sur ce palier s'alignaient, avec une régularité lugubre, des portes brunes numérotées. On avait bâti cette maison pour des ouvriers, pour des pauvres. On leur marchandait l'air et l'espace; ils devaient payer d'avance leur logis, car un grand nombre d'entre ces locataires possédaient à peine le lit, sur lequel ils prenaient quelques heures de repos. Par suite de ces arrangements, le propriétaire ne connaissait pas de non valeurs. Un malheureux se trouvait-il dans l'impossibilité de payer? on descendait ses meubles dans la cour, et tout était dit. Il ne se passait guère de semaine sans une ou deux exécutions de ce genre ; pendant un ou deux jours, quelquefois, les expulsés campaient sur le pavé, comme des bohémiens.

La charité publique s'émouvait à la vue de ces misères ; on casait les pauvres gens dans le voisinage, et une nouvelle famille ne tardait pas à prendre leur place.

Avant même de pénétrer dans les logements, alignés devant elle, Augustine sentit son cœur se serrer. Qu'allait-elle voir dans ces chambres, dont les portes affectaient la sinistre régularité des cabanons? D'ailleurs, une sorte de crainte la retenait; elle se demandait ce qu'elle allait dire à ces inconnus, afin d'expliquer sa venue.

Hélas! il n'est guère besoin d'éloquence avec les pauvres : ils lisent dans votre regard le motif qui vous amène ; et Mme Nanteuil, se souvenant des encouragements d'Eugénie, frappa timidement à la première porte du couloir. Une voix faible lui dit d'entrer.

D'abord, elle n'aperçut qu'un groupe d'enfants, à peine couverts, assis, couchés ou vautrés sur le sol. Le plus petit pleurait, en demandant du pain; l'aîné, les cheveux en désordre, la face terreuse, avait déjà, sur le visage, l'impression d'une sauvagerie haineuse. Dans un coin, près d'un poêle éteint, une femme, assez jeune, restait accroupie sur une poignée de chiffons. De mauvais vêtements recouvraient son corps amaigri et ses membres grelottants. Ses yeux brillaient de l'éclat de la fièvre et se tournaient vers les petits, avec la fixité d'un immense désespoir.

Quand elle aperçut Augustine, la malade se souleva à demi :

— Vous vous trompez? sans doute, madame je n'attends la visite de personne.

— Pas même celle de la Providence? demanda Mme Nanteuil.

La malade secoua la tête.

— J'ai dit personne, ajouta-t-elle; avant ce soir, du moins, car, sans nul doute, je serai traînée hors de cette chambre, moi et mes enfants, faute d'avoir payé le loyer de la semaine.

— Votre mari? demanda doucement Augustine.

— Il boit depuis samedi soir, et nous sommes au mardi... Des voisins m'ont apporté un peu de soupe et des croûtes pour les petits... Moi, j'ai la fièvre... ça soutient, et je ne mange pas...; c'est toujours une économie... Si la maladie pouvait au moins m'emporter!... Je ne sers plus à rien, pas même à les nourrir... Tant que j'ai pu travailler, ils ne manquaient de rien, et je laissais le père à la débauche; mais, maintenant, ma vue se trouble, mes doigts ne peuvent pas même tenir une aiguille... Si je mourais, l'Assistance publique s'en chargerait, et, peut-être, cela vaudrait mieux pour eux.

— Votre mari est-il donc incorrigible?

— Lui? On me le rapportera, quelque jour, écrasé. Tout ce qu'il gagne est dépensé au cabaret, et je suis presque heureuse quand il ne rentre pas ici, car ses ivresses sont terribles... Mes épaules, mes bras sont couverts de meurtrissures; les poings, les chaises, les bouteilles, tout lui est bon; dans un de ses accès de folie furieuse, il nous assassinera!

— Je voudrais soulager votre misère et adoucir vos peines, dit Augustine; laissez-moi remplacer cette Providence que vous n'attendiez pas. Si je vous donnais de l'argent, sans doute, votre mari le prendrait ; mais je puis vous envoyer des aliments pour les enfants, des vêtements, un médecin, des remèdes.

— Vrai ! dit la malade, vous allez vous occuper des petits ?
— Tout de suite, répondit Augustine.

Elle sortit, appela la concierge, la chargea d'acheter et de monter un repas substantiel ; puis elle promit de revenir, accompagnée d'un médecin.

— Vous guérirez, dit-elle à la malade ; vous retrouverez la force de travailler, et je vous procurerai de l'ouvrage ; vos enfants cesseront de pâtir et reprendront leurs belles couleurs ; vous enverrez les aînés aux écoles, les plus jeunes aux salles d'asile, et le bonheur renaîtra.

— Le bonheur, madame, ne reviendra jamais... Si bonne, si généreuse que vous soyez pour moi, vous ne me rendrez pas la confiance de mes vingt ans ! Je croyais, alors, que Justin serait un bon mari, un digne père de famille ; il me disait qu'il m'aimait, et vous savez comme on a besoin de croire aux douces paroles... Je me sentais courageuse ; il me semblait que me dévouer pour un mari, pour des enfants, devait être une source de joie. L'état de Justin est bon : il est serrurier ; je suis une lingère adroite ; si la vie est coûteuse, les salaires augmentent. Avec de l'ordre, on peut vivre... Mon premier enfant me parut un signe de bénédiction, et je me trouvai doublement heureuse ; quand vint le second, Justin se plaignit du bruit des petits et commença à sortir le soir... Cependant il m'apportait encore presque toute sa paie. Seulement je m'aperçus, bientôt, qu'il voyait des camarades, dont la compagnie pouvait être dangereuse. Il lisait des journaux qui, sous prétexte de plaindre le travailleur et de s'occuper de son avenir, lui mettaient dans le cœur le dégoût du travail et la pensée de prendre, un jour, sa part de la fortune des riches. Justin déserta l'atelier, se lia avec quelques beaux parleurs, attendant une révolution nouvelle. Je m'effrayais de voir le changement qui s'opérait en lui ; mais, lorsque j'essayais de lui donner un conseil, il me répondait que les femmes n'entendent rien à la politique. Il apportait, ici, des livres montrant la vie de l'ouvrier sous un jour faux, mais capable de l'entraîner à mal faire. Il en apprenait des passages par cœur et me les répétait, en ajoutant : « Voilà des hommes qui sont les vrais amis du peuple ! Ils comprennent ses besoins, ses aspirations. Ils veulent voir arriver, au premier rang, le *parti ouvrier*. Autrefois, il y avait le clergé, la noblesse et la bourgeoisie, le tiers, comme disent les livres ; maintenant, il y a les *ouvriers*, et ça dit tout. » Je ne pouvais même plus essayer de le calmer et de lui parler raison ; c'était inutile. Son amitié pour moi, après être devenue de l'indifférence, se changeait en dédain, et, après le dédain, est venue la haine. Il m'en veut de croire encore, malgré les journaux et les livres, que nous ne devons rien attendre que de notre travail, de notre intelligence et de notre bonne conduite... Vingt fois il m'a menacée de me quitter, et c'est fait à moitié, car je ne l'ai pas vu depuis trois jours... Oh! tenez, madame, quand je songe que j'ai aimé cet ivrogne, ce débauché, ce mari sans cœur, ce père sans entrailles, j'ai honte de moi !

Des larmes jaillirent des yeux d'Augustine ; quand la malade les vit rouler sur les joues de la jeune femme, Brigitte Duval se sentit le cœur rempli d'une consolation subite.

— Vous pleurez, madame? vous pleurez sur moi! dit-elle. Oui, Dieu est bon de vous avoir envoyée! Vous me rendez l'espérance, et je guérirai vite, si je vois que je ne suis plus seule au monde ; si j'espère que mes enfants ne resteront pas toujours demi-nus et affamés.

— Pauvre femme! murmura Augustine, nous avons, toutes, notre fardeau à porter ; je vous aiderai à soulever le vôtre... Voici mon adresse, en cas de besoin urgent ; aujourd'hui même, j'aviserai au plus pressé, et je reviendrai dans quelques jours.

— Soyez bénie ! dit Brigitte.

Au moment où Mme Nanteuil s'éloignait, la gardienne de ce château de la Misère entra, les bras chargés de provisions. Le parfum d'un bouillon parut ranimer la malade ; la vue d'un repas plantureux fit sauter de joie les enfants, et ce fut après avoir, un moment, regardé le changement qui s'opérait sur les traits, dans l'attitude de la malade et des petits, que Mme Nanteuil quitta la chambre de Brigitte Duval.

— Eugénie a raison, pensa-t-elle ; on oublie sa propre peine en soulageant celle d'autrui.

Dans la chambre suivante, elle trouva un vieillard se tenant encore droit, malgré son grand âge, mais qu'une quasi cécité rendait incapable de gagner sa vie. Elle l'interrogea longuement, doucement.

— J'ai perdu tous ceux que j'aimais, lui dit-il; la solitude me pèse d'une façon horrible; je ne puis plus lire le soir, car je dois garder tout ce qui me reste de ma vue d'autrefois pour gagner mon pain, durant les heures claires de la journée. Je souhaiterais entrer dans un hospice pour la vieillesse, à la Salpêtrière, aux incurables ; mais cela est difficile, sinon impossible...

— Réunissez vos papiers, lui dit Augustine ; je viendrai les prendre dans huit jours, et je réponds de votre admission avant trois mois.

— Que Dieu vous console, madame! lui dit le vieillard.

Il avait assez vécu pour deviner qu'une souffrance poignante torturait Augustine.

De logis en logis, elle alla ainsi, semant l'aumône et l'espérance. Le temps marchait ; bientôt elle devait rentrer chez elle ; mais une jeune fille, qui travaillait pour un magasin de feuillages artificiels, lui ayant affirmé que, tout près, se mourait une malheureuse, Mme Nanteuil résolut de faire cette dernière visite.

Tout au fond du couloir, sur la porte brune marquée n° 9, était écrit, à la craie, le nom de *Sylvie*. Augustine tourna la clef dans la serrure et pénétra dans la mansarde. Jusqu'à ce moment, les misères, qu'elle venait de voir, semblaient le résultat du malheur plutôt que du vice. Brigitte ne pouvait être rendue responsable de l'inconduite de Justin. Les femmes qu'elle avait consolées, les enfants qu'elle venait d'embrasser, n'étaient que les victimes d'une situation terrible, faite par autrui. En pénétrant dans le logis de Sylvie, elle comprit, tout de suite, que la malheureuse qui l'habitait avait attiré sur elle le châtiment, dont le poids l'écrasait. Sur le carreau de cette chambre, traînait un lambeau de tapis ; à la fenêtre, se drapait une loque de percaline jaunâtre. Divers clous, fixés à la muraille, à des hauteurs inégales, supportaient, l'un une robe déteinte, en gaze blanche, sur la jupe de laquelle courait un cordon de roses ; l'autre, un manteau de cachemire, jadis blanc, dont la garniture de cygne pendait en bandes déchiquetées. Une écharpe de soie romaine jetait ses bariolures gaies sur le mur gris. La cheminée s'encombrait de fioles de pharmacie, de restes de pain, d'un bougeoir, de livres en lambeaux. Sur la commode, régnait un encombrement aussi bizarre. Un chapeau, qui, jadis, avait été élégant, se trouvait placé sur la tête d'un singe empaillé ; des fleurs artificielles remplissaient une caisse, dans laquelle se mourait une plante verte. Quant à Sylvie, étendue sur une chaise longue, laissant échapper par vingt déchirures l'étoupe qui la rembourrait, elle s'était enroulée dans une robe de chambre de cachemire, d'un rose flétri, et son pauvre corps, osseux et maigre, se dessinait, sous ce vêtement, avec une rigide exactitude. Ses cheveux blonds, opulents et longs, pendaient en une seule tresse, et un mouchoir brodé, noué en fanchon, couvrait à demi sa tête. En dépit des ravages de la phtisie, qui semblait arrivée à son dernier degré, elle comprenait combien cette créature avait dû être belle. Au bruit de la porte qui s'ouvrait, Sylvie posa le volume qu'elle tenait à la main, et un faible sourire erra sur ses lèvres blanches.

— C'est toi, Bella? demanda-t-elle; tu m'apportes des oranges?

Augustine se rapprocha rapidement et leva son voile.

— Je ne m'appelle point Bella, dit-elle, d'une voix douce; mais je ferai, volontiers, la commission dont vous l'avez chargée.

Et, avant de s'asseoir, Augustine, rentrant chez la feuillagiste, la pria d'aller acheter, pour la malade, des oranges et du raisin.

— Je ne vous reconnais pas, dit Sylvie, en voyant rentrer Mme Nanteuil; avez-vous donc été, non pas de mes amies, mais de mes connaissances?... Non! non! fit-elle, sans attendre la réponse d'Augustine; vous êtes une grande dame et une honnête femme...

Elle avait prononcé ces mots avec une sorte d'humilité respectueuse; mais, quand elle releva la tête, sa physionomie prit une expression railleuse; son accent devint mordant et dur, et elle poursuivit :

— Je suis bête! Je ne devinais pas. Maintenant, je comprends. Vous venez, comme sont venues d'autres femmes qui vous ressemblaient, afin de me ramener à Dieu, de me convertir... comme elles disaient. Allez, ne dépensez pas de paroles inutiles; je ne crois pas en ce Dieu dont jamais on ne m'a parlé, quand j'étais enfant innocente; et, s'il est juste et grand, comme depuis je l'ai entendu affirmer, que voulez-vous qu'il fasse d'une créature comme moi?...

La petite feuillagiste entra, portant un panier rempli de fruits.

— Merci, mon enfant, lui dit Augustine, avec grâce.

Elle débarrassa un siège, avec une aisance charmante, et l'approcha de la chaise longue de Sylvie.

— Tenez, lui dit-elle, je suis certaine que ces raisins et ces oranges valent autant que les fruits de Mlle Bella.

— Vous êtes bonne! dit Sylvie, dont les yeux brillèrent de convoitise; oui, vous êtes très bonne!... Et je commence par vous mal recevoir... Je ne mange plus rien, voyez-vous; ma poitrine est en feu; le jus des oranges me fait du bien... Bella m'en apporte, quand elle a le temps... C'est une bonne fille... Je l'ai connue avant d'être dans la dèche. Heureusement, je n'en ai pas pour longtemps!...

— Vous êtes bien jeune encore? dit Augustine.

— Vingt-sept ans! Oui, ce serait jeune, si je n'avais pas usé de la vie, comme je l'ai fait... Mais la poitrine est prise, et je n'ai pas deux mois à vivre... Cela m'est bien égal; je ne suis plus jolie... Quand je regarde mon portrait, je ne me reconnais pas... On m'avait offert d'entrer à l'hôpital, j'ai refusé... La salle de dissection en est trop près. Bella m'a promis de me payer une bière en sapin... Croiriez-vous que cela me fait plaisir de songer que j'aurai un cercueil, à moi, et un bout de terrain pour cinq ans, le temps de m'en aller en poussière?...

— Ma pauvre enfant, dit Augustine, je trouve plus douloureux de vous entendre parler ainsi de la mort que si je vous voyais en éprouver une violente terreur.

— Que puis-je à ce qui est, madame? répondit Sylvie. J'aurais pu rester une brave ouvrière, gagner ma vie à mon métier de brodeuse et avoir pour mari un travailleur comme moi; je ne l'ai pas voulu...

— Votre mère? demanda Augustine.

— Je me souviens à peine de l'avoir connue... Son image ressemble, pour moi, à un portrait au pastel effacé... Sans doute, elle n'était ni riche ni heureuse, car elle pleurait souvent... Elle mourut, et, pendant cinq ans, j'habitai chez une vieille voisine, dont je faisais le ménage et les commissions. Très dure et très avare, elle me battait souvent et me reprochait le pain sec que je mangeais, d'une façon si cruelle que je la quittai, un beau jour, sans savoir ce que j'allais devenir. J'avais treize ans. Le hasard me fit rencontrer une femme, dont mon isolement excita la pitié. Elle m'offrit d'entrer chez elle, en qualité d'apprentie. J'appris, alors, l'état de brodeuse, dans lequel Suzanne se montrait fort habile; et, lorsqu'elle mourut, elle me laissa, avec son mobilier, un état suffisant... Tant qu'elle vécut, j'aimai le travail, la vie paisible, et ma condition me parut parfaitement satisfaisante. Oui, Suzanne m'a rendue heureuse, et je pleure encore quand son souvenir me revient... Et cependant, reprit Sylvie avec un geste presque violent, cela ne me vaut rien de me souvenir, et surtout de pleurer... Tenez, je ne sais pas pourquoi je vous dis ces choses... Je devrais vous remercier de vos bontés, sans vous ennuyer de ma sotte histoire.

— Pauvre fille! répondit Augustine; ce que vous me racontez m'intéresse plus que ne me feraient plaisir, vos remerciements. J'aime mieux la confiance que la gratitude. Ces oranges et ces raisins d'Espagne rafraîchiront votre poitrine brûlante; mais votre cœur aussi brûle et souffre, et qui sait si une larme de pitié ne lui ferait pas du bien?...

— Oh! fit Sylvie, je ne demande ni ne souhaite la compassion de personne! Ce qui est fait est fait, voyez-vous... Quand une rose est tombée dans la fange, toute la rosée du ciel ne saurait la laver...

C'est égal, je vous dis, à vous, des choses que je ne dirais pas à Bella; à vous, une honnête femme, qui daignez vous asseoir dans mon grenier.

Elle porta à ses lèvres un mouchoir, qu'elle retira teint de sang.

« — Quand je vous disais que c'est bien fini! Oh! le mal est venu vite, allez! J'avais cessé d'aimer le travail; des jeunes filles de mon âge m'avaient raillée, en regardant ma robe de laine; un soir, elles m'entraînèrent au bal, et, à ce bal, on me répéta trop que j'étais jolie... Mon miroir ne me le cachait pas, mais j'essayais de ne le pas croire; tandis que, cette fois, on me disait, d'une voix douce, des paroles dangereuses. J'étais au milieu d'une de ces fêtes de Paris, où les palmiers de zinc côtoient les fleurs vraies, où la clarté du gaz répand un jour éblouissant. Je me grisais de l'harmonie de l'orchestre, du parfum d'un bouquet de roses, qu'on venait de déposer sur mes genoux, du luxe des toilettes qui passaient et repassaient devant moi... La tentation me murmurait déjà des conseils funestes; et, quand je quittai cette fête, je me promis d'y revenir. Durant les jours d'été, fourmi prévoyante, j'avais amassé pour l'hiver; mais l'envie de me procurer une toilette élégante me fit briser ma tire-lire. Il en sortit une robe rose, de tulle et de fleurs... J'ai de beaux cheveux; c'est maintenant la seule parure que j'aie gardée. Mon succès fut grand; je dansai toute la nuit; au matin, quand, la tête sur l'oreiller, j'essayai de dormir, les rythmes des valses et des quadrilles me revenaient dans la tête, et, lorsque je m'éveillai, dans ma petite chambre, il me sembla que je venais de faire un rêve. J'étais trop lasse pour travailler; je m'étais prise d'amitié pour cette Bella, qui vient encore voir la pauvre poitrinaire, et, renonçant à m'asseoir devant mon métier, je courus chez elle... Je trouvai Bella assise sur le tapis de sa chambre: un jeu de cartes se trouvait étalé devant elle, et, du doigt, une vieille femme, accroupie à ses côtés, comptait, de cinq en cinq, les figures ou les couleurs qui lui devaient révéler la destinée de « la consultante ». Quand la vieille eût mis dans sa poche l'argent de Bella, elle m'offrit ses services. Je les refusai, d'abord; j'acceptai par faiblesse; alors la tireuse de cartes me promit un avenir superbe, un riche mariage, des diamants et des chevaux. Je lui donnai ma dernière pièce de quarante sous, en me promettant de travailler le lendemain, pour réparer les brèches faites à ma bourse par ma coquetterie; alors Bella se mit à rire, me garda près d'elle toute la journée, et, le soir, nous retournâmes au bal.

« Je n'étais pas décidée, cependant, à me jeter dans cette vie de dissipation ; Suzanne, plus d'une fois, m'avait répété de sages paroles, dont le souvenir me revenait, en cet instant. Je jugeai Bella imprudente et folle. Sans savoir prier, je demandai l'aide, le secours d'en haut. Comme je me l'étais promis, je me remis au travail. Bella revint se moquer de mon assiduité; rien n'y fit. Les bouquets de roses se fanèrent sur ma commode, et je m'efforçai de ne plus songer aux fêtes qui m'avaient laissé leur éblouissement dans le cerveau. Mais Bella n'entendait pas renoncer à moi. Voyant que ses paroles demeuraient sans effet, elle m'apporta des livres... Jusqu'à ce moment, j'avais eu peu le temps de lire ; mes soirées se trouvaient prises par le travail ; mais, depuis que j'avais mis le pied hors de mon pauvre nid, ma curiosité s'était éveillée. Ce que j'ignorais, les livres pouvaient me l'apprendre... Et puis ces conseillers-là ne vous voient pas rougir... Je lus ce volume... Oh ! madame, ce n'est pas le bal, ce n'est pas Bella, ce ne sont pas les hommages d'hommes intéressés à me tromper qui m'ont perdue ; ce sont les livres, les livres! Comme ils me montraient la vie sous des couleurs fausses! Avec quel art ils déguisaient les dangers de la route conduisant à l'abîme !... Ou plutôt, l'abîme n'existait pas. Ces livres-là chantaient la beauté, la jeunesse, le plaisir ! Ils excusaient l'entraînement, la passion, le crime ! La vertu qu'ils raillaient ne semblait plus digne de respect, et le vice seul, le vice élégant et joyeux, méritait des autels ! Ces livres, madame, ont éteint, dans mon âme, la faible étincelle qui y brûlait. L'honneur ne tint pas contre ces leçons perfides... Je tombai ; et ma chute fut célébrée comme un triomphe. On parla de moi dans les journaux ; j'eus le succès d'une mode éphémère et d'un cheval de course vainqueur au Derby. Je m'étourdis ; je me laissai enivrer par ce succès. Je me grisai de plaisir, de toilettes. Je gaspillai l'argent pour me venger d'en avoir manqué. Il me fallut des gibiers rares, afin d'oublier que la vieille Marianne ne me donnait point assez de croûtes dures pour satisfaire ma faim d'enfant. J'avais eu froid sous des haillons ; je portai du velours, je me roulai dans la zibeline... Les cartes disaient vrai ; les livres avaient raison ! Je lisais encore, je lisais toujours ! Je raffolais de spectacle ; j'étais assez belle pour être remarquée ; j'ai rencontré à des bals, à des fêtes, plus d'un prince étranger, plus d'un écrivain à la mode, plus d'un auteur de ces drames qui me faisaient pleurer, de ces livres qui m'avaient égarée... Je leur disais mon histoire, et ils en riaient ! Ils riaient des fautes qu'ils m'avaient fait commettre et dont je ne rougissais plus... Un surtout ! oh ! celui-là, Dieu réglera son compte, car ce sont trois pages tombées de sa plume qui m'ont perdue... »

— Pauvre fille! murmura Augustine.

— Cela dura six ans, reprit Sylvie; je tombai malade... On vendit mon mobilier; mes robes allèrent chez la marchande à la toilette, et mes bijoux au Mont-de-Piété... L'argent fondait; je ne guérissais pas... Quand il ne me resta plus rien, j'entrai à l'hospice... j'en sortis sans le sou, le visage amaigri, le caractère aigri par ce que j'appelais l'ingratitude de mes amis... Bella se montra bonne à sa manière; elle me prêta cent francs pour louer une chambre garnie, et me donna deux robes... Mais c'était fini! Ma fraîcheur s'en était allée; on m'avait oubliée; je roulais de plus en plus bas, et je vins échouer dans cette mansarde... J'ai la poitrine attaquée, et je suis résignée à mourir... Cela dure depuis un an, et je trouve le temps long... Bella vient, quelquefois; elle paie ce logis, m'apporte des oranges et une pièce d'or, de temps en temps, et puis des livres; oh! des livres!... Un jour, une dame habillée de noir entra chez moi, comme vous avez fait tout à l'heure; elle m'offrit de s'intéresser à moi, de me faire entrer dans une maison de refuge, si je me repentais... Mais je ne me repens pas! De quoi? Les romanciers qui écrivent tant de volumes sont plus savants que nous, n'est-ce pas? Eh bien! ils affirment que la jeune fille qui se sait belle doit vivre par le plaisir... Je l'ai fait... De quoi me repentirais-je?... Je meurs jeune, tant pis pour moi! J'ai refusé l'asile que m'offrait cette dame; on m'y aurait parlé de Dieu, et ces volumes disent qu'il n'y en a pas! Je suis faite à mon bouge; j'aurai une bière de sapin et une concession de cinq ans! C'est tout ce que je demande aujourd'hui..:

Augustine prit la main de la malade.

Un mouvement, que fit celle-ci, causa la chute du volume que lisait Sylvie, au moment où Augustine entra chez elle.

La jeune femme releva le livre et, machinalement, jeta les yeux sur le titre.

Alors elle devint d'une pâleur livide, et ses doigts se crispèrent sur les feuillets maculés.

— Ah! c'est d'un fameux auteur! dit Sylvie, d'une voix sifflante. Je me souviens de l'avoir rencontré au souper qui suivit la centième représentation de son drame : *Les Parisiennes*. Comme il semblait gai, heureux; comme il s'épanouissait dans son succès et sa fortune! Entre deux coupes de champagne, il m'adressa un compliment; je lui dis, en le regardant bien en face : « J'étais une couturière honnête et pure; c'est votre livre : *L'Ange des Mansardes*, qui m'a perdue. » Il partit d'un éclat de rire, en répondant : « Ma petite, c'est un fier service que je t'ai rendu là !... »

— Taisez-vous ! taisez-vous ! dit Augustine.

— Cela vous indigne et vous révolte, madame ? et, cependant, je n'invente rien... Oh ! j'ai souvent pensé à une chose... C'est que, si les hommes qui écrivent de telles pages avaient des filles... pour le châtiment de ces écrivains, il faudrait...

— Ah ! malheureuse ! malheureuse ! fit Augustine, en tombant à genoux.

Elle allongea ses bras sur le corps amaigri de Sylvie et resta le front collé à ses mains, pleurant à sanglots près de cette créature mourante et déchue.

Voilà donc la leçon qu'elle était venue chercher ! Dans cette mansarde, le crime de l'écrivain prenait une forme tangible... Ses livres étaient là, dépareillés, déchiquetés, lus, salis, dévorés, gardant, jusque dans leurs derniers feuillets, leur caractère, leur danger, leur perfidie... Sylvie y avait cherché l'excuse de ses fautes. Sylvie leur demandait l'oubli de l'angoisse, qui saisit toute créature que terrasse la maladie et que menace la mort.

La poitrinaire contemplait Mme Nanteuil, sans rien comprendre à ses larmes ; les sanglots de cette belle jeune femme, venue pour la consoler, lui remuaient profondément le cœur. Ils s'apaisèrent lentement, et Augustine fixa son regard troublé sur la malade.

— Je vous ai causé de la peine ? demanda timidement Sylvie. Pardonnez-moi, je ne suis cependant pas méchante...

— Dieu l'a voulu !... murmura Mme Nanteuil.

Elle s'essuya les yeux ; puis elle reprit :

— Vous ne manquerez désormais de rien ; je me charge de tout. Je vais, si vous le souhaitez, vous chercher un logement convenable...

— Ce n'est pas la peine, répondit Sylvie ; il me reste si peu de forces !... Vous m'avez écoutée et plainte ; vous me promettez de vous occuper de moi ; apprenez-moi votre nom.

— Mme Victor Nanteuil, répondit Augustine.

— Alors pardonnez-moi ! fit Sylvie, qui reprit le volume et relut sur la première page le nom de l'écrivain, pardonnez-moi !...

Au moment où Augustine se retirait, une jeune dame en toilette tapageuse pénétra dans la mansarde. C'était Bella, apportant une corbeille d'oranges... Augustine y jeta sa bourse et s'enfuit, en baissant son voile.

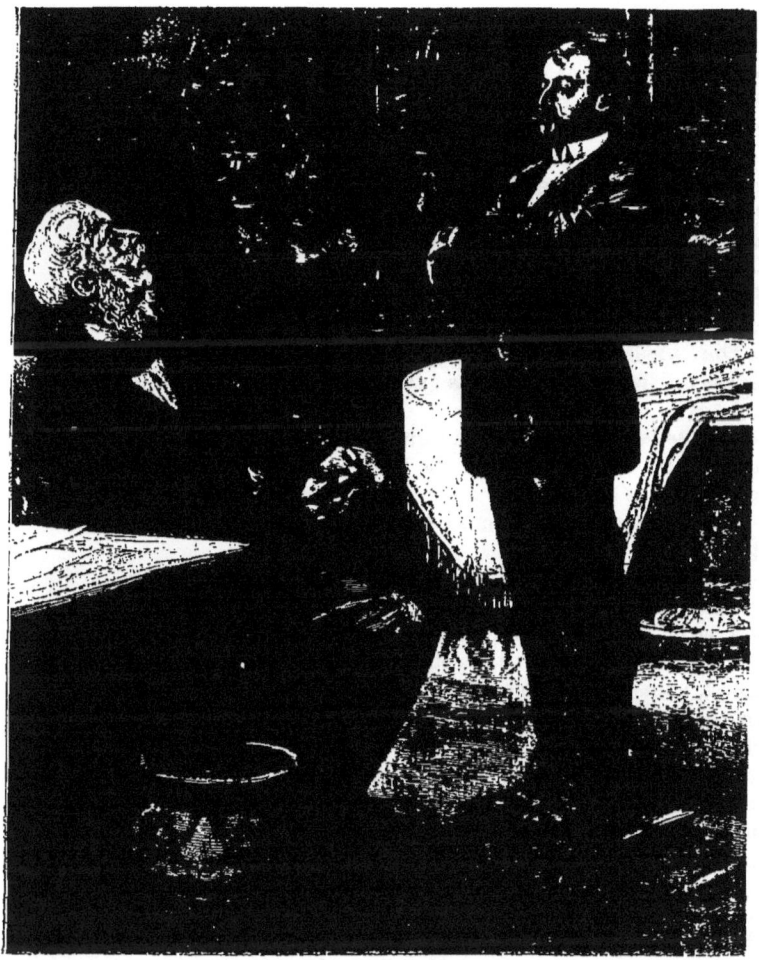

Allons, allons, tu deviens nerveux, répondit le docteur. (Voir page 74.)

CHAPITRE VII

MEMBRE DU JURY

Le docteur Toussaint et le romancier se trouvaient, seuls, dans le salon; l'heure du dîner venait de sonner, et Mme Nanteuil n'était pas rentrée.

Les deux jeunes filles jouaient, dans le boudoir, un morceau à quatre mains.

— On dirait que tu es inquiet? dit le médecin à son ami.

— Pourquoi le nierais-je? répondit Nanteuil. Je suis plus qu'inquiet, je me trouve dans le bizarre état d'un homme qui attend une catastrophe. Tu dois croire aux pressentiments? Eh bien! un malheur me menace. C'est inévitable, je le sens dans l'air.

— Allons, allons, tu deviens nerveux! répondit le docteur. C'est la faute de la copie; tu travailles trop.

— C'est ce qui te trompe; j'écris peu, et, encore, je ne fais rien qui vaille. L'inspiration, chose merveilleuse et fuyante, n'est pas toujours à mon service. Une ombre dans l'esprit d'un écrivain étend sa tache noire sur le papier. Si je n'étais pas sensitif à ce point, je ne serais pas artiste. Mais il en résulte que je ne souffre pas seulement du mal arrivé, mais du mal à venir.

— Lorsque la tempête menace, reprit le docteur, la science nous indique de quel côté elle soufflera. Le théâtre va bien; tes libraires t'assiègent; tu ne sais que faire de l'argent que tu gagnes...?

— Sais-tu ce qu'a ma femme? demanda, brusquement, Victor Nanteuil.

— Que veux-tu qu'elle ait? Je la trouve toujours la même; bonne et gracieuse.

— Avec toi, c'est possible; à mon égard, c'est bien différent. Vois-tu, Toussaint? je puis ne pas être absolument sans reproche à son égard, mais je l'aime sincèrement, et, d'ailleurs, elle n'a point eu à me pardonner des écarts de conduite dont le bruit n'est jamais arrivé jusqu'à elle. Le respect qu'elle m'inspire m'a porté à la défendre contre tout soupçon contristant. Or, depuis quelque temps, la contrainte règne entre nous. Elle s'efforce, en vain, de dissimuler une souffrance latente. Je l'ai questionnée, sans résultat.

« A toutes mes demandes, elle s'est contentée de répondre : « Tu es riche, célèbre; tu ne me refuses rien; de quoi puis-je me plaindre? » Et, cependant, le son de sa voix donnait un démenti à cette phrase; il y avait une sorte de raillerie cruelle sur sa bouche, et ses yeux se détournaient des miens. Je te le certifie, elle souffre; oui, elle souffre cruellement. Ne lui tâte pas le pouls, ne l'ausculte pas, tu n'apprendrais rien! Mais elle t'estime, elle t'aime, et peut-être t'avouerait-elle ce qu'elle s'obstine à me cacher! »

— A moi, si nouvellement admis dans ta famille?

— Toussaint, il m'est venu une idée folle, terrible : Si ma femme ne m'aimait plus!

— Oserais-tu l'insulter dans ta pensée? demanda Toussaint.

— Non! non! ce serait fou et misérable! Mais que lui ai-je fait pour qu'elle me fuie, pour me renvoyer à mes manuscrits, si je témoigne le désir de passer la soirée près d'elle? Je t'ai avoué, tout à l'heure, que j'aurais été désolé qu'elle apprît sur mon compte mille détails légers ; je l'aime profondément... Les hommes ne jugent pas certaines choses au même point de vue que les femmes.

— Et Dieu? demanda gravement le docteur.

— Je ne le prie plus, et je crois qu'il m'oublie.

— Non, Dieu n'oublie pas, Dieu n'oublie jamais!...

Le romancier demeura un moment silencieux.

— Cécile semble presque gaie, reprit Toussaint, au bout d'un moment.

— Grâce à Dieu! Tu sais si j'avais peur! Je me trompais. Ce que ma fille prenait pour une passion se bornait à une fantaisie... Elle ne songe pas plus à Kasio Vlinski qu'à sa première guirlande de marguerites. Le volume de *Conrad Wallenrod* n'est plus dans sa bibliothèque, et jamais je ne l'entends jouer du Chopin.

— Diable! fit le docteur, c'est grave!

— Tu vois, tous les symptômes ont disparu; absolument tous.

— On pouvait jouer les *Berceuses* et les *Polonaises* pendant les répétitions et emporter *Conrad* dans sa chambre.

— Cécile est plus violente que dissimulée. Quand, pour la première fois, je lui parlai de Kasio et d'Étienne, elle m'apprit son indifférence pour l'un et sa préférence pour l'autre, avec une brusquerie presque cynique. J'ai, depuis, cessé de l'interroger ; mais elle accueille bien Darthos et ne prononce jamais le nom de Kasio.

— Pas même avec Angèle?

— Angèle est une enfant.

— De dix-huit ans!

— A qui on en donnerait seize.

— Ta confiance a fait des progrès bien rapides!

— Je te le répète, je crois ma fille guérie; car Darthos, lui-même, semble reprendre l'espérance qui, un moment, l'avait abandonné.

Un violent coup de sonnette se fit entendre ; le bruit soyeux d'une robe glissa dans l'antichambre, et, comprenant qu'elle était en retard, Augustine, sans entrer dans sa chambre, ouvrit la porte du salon.

Sa pâleur était effrayante, et il était visible qu'elle venait de pleurer. Elle tendit la main au docteur, adressa un signe de tête à son mari, posa son manteau et son chapeau sur un meuble ; puis elle tomba, lourdement, dans un fauteuil.

— Tu sembles lassée et souffrante? lui dit Nanteuil, qui s'approcha et voulut lui prendre la main.

Augustine se recula, avec un mouvement de répulsion visible.

— D'où viens-tu? demanda le romancier, d'un ton presque dur.

Mme Nanteuil éclata de rire, d'un rire nerveux, prolongé; d'un rire faux et qui sonnait mal.

— Vraiment, docteur, c'est trop drôle! dit-elle, en déboutonnant ses gants : M. Nanteuil me demandant d'où je viens! Voici la première fois qu'il m'adresse cette question, depuis vingt ans! Et de quel air, encore !... D'où je viens? reprit-elle, après un moment de silence. D'assister à un drame, plus poignant que vous n'en avez jamais écrit...; je viens d'entendre la confidence d'une mourante...

— Madame est servie, vint dire le valet de chambre.

Les deux jeunes filles entrèrent, au même moment.

Augustine courut à Cécile et la pressa vivement dans ses bras.

— Pauvre maman! fit Cécile, tu aurais dû mouiller tes yeux d'eau de rose, on voit trop que tu as pleuré.

La réponse de Mme Nanteuil avait satisfait l'âpre curiosité de Nanteuil.

Il savait que sa femme visitait les pauvres, et il ne pouvait demeurer surpris qu'elle revînt troublée d'une des courses quotidiennes, qui prenaient, souvent, la plus grande partie de sa journée. Toussaint, au contraire, étudiait le visage d'Augustine, avec une persistance qu'il dissimulait, le plus possible. Son ami avait raison; chagrin ou passion, quelque chose de terrible et de mystérieux dévorait cette femme. L'œil avait des profondeurs sombres, des éclairs presque sinistres : les lèvres semblaient, parfois, exprimer une pensée navrante ; la taille s'affaissait, comme si Mme Nanteuil était prise de la lassitude de la vie. On eût dit, souvent, que son esprit fuyait loin du présent, pour aller loin, bien loin... Quand on la rappelait à la réalité, elle paraissait y revenir avec peine. Sa beauté et sa santé s'altéraient. D'où pouvait venir la peine d'Augustine? Pas un instant le docteur ne partagea le sentiment de vague inquiétude du romancier. Sans croire à la guérison radicale de Cécile, il ne pensa pas davantage que celle-ci eut fait à sa mère des confidences alarmantes. Il se promit de surveiller davantage la jeune femme, d'obtenir sa confiance et de soigner ce cœur et ce cerveau, malades d'un mal dont la cause échappait à Nanteuil.

Vers le milieu de la soirée, Étienne Darthos parut.

Angèle baissa la tête, en rougissant; Cécile leva sur lui ses grands yeux, avec un sourire. Étienne était tellement accoutumé à rencontrer une sévérité glaciale sur le visage de Cécile, que son cœur s'emplit d'une joie soudaine. Le bonheur lui donna plus de brillant qu'à l'ordinaire. Il se montra étincelant d'esprit, et la douce Angèle, qui le regardait à la dérobée, se demandait pourquoi sa cousine le trompait, en affectant une bonne grâce si loin de sa pensée.

— Ah ! j'oubliais de vous annoncer à tous une mauvaise nouvelle ! s'écria, tout à coup, Nanteuil.

— Encore une feuille de rose dans ton lit de sybarite? fit le docteur.

— Non pas; une contrariété sérieuse. J'ai en train trois romans, que les nécessités du moment m'obligent à écrire à la fois. J'achève un drame pour l'Ambigu, et, brusquement, sans me demander si j'ai du temps à perdre, on me choisit pour faire partie du prochain jury.

— Le sort vous désigne, répondit Darthos ; ce qui n'est pas tout à fait la même chose.

— Mais cela me dérange, cela m'ennuie, cela m'exaspère !... Quinze jours de perdus, quand on est pressé; comprenez-vous cela?... Et puis cela me semble odieux, épouvantable, d'être là, dans une stalle, obligé d'avoir sous les yeux des misérables chargés de crimes, d'entendre les témoins, d'assister à la lutte du procureur général et de l'avocat; de se demander si l'homme, qu'on a devant soi, perdra la tête ou la gardera sur ses épaules? Je comprends la cour d'assises, quand il s'agit de certains crimes à part, présentant des études physiologiques, des détails de passion, propres à intéresser le romancier. Mais voir défiler devant soi des brigands vulgaires, des voleurs, des assassins... ?

— Es-tu pour la peine de mort? demanda le docteur.

— Non, répondit le romancier.

— Tu as tort. Les guillotinés ne sont jamais récidivistes.

— Mon père? demanda tranquillement Cécile, puisque vous serez du jury, il vous sera facile d'obtenir des places? Je souhaite d'assister à une séance de cour d'assises... Oh! la moindre affaire, le plus simple assassinat !

— Tu n'y songes pas? s'écria Nanteuil.

— Parfaitement, mon père. Je ne suis plus une enfant. Ma mère ne me refusera pas de me conduire.

— Ce sera un bien triste spectacle, ma fille.

— Je vous en conjure, mademoiselle !... s'écria Darthos.

— Eh bien ! quoi? Demandai-je quelque chose d'étrange? Celui qui a fait le mal doit être châtié; et je n'éprouve, je l'avoue, aucune pitié maladive sur le sort des misérables qui tuent un homme pour le voler.

— Le crime fait toujours frémir, ajouta Toussaint ; mais qui sait l'origine de la tentation première? Dieu seul connaît les causes premières et la part de responsabilité qui doit revenir à chacun. La peste, le choléra sont des maladies terribles qui se gagnent, se communiquent, s'étendent... Le venin d'une vipère et le virus rabique se mèlent dans le sang, par une morsure ; quand je suis en face d'un criminel, je me demande toujours à qui doit être imputée la première faute.

— C'est trop d'indulgence! dit Nanteuil.

— C'est de la justice! répondit Toussaint.

— Me promettez-vous de demander des cartes au président, mon père? reprit Cécile.

— Oui, répondit le romancier; mais je choisirai le jour de l'audience.

— Naturellement, ajouta Augustine.

Cette demande de la jeune fille avait causé une impression pénible à Étienne. Il ne comprenait pas que Cécile souhaitât éprouver les émotions poignantes qui saisissent les spectateurs des drames qui se déroulent devant le jury, pas plus qu'il n'eût compris sa curiosité d'assister à une course de taureaux. Une jeune fille ne peut désirer voir couler ni le sang ni les larmes. Il remarqua également que, entendant sa cousine exprimer le désir d'assister à une audience, Angèle avait frissonné et regardé Cécile avec une sorte d'effroi. Évidemment, la douce créature ne comptait accompagner ni la fille ni la femme du romancier. Avec sa finesse de femme, son habitude du monde et sa rapidité à juger, sur le visage, des impressions de l'âme, Cécile devina ce que pensait Darthos, et elle s'efforça de lui faire oublier son mécontentement, en redoublant de bonne grâce. Il en parut touché. Augustine secoua la torpeur d'esprit à laquelle elle semblait en proie, depuis son retour, et, avec une animation fiévreuse, elle soutint la conversation. Toussaint, qu'avait alarmé son silence, s'effraya davantage encore de ce changement. Certainement, il se passait dans l'esprit de Mme Nanteuil, dans son cœur peut-être, un combat dont elle souffrait, et dans lequel elle avait peur de rester brisée et vaincue. Et, contre ce chagrin, elle était d'autant plus désarmée qu'elle n'en avait confié la nature à personne.

Darthos semblait avoir retrouvé confiance, et, à la façon dont il serra la main du romancier, celui-ci comprit que le critique se retirait en comptant un peu de bonheur.

Le lendemain, comme tous les jours qui suivirent, Augustine se rendit dans la sinistre maison où agonisait Sylvie. Mais ce fut en vain qu'elle tenta d'amener au repentir cette malheureuse créature ; les conseils qu'elle lui donnait échouaient contre une obstination doublée d'ignorance. Sylvie se montrait reconnaissante et pleurait, parfois, d'attendrissement, en voyant Augustine s'efforcer d'adoucir les dernières heures qu'elle devait passer en ce monde ; mais elle se rejetait en arrière, épouvantée, presque en révolte, quand Augustine parlait de lui amener un prêtre.

Désespérée de son insuccès, elle courut chez Eugénie.

— Je t'ai obéi, lui dit-elle ; je suis entrée dans les mansardes ; j'ai donné du pain et de l'argent, mais je n'ai pas su convaincre... Et dans les mansardes, comme dans mon salon doré, je me suis trouvée, face à face, avec l'œuvre terrible de mon mari. J'ai surpris, sur les lèvres des mourants, les paroles d'incrédulité qu'il avait écrites ; des ouvriers m'ont cité de ses œuvres, dans lesquelles il prêche la révolte contre la société. Ce qu'il a fait ressemble à une Babel colossale, destinée à répandre le désordre et la confusion dans le monde. Viens avec moi, Sylvie te comprendra mieux, sans doute ; où j'ai échoué, tu dois réussir... Je ne trouve pas les mots qui devraient toucher cette âme.

Eugénie posa doucement sa main sur le bras d'Augustine.

— Ce ne sont pas les mots qui te manquent, lui dit-elle ; mais, pour attirer vers la croix, il faut l'aimer soi-même. Nous irons, ensemble, aujourd'hui.

Victor Nanteuil travailla une partie des nuits, afin de compenser la perte de temps qui devait résulter, pour lui, de sa nomination de membre du jury ; et ni les journaux, dont sa copie faisait monter le tirage, ni les théâtres, qui attendaient ses drames, n'eurent à souffrir de l'obligation à laquelle il se trouvait soumis.

— Je connais, maintenant, la liste des affaires qui passent devant cette session, dit-il, en déjeunant, un matin, avec sa femme et sa fille, et j'ai choisi votre jour. Vous assisterez aux débats de l'affaire Voisenot. Ce Voisenot, dit Grille-d'Égout, est, paraît-il, un coquin de la pire espèce. Tout jeune encore, , il a déjà dix vols, un double meurtre et une tentative d'incendie, sur la conscience. Un des avocats les plus en vue, du barreau de Paris, vient d'accepter sa défense ; je ne puis comprendre pourquoi. Maître Falateuf a assuré à un de mes amis que sa plaidoierie serait prise à un point de vue très original et tout nouveau.

« Comme Falateuf est à la fois éloquent et spirituel, je vous ménage, à toutes deux, le plaisir de l'entendre. Ce sera une véritable journée. »

— Vous êtes un père charmant! dit Cécile.

— Et, cependant, l'on ne fait rien pour rendre heureux ce père-là?

— Rien, c'est beaucoup dire...

— Trop peu, du moins.

Cécile prit le bras de son père, au moment où il quittait la salle à manger, et elle l'accompagna jusqu'à son bureau.

Cette fois, ce fut elle qui reprit l'entretien.

— J'ai eu tort, l'autre soir, lui dit-elle; je me suis montrée exigeante, insoucieuse quand j'aurais dû me contenter de faire appel à ton cœur. J'ai réfléchi à tes conseils; en même temps, j'ai interrogé mon cœur, et mon cœur n'a pas changé... Donne-moi Kasio Vlinski pour mari, avec une dot plus modeste, si tu le veux, que celle que tu me destinais. Le bonheur de ma vie est là. Je veux me marier selon mon goût; si tu le veux, selon ma folie... Je te prie, je te supplie même, de ne pas t'opposer à cette union... Tu vois? je ne parle plus de braver ton vouloir; j'avais tort, absolument tort... Aime-moi assez pour me faire un sacrifice...

— Tu es folle! ma pauvre enfant, dit Nanteuil, et je ne me rendrai point complice de cette folie! Non, cet aventurier n'entrera jamais dans ma famille. Tu possèdes, certainement, assez de beauté et de qualités pour être aimée, et cependant ce n'est pas toi qu'il aime, mais ta dot qu'il convoite... Ne confonds pas les écarts d'une imagination séduite avec une tendresse véritable.

« Qu'importe que tu ne sentes pas pour Étienne Darthos l'entraînement que tu éprouves vers Kasio? Ton estime pour Étienne doit être sans bornes. Il sera un guide sûr pour ta jeunesse, un ami sincère, un appui solide. Tu donneras un fils à ton père, le jour où tu deviendras la femme d'Étienne. »

— Non! non! dit Cécile en s'agenouillant devant le romancier; vous ne pouvez pas exiger cela de moi... Je vous regarde, je vous écoute, en ce moment, et je ne puis vous comprendre... Pourquoi me dites-vous ces phrases de convention, à moi? Cette morale n'est pas la vôtre... J'ai voulu vous parler seule, à seul, parce que ma mère me gênerait, pour m'expliquer devant vous, comme je le veux... Je ne suis pas soumise comme elle, ni résignée comme Angèle... Quand j'ai vu mon bonheur en jeu, j'ai voulu m'instruire... Ces livres qui font votre réputation et votre fortune; ces livres que vous défendez à votre famille, je les ai lus, en partie... Je connais le fond de votre pensée et le véritable secret de votre âme.

— Mais non ! non ! malheureuse fille ! s'écria le romancier ; c'est ma parole, et non mes écrits, qu'il faut croire ! Qu'importe ce que je livre au vent dans mes livres ? Le romancier est un marchand de drames racontant, tour à tour, le rapt et l'adultère ; dépeignant l'émeute, analysant les haines de famille... Mais s'il m'est indifférent que le public accepte, comme vrais, les faits que je raconte, et mette en pratique la facile morale que je lui débite, à la ligne, il n'en est plus ainsi quand il s'agit des miens. J'aime profondément ta mère ; tu es toute ma joie, et je n'aurais jamais cru ma fille capable de me désobéir. Elle s'en repentira !

— « Je ne l'ai fait que lorsqu'il s'est agi de mon bonheur, mon père. Alors, vous-même m'avez fourni des armes pour la lutte. Je ne veux point croire ce que vous dites, en ce moment ; il ne saurait y avoir des lois diverses et des morales différentes.

« Ce que vous écrivez, vous le pensez ; sans quoi vous seriez trop coupable. Tenez, j'aimerais mieux voir ouvrir une boutique dans laquelle on débiterait de l'aqua tofana, du curare, de la résine euphorbe, et tout ce que produit de dangereux la flore des pays où le soleil distille des poisons, dans les calices et sous les écorces des arbres, que de m'imaginer que vous débitez, pour cinq et dix sous la ligne, les théories que j'ai trouvées dans vos livres ! D'ailleurs, j'ai besoin d'y croire ! Vos conseils servent, en ce moment, l'entraînement d'une passion invincible. J'aime Kasio ; je veux Kasio pour mari... »

Nanteuil prit les mains de sa fille.

— Pourquoi, si tu persévères dans cette folie, as-tu, ce soir, montré plus de douceur à Étienne Darthos ?

— « Je me suis aperçue que, rebuté par ma froideur, il venait moins dans cette maison ; or vous l'aimez, et lui-même vous aime... Il fallait prendre un peu sur moi pour ne pas le décourager tout à fait, et vous voyez que j'ai réussi... Je ne veux plus qu'il s'éloigne... Rassurez-vous, je ne joue pas au jeu de coquette... Mais vous n'avez pas seulement charge d'une fille... Dans votre cœur, vous avez adopté Angèle, et vous souhaitez le bonheur de cette enfant ; que j'aime comme une sœur. Or le bien que je dédaigne ferait la félicité d'Angèle. Cet Étienne, que je repousse, est le vrai fiancé de son âme. Jamais elle ne me l'a dit, la pauvre chère enfant, et peut être ne s'en doute-t-elle même pas !... D'ailleurs, elle croirait, en levant sur lui les yeux et lui réservant la plus pure de ses pensées, commettre une trahison et se rendre coupable d'une ingratitude... Je voulais vous révéler ce secret qui apportera, j'en suis certaine, une consolation à votre regret de ne me point voir épouser M. Darthos. Quant à lui, soyez tranquille! La lumière se fera dans son cœur, sinon dans son esprit. La romanesque créature que je suis s'effacera devant la douce figure d'Angèle, type parfait de la ménagère, doublée de la compagne charmante. Il me laissera à mes rêves, à ma préférence, à *Conrad Wallenrod* et à la musique de Chopin.

« Étienne épousera Angèle, et, de la sorte, il sera également votre fils. Il n'aura rien à regrtter. »

— Cela n'est pas la même chose, répondit Nanteuil. Certes, j'aime Angèle; mais toi, tu es ma fille, ma fille unique, ma fille qui ne comprend pas que je lui donnerais, volontiers, dix millions de dot, à la condition qu'elle épousât...

— ... un mari de votre choix? quand elle en veut un du sien!

— Ne me reparle jamais de Kasio Vlinski, dit Nanteuil.

— Jamais; c'est trop long! fit Cécile? mais une seule fois... le 17 novembre...

— Que signifie cette date? demanda le romancier.

— Écrivain oublieux et père étourdi! Rappelez-vous, à la fois, l'anniversaire de ma naissance, et votre roman *Les Filles majeures*... C'est convenu, vous entrez dans mon complot, nous nous unissons pour mettre Angèle en lumière; nous l'encourageons, nous prouvons à Darthos qu'il s'est trompé; je vous convertis à mes opinions, vous me laissez libre...

— Ne l'espère pas! dit Nanteuil.

— On espère aussi longtemps qu'on le peut, répondit Cécile, d'une voix douce.

Puis, regardant profondément son père, elle ajouta :

— Et on agit quand on veut.

Un éclat de rire corrigea la signification de cette phrase; elle prit les cartes que son père avait obtenues pour le lendemain, puis elle rejoignit Toussaint, Angèle et Mme Nanteuil.

Le romancier travailla toute la soirée.

Quand elle embrassa Angèle, avant de s'endormir, Cécile lui dit, en riant :

— J'ai joliment avancé tes affaires, aujourd'hui!

Le lendemain, vers neuf heures, Augustine et sa fille, vêtues de toilettes sombres, d'un goût plein de distinction, se rendirent au Palais de Justice.

Les abords en étaient difficiles; mais, une fois qu'elles eurent gagné la salle des Pas-Perdus, dont le service était fait par les gardes de Paris, Mme Nanteuil et sa fille se trouvèrent près d'une petite porte réservée au passage des témoins. Au bout d'une demi-heure d'attente, il leur fut possible de pénétrer dans la salle et d'y choisir des places, qui devaient leur permettre de voir, à la fois, les jurés, le tribunal et le banc des accusés. Augustine avait assisté à des gros procès, et, cette fois, elle y venait, simplement, afin de ne point refuser de satisfaire un souhait de sa fille.

L'accusé Voisenot était un coquin habile, dont les évasions étaient déjà célèbres, et qui avait juré d'échapper à la justice après son verdict. Sa grande jeunesse ne l'empêchait pas de jouir d'une certaine notoriété. On racontait que, dans sa prison, il montrait une sorte de bonne humeur, ne cessant de répéter à son avocat : « J'ai toujours adoré le théâtre; soyez tranquille, je vous donnerai une belle première. » Voisenot appartenait à la race des coquins littéraires. Fils d'un petit magistrat, ayant reçu, jusqu'à l'âge de quatorze ans, l'éducation de collège, il s'en était fait chasser pour sa mauvaise conduite, et son père n'avait eu d'autre ressource que de l'embarquer, en qualité de mousse, sur un bâtiment marchand. Il était revenu, à vingt ans, de ses voyages, perverti plus qu'amélioré. Son père était mort, lui laissant une dizaine de mille francs, qu'il s'empressa de gaspiller. Lorsqu'il n'eût plus rien, il fit succéder l'escroquerie à la dilapidation.

Condamné une première fois, il recommença; et, après avoir subi trois jugements, il revenait, accusé cette fois d'un double meurtre et d'une tentative d'incendie, destinée à faire disparaître les traces des deux premiers crimes.

Pour les jurés, le tribunal, le public initié d'avance aux faits de la cour, c'était un misérable sans aveu, et dont la tête ne pouvait manquer de tomber.

Seul, son avocat baissait la tête et disait, en souriant, à ceux qui l'interrogaient :

« Je ne sais pas pourquoi je me défie de mon client. Il m'a chargé de le défendre, mais lui-même parlera; et tout l'intérêt, tout le drame du procès, sera dans ses paroles.

« Je suis un compère dans l'affaire; il tient à jouer le grand premier rôle. »

La salle se remplit, rapidement.

Le public, les témoins achevaient de se placer, quand les jurés firent leur entrée. La cour vint ensuite, et enfin l'accusé.

Dans les couloirs, M⁰ Falateuf disait à un de ses collègues :

— Je ne suis pas au bout des surprises que me ménage mon client. Tout à l'heure, il a demandé la liste des membres du jury; les premiers noms qu'il lut ne produisirent sur lui aucune impression ; mais, quand il vit celui de Victor Nanteuil, son regard étincela, et sa voix vibra, d'une façon singulière ;

« — Victor Nanteuil ! c'est bien le grand, le célèbre Victor Nanteuil, qui va faire partie de ceux qui me jugeront ? »

« — Oui, lui répondis-je.

« Il ajouta :

« — Me juger, lui ? C'est impossible !

« Je lui fis observer qu'il pouvait le récuser. Il resta, un moment, silencieux ; puis il releva la tête et sourit :

« — Non ! non ! c'est très bien ! Lui sur les sièges des magistrats, moi au banc de l'infamie !... Nous verrons ce que diront les hommes et, plus tard, comment jugera Dieu !

« J'ai vainement tenté de savoir la raison de son hésitation, de son trouble ; il a refusé de s'expliquer. Je vous le répète, c'est un accusé à surprises, qui n'a pas franchement remis sa cause entre mes mains. Il garde des moyens oratoires personnels ; des effets, comme dirait un comédien. »

Le docteur Toussaint, lui aussi, s'était procuré une carte ; seulement, en sa qualité de médecin exotique, déjà pourvu d'une notoriété, en raison d'articles flatteurs que lui avaient valu, dans les journaux, ses relations avec Nanteuil, il avait obtenu un de ces sièges doublement réservés, que l'on place, lors des graves affaires, derrière les fauteuils de la cour. De là, il embrassait, à la fois, les gradins sur lesquels se groupaient les jurés, le banc des avocats, ceux des témoins, et l'auditoire au milieu duquel il chercha, d'abord, la pâle figure de Mme Nanteuil et la tête superbe de Cécile.

— Quelle singulière idée as-tu de venir ici ? demanda Nanteuil à Toussaint, au moment où celui-ci gagnait sa place.

— Mon cher, répondit le docteur, il se mêle de la folie à un crime, et je veux étudier le genre de lésion que ce Voisenot doit avoir au cerveau.

Voiseuot était debout. (Voir page 86.)

CHAPITRE VIII

LE VERDICT

Le début de l'audience fut assez terne. L'acte d'accusation, dont le greffier donna lecture avec sa hâte accoutumée, ressemblait à toutes les pièces de ce genre ; les faits s'y groupent, formant corps ;

et la conviction du magistrat, qui l'avait rédigé, étant pour une culpabilité évidente, il en résultait une série d'affirmations, dont une grande partie se trouverait, peut-être, atténuée par les dépositions des témoins et l'interrogatoire de l'accusé.

En dépit de ce qu'il avait annoncé à son avocat, Voisenot répondit d'une façon brève aux questions qui lui furent faites, redressa certains points de l'accusation avec soin, mais sans emportement, avoua les faits qui lui étaient reprochés, sourit quand on parla de son casier judiciaire et parut se tenir sur la réserve, comme s'il attendait son heure pour parler.

Les dépositions des témoins offrirent peu d'intérêt. Lorsque l'accusé nie les faits qui lui sont imputés et qu'une lutte ardente s'engage entre le misérable, qui défend sa tête, et le Ministère public, qui la réclame au nom de la société outragée, il est impossible de ne point se sentir puissamment ému. Avant de songer aux légitimes revendications de la loi, on veut ne voir qu'un malheureux se débattant dans un filet dont il déchire les mailles et que, peut-être, il réussira à mettre en lambeaux.

Cécile portait à ces débats une attention passionnée. Tout excitait sa curiosité, depuis l'aspect de la salle jusqu'aux formes dont s'enveloppe la justice. De temps à autre, se rapprochant vers sa mère, elle lui adressait un mot à voix basse ; alors Mme Nanteuil paraissait s'éveiller d'un songe pénible et répondait à sa fille par un monosyllabe. Sa pensée se reportait vers le lit où agonisait Sylvie, cette Sylvie qu'elle avait promis d'aller voir le jour même, à quelque heure que fût la séance. Puis Augustine se demandait ce qu'elle ferait de sa vie, désormais désenchantée, quand sa fille serait mariée et qu'elle se trouverait face à face avec un homme pour lequel elle ne ressentait plus que du mépris.

Cependant un mot de Cécile la galvanisa ; elle oublia Sylvie, s'oublia elle-même, et ses regards se tournèrent avec une sorte d'effroi vers le banc des accusés.

Voisenot était debout.

Le réquisitoire de l'avocat général venait de s'achever ; l'impression, produite par cette page d'éloquence judiciaire, répondait à ce que l'on attendait d'un magistrat placé haut dans l'opinion générale, et le public attendait la plaidoirie de Me Falateuf, quand l'accusé demanda la permission de dire quelques mots.

« — La loi m'oblige à désigner un avocat, et j'obéis à la loi, en me présentant assisté par un maître de la parole ; mais ce qu'il trouvera pour ma défense différera sans doute beaucoup de ce que je souhaite vous expliquer. Monsieur le juge d'instruction a raconté les faits. Il a énuméré les condamnations subies, les crimes commis ; il m'a représenté comme un être indigne de toute pitié et, forcément, destiné au bourreau. A ce sujet, je partage d'autant plus l'opinion de monsieur l'avocat général que, si messieurs les jurés m'accordaient le bénéfice des circonstances atténuantes, je trouverais certainement le moyen de m'évader de Cayenne, et je reviendrais en France, afin d'y exercer la seule industrie que je connaisse bien : l'art de faire des dupes. Je ne prétends donc point nier les crimes avoués et prouvés. Je veux seulement apprendre à messieurs les jurés comment je suis devenu ce que je suis, et peut-être l'enseignement qui ressortira de mes aveux sera-t-il d'une utilité plus grande pour la cause de la morale que ma condamnation. »

Voisenot promena lentement autour de lui un regard circulaire et se convainquit que ce début excitait, dans la foule, la surprise et l'intérêt. Lorsqu'il demanda la parole, la cour et l'assistance s'attendaient à une réplique violente ; la modération, le calme de Voisenot lui concilièrent tout de suite une partie du public, et le docteur Toussaint murmura :

— Allons donc ! je vais enfin apprendre quelle est la maladie de ce cerveau-là...

L'accusé, ayant pris un temps, comme on dit au théâtre, continua d'une voix assurée :

« — On vous a dit, messieurs les jurés, que j'étais fils d'un magistrat ; cela est vrai. Mon père exerçait les fonctions de juge de paix dans une petite ville de Normandie. Maigre place, dont les émoluments suffisaient à peine à l'entretien de la famille ! Nous étions huit enfants, et mon père gagnait mille écus. Ma mère n'avait pas de servante ; chacun de nous lui aidait dans la mesure de ses forces, et mon père, ce rude travailleur, se tuait à la poursuite d'une tâche ingrate, sans même garder l'espérance d'une amélioration prochaine. L'avancement, que souhaitaient bon nombre de ses collègues, eût été une ruine pour lui. On l'aimait, on l'estimait dans le petit pays que nous habitions ; il payait lentement, mais il payait tout le monde ; un changement de résidence, en l'obligeant à régulariser une situation difficile, l'aurait infailliblement perdu. Quand il avait donné ses audiences privées, écouté, durant ses audiences publiques, les débats de famille ou les affaires litigieuses soumises à son arbitrage, il rentrait chez lui, brisé, mais non point quitte de sa tâche. C'est alors qu'il devenait notre professeur. Placer sept enfants dans des pensionnats, même en qualité d'externes, eût été une lourde charge pour le ménage; la situation de mon père ne lui permettait pas de nous envoyer dans les écoles gratuites. Le soir, il nous faisait donc deux classes : une pour les grands, l'autre pour les petits. Il possédait la science, mais il manquait de l'art tout spécial de la communiquer. Mon frère aîné faisait des progrès et piochait ferme pendant ses heures de loisir. Durant le jour, il passait huit heures dans l'étude d'un notaire, noircissant du papier timbré, et rapportait trente francs à ma mère à la fin de chaque mois. J'étais le cadet de la famille et le plus intelligent, affirmait mon père ; mais le plus indocile, le plus rebelle, ajoutait ma pauvre mère ; et tous les deux avaient raison. Cette maison, triste en dépit du grand nombre d'enfants qui s'y ébattaient; cette gêne qui pesait sur nous comme une chappe de plomb et se traduisait sous des formes renaissantes et multipliées; cette table misérable, que n'eût pas acceptée un ouvrier battant le fer ou maniant le rabot, tout cela me causait un dégoût insurmontable. Je ne me disais point qu'un travail acharné triompherait de cette gêne, que chacun des enfants finirait par apporter à la maison une part de bien-être ; je ne sentais que la hâte d'échapper aux obligations de l'étude, aux privations de cette pauvreté décente, dont je souffrais comme d'une humiliation. Sans doute, ma mère avait jadis rêvé la vie plus riante, le mari moins morose, les charges moins lourdes, et, afin d'échapper au présent et de retrouver ses illusions de jeunesse, elle se procurait, dans un misérable cabinet de lecture, des livres, dépareillés quelquefois, toujours déchirés et graisseux, dans lesquels elle suivait les aventures de héros de romans, dont les tourments et les malheurs l'arrachaient pour quelques moments à des peines réelles et à une bataille continuelle contre la misère. Comme elle n'aurait pas eu le moyen de payer son abonnement à ce cabinet de lecture, elle en acquittait le prix en donnant à la petite fille de la propriétaire deux leçons de piano par semaine.

« Ma grande préoccupation, ma seule joie étaient de prendre en cachette ces mêmes livres et de les dévorer durant les heures destinées à l'étude de mes leçons. Je me passionnais pour les récits de voyages; je m'enthousiasmais pour les bandits corses réfugiés dans les maquis ou pour les hardis brigands des Abruzzes. Mon imagination l'emportant sur ma raison et sur ma volonté, j'en vins à prendre en horreur la vie paisible et régulière. D'insoumis, je devins révolté; mes premières fautes semblèrent la preuve d'un naturel si perverti que mon père résolut de m'embarquer. J'avais alors quatorze ans. Les adieux de mon père furent plus graves qu'attendris. Il me re-

présenta mon départ comme un premier châtiment, et il ajouta :
« Si dans quatre ans tu ne reviens pas corrigé et honnête homme,
tu finiras sur l'échafaud. » Je l'embrassai assez tendrement, et les
premiers mois de mon voyage me semblèrent les plus agréables
du monde. Ma force physique était déjà développée ; je joignais à
l'adresse d'un singe la gaminerie d'un Parisien ; on me trouvait drôle,
et cela suffisait pour me mériter une sorte de considération dans le
milieu où je vivais. Je ne vous dirai point que je m'améliorai à bord,
loin de là. La grossièreté des matelots, les vices de plusieurs me
pervertirent davantage. Ce que je regrettais le plus, alors, c'était
que l'on eût supprimé la course et la traite ; je me sentais fait pour
les ressources illicites, les gains faciles et les coups hasardeux.
Je dépensais en huit jours, à terre, ce que j'avais mis six mois à
gagner. La fureur orgiaque, dont mes compagnons semblaient saisis
en quittant le bord, se communiquait à moi, et, plus d'une fois, je
rentrai sur mon navire avec des « parts de prise », qui m'auraient
valu l'intervention de la justice, si les gens spoliés avaient découvert
l'auteur du méfait. Je trouvai à Calcutta, puis à Shang-haï, des lettres
de mon père. Elles renfermaient de sages conseils et m'apprirent
à la fois, que ma mère semblait atteinte d'une maladie de cœur et
que mes deux petites sœurs étaient mortes du croup dans la même
semaine. — Cela faisait deux bouches de moins à nourrir. — L'année
suivante, je sus que mon frère aîné était soldat ; le troisième venait
de le remplacer dans l'étude du notaire. Trois ans s'étaient écoulés
depuis mon départ, quand la maladie de ma mère s'aggrava. Elle
n'eut pas le temps de jouir de l'amélioration de sa situation. Un de
ses frères, parti depuis de longues années pour le Chili, y avait fait
des affaires brillantes, et, au moment de revenir en France, il mourut
subitement en léguant ce qu'il possédait à ma mère. Elle avait peu
connu ce frère ; son deuil fut donc simplement celui que l'on porte
en apprenant la mort d'un bienfaiteur et d'un ami. La liquidation
de cette fortune une fois terminée, mon père se trouva à la tête
d'une somme de deux cent mille francs. Il donna sa démission, quitta
la Normandie et partit pour Paris, afin d'y travailler à l'avenir de
ses enfants. Il fut convenu que je resterais dans la marine. En
poursuivant mes premières études, qui, si insuffisantes qu'elles
eussent été, me laissaient cependant des notions générales, je pouvais, à mon retour de Chine, passer mes examens de capitaine au
long cours. Je connaîtrais la pratique du métier, et la théorie me
serait enseignée en six mois. Mon père me cautionnant de quarante
mille francs, j'obtiendrais un bon commandement, et, avec de l'acti-

vité et de l'intelligence, j'amasserais, en quinze ans, une honnête aisance. Mon frère aîné ferait son chemin à l'armée; le troisième poursuivrait l'étude du droit en grossoyant chez un avoué. Les filles apprendraient des arts professionnels ; à Paris, où l'on sait quels désastres peuvent bouleverser les situations les mieux assises en apparence, on admet aujourd'hui qu'une femme doit savoir se suffire et aider à la prospérité de la famille. J'appris ces nouvelles avec une fièvre de joie qui m'épouvanta. Jamais je n'avais cru pouvoir, de longtemps du moins, palper une somme considérable. Si peu habile que je fusse en droit, j'en savais assez cependant pour comprendre que j'hériterais de ma mère à ma majorité, et je me promis de faire alors tel emploi qu'il me plairait des quarante mille francs provenant de la succession maternelle. Les derniers six mois de navigation me parurent interminables. J'avais hâte d'arriver à Paris, ce Paris que les livres que j'avais dévorés me montraient comme une vaste scène, où chacun peut prendre sa place et jouer un rôle, où l'audace aide souvent à la chance, où la célébrité se conquérait de mille manières, et où il me semblait que je ne pouvais manquer de me faire un nom. »

Voisenot s'arrêta, et un sourire ironique passa sur ses lèvres fines.

« — Se faire un nom ! répéta-t-il. Bon nombre de personnes réunies ici sont parvenues, les unes à la notoriété, les autres à la célébrité ! La presse s'en occupe ; leurs actes et leurs paroles troublent les cabinets ministériels, dérangent et organisent des changements de front dans la politique, passionnent les foules et soulèvent des applaudissements dans la Chambre des députés et au théâtre... Moi-même, qui suis ici, à cette barre, j'ai un nom, et un nom d'une telle puissance qu'il a attiré dans cette enceinte des hommes de science et d'imagination, des curieux et des artistes...

« Je trouvai mon père vieilli, inconsolable de la perte d'une compagne qui était morte à la peine. Il me traita avec sévérité, me mit sous les yeux les notes et les rapports de mes chefs et me répéta qu'il était grandement temps de m'amender.

« Une fois installé dans une maison, qui, sans offrir aucun luxe, présentait le confortable, je m'absorbai dans une paresse qui me parut douce après quatre années d'une navigation laborieuse.

« Dans la petite ville que j'avais habitée jadis, et dont le cabinet de lecture avait été mis à ma disposition, les ouvrages dévorés pendant mes heures d'étude et de récréation étaient d'un genre bien différent des volumes que je me procurai à Paris. Dans mon enfance, je m'étais bien intéressé à des aventures de corsaires, de bandits ; mais le châtiment terrible infligé à ces hommes pouvait donner à réfléchir. Des pastorales enfantines, des romans de famille, des histoires de chevalerie, avec grande affectation de peintures moyen âge, avaient laissé, au fond de mon esprit, plus de fantaisie que de corruption, et m'avaient communiqué le goût des voyages, sans faire naître en moi d'autre désir que celui de mener une vie plus accidentée que celle de mon père et des paisibles habitants de Flers. Mais, depuis l'époque où ces livres, relativement honnêtes, avaient été publiés, le théâtre et les romans avaient suivi une voie nouvelle. On avait écrit des pages autrement passionnées et entraînantes. Les drames vrais obtenaient un succès de vogue. Si l'on ne voulait plus de joueurs de harpe et de chevaliers, on s'intéressait grandement aux escrocs, et bon nombre de livres racontaient, durant dix-huit volumes, la série de vols et d'assassinats d'un coquin heureux. Les romanciers trouvaient des combinaisons merveilleuses pour se débarrasser d'un oncle à succession, enlever une héritière et dévaliser une maison de banque. La science devenait un moyen d'action dans les mains des écrivains habiles. Ils se donnaient la peine de consulter des gens de métiers divers, afin de parler d'une façon exacte de ces mêmes états ; s'ils décrivaient une blessure, c'était avec la sûreté d'un homme de l'art, et, quand un des personnages de leur roman périssait par le poison, ils faisaient d'assez curieuses études toxicologiques pour qu'un savant ne trouvât rien à redire aux pages racontant les préparatifs et la perpétration du crime... Si j'entre dans ces détails, c'est afin de mieux faire comprendre sur quelle pente j'ai roulé et comment je me suis perdu... La soif de plaisirs, dont j'avais été sevré et dont la violence de mon tempérament me rendait avide, m'entraîna vite. Je me cachai d'abord de mon père ; quand il connut la vérité, je lui avouai mes entraînements, sans promettre de m'amender.

« Résolu à ne plus reprendre la mer et à vivre à Paris, j'acceptai une place modeste chez un négociant ; je la remplis mal ; une erreur dans un compte motiva une première condamnation ; quand je sortis de prison, j'étais plus gâté qu'en y entrant. La maison de mon père était fermée ; mais, dans trois mois, je devais atteindre ma vingt et unième année ; j'empruntai sur la succession de ma mère. Lorsque je fus majeur, je demandai des comptes à mon père ; il me les rendit chez un notaire et me déclara qu'il ne me recevrait jamais... J'avais en main quarante mille francs ! Une fortune que je croyais ne jamais devoir finir, quand je songeais combien peu nous dépensions à Flers. Je trouvai vite des amis pour m'aider à gaspiller cet argent. Des soupers, des théâtres, le jeu me ruinèrent en deux ans, et, si je ne mis pas moins de temps à dépenser mon héritage, c'est que la dame de pique eut des intermittences en ma faveur... Lorsque je fus réduit, pour vivre, à mon expérience de joueur et à mon imagination, loin de me laisser abattre, je sentis grandir mon audace. Ma vie luxueuse m'avait mis en relation avec des fournisseurs dont j'exploitai d'abord la confiance, avec des compagnons de plaisir dont je creusai la bourse, avec des escrocs dont je devins le confident, puis le complice... Ce fut un paquet de cartes biseautées qui me ramena devant la justice. J'en avais désormais assez des moyens mesquins; je voulus tenter un coup de fortune, et je cherchais le moyen à employer, quand le hasard fit tomber entre mes mains un livre dont le retentissement s'étendait de Paris à la France, et de la France à l'étranger. L'auteur de ce volume, décoré pour avoir écrit bon nombre d'œuvres semblables, y tenait, pour ainsi dire, une chaire d'immoralité et de criminalité. Vouliez-vous apprendre le moyen de commettre un vol simple, un vol qualifié : ce romancier, doué d'une imagination fertile, vous l'apprenait au moyen d'un de ses héros. L'empoisonnement, l'assassinat foisonnaient dans ces pages. Il trouvait toutes ces monstruosités, toutes ces horreurs, tranquillement assis à son bureau ; et les feuilles, sur lesquelles il étalait des turpitudes sans nom, lui étaient cotées au poids de l'or... Je cherchais donc le moyen de commettre un crime qui put me rendre riche, lorsque j'achetai par hasard un roman ayant pour titre : *Les Chemises rouges.* »

Voisenot se retourna de nouveau vers les assistants et leur dit, avec un éclat de rire railleur :

« — Vous l'avez tous lu ! Vous savez tous comment Hertevant l'escroc, l'assassin, soutient, pendant des années entières, une lutte acharnée contre la société, la domine, la bafoue et finit une longue vie, qui n'est qu'une abominable suite de crimes, par un coup de pistolet qui n'expie rien. Je choisis Hertevant pour modèle; je m'identifiai avec lui; je marchai sur ses pas, comme les sauvages suivaient la trace des mocassins dans leurs forêts. Et je constatai que le romancier célèbre avait vu juste, car je réussissais comme son héros avait réussi ; je jouissais de plaisirs longtemps convoités, et ma vie n'était qu'une série de folies succédant à des actes coupables, auxquels mon audace même assurait l'impunité... »

En entendant prononcer le titre du volume : *Les Chemises rouges,* les regards de la cour, ceux des avocats et des assistants s'étaient, à la fois, tournés vers Victor Nanteuil. Augustine, prise d'un subit effroi, saisit la main de Cécile et la pressa avec force. La jeune fille se pencha vers elle :

— J'ai lu ce livre ! dit-elle à sa mère.

Le romancier, qui, d'abord, avait cru pouvoir prendre légèrement les paroles de l'accusé, s'aperçut ou, plutôt, devina qu'elles produisaient une sorte d'impression sur la foule ; et, malgré lui, il se recula, comme pour dérober son visage aux regards curieux qui se fixaient sur lui.

« — J'ai fait le mal, reprit Voisenot, et, sans doute, je portais en moi le germe du vice que je n'ai point tenté de détruire ; mais je tiens à établir ici que, en commettant une série d'escroqueries, de vols et de crimes, je me suis borné à suivre les leçons données, publiquement, par des hommes jouissant de l'estime de tous.

« J'ai eu mes professeurs et mes maîtres ; j'ai trouvé mes types et mes modèles... Tenez, par exemple, mon vol de deux rivières de diamants chez un bijoutier du Palais-Royal a été décrit techniquement et complaisamment dans *Jean l'Escarpe*... Lorsque j'usurpai le nom bien connu d'un gentilhomme millionnaire et que, sous ce nom, j'empruntai une somme de deux cent mille francs en hypothéquant son château du Bourbonnais, j'avais trouvé cette idée lumineuse dans les *Flibustiers de Paris*.

« Plus tard, le succès d'un roman fameux, réédité en vingt formats divers, et mis à la portée de toutes les bourses en livraisons illustrées à dix centimes, me fit concevoir la pensée de prendre le principal personnage du roman pour modèle.... Je levai une affaire ; un vieillard, qui passait pour être riche autant qu'avare, me parut une proie superbe, et, cette fois encore, depuis l'instant où me vint la pensée du crime jusqu'à l'heure où j'étouffai, entre mes doigts crispés, la gorge de ce malheureux, j'ai suivi pas à pas un récit palpitant que mon peu d'imagination ne m'eût pas permis d'inventer. Je suis un copiste, un plagiaire, un instrument. Cherchez la tête qui combina ces meurtres ; je repousse les honneurs de l'invention, et je dénonce à tous comme mon collaborateur au drame de la rue Cardinet l'auteur des *Chemises rouges*, des *Mansardes*, des *Flibustiers de Paris*, de *Jean l'Escarpe*... Allons ! monsieur Victor Nanteuil, donnons-nous la main par dessus la barre ; vous avez répandu des flots d'encre, et j'ai versé quelques gouttes de sang... Mais je n'ai assassiné qu'un vieillard près de sa fin et une jeune fille maladive, tandis que des milliers d'êtres, vaillants et forts, après avoir eu l'âme gangrenée par vous, viendront fatalement échouer ici comme moi. . »

En achevant ces mots, Voisenot étendit le bras vers le romancier et le désigna à la foule.

L'effet produit par les paroles de l'assassin fut immense.

Voisenot reprit sa place entre les deux gendarmes, après avoir jeté sur M⁰ Falateuf un regard, qui signifiait :

— Je viens de vous fournir un moyen de défense sur lequel vous ne comptiez pas !

Cécile regarda sa mère ; si peu tendre que fut le cœur de cette enfant, elle se sentit bouleversée par le changement qui venait de s'opérer sur la physionomie d'Augustine.

— Si nous sortions?... lui demanda-t-elle. Tu souffres...

— J'irai jusqu'au bout, répondit Mme Nanteuil.

Le public était devenu houleux. Un changement complet s'était opéré dans la masse des assistants. Sans doute, les crimes commis par Voisenot étaient horribles ; il avait suivi seulement l'instinct qui le poussait à satisfaire, même au prix du sang, ses instincts de débauche. Il possédait assez d'intelligence et de sang-froid pour garder la responsabilité de ses actes ; mais, en affirmant que, moralement, il avait un complice et que les livres de Victor Nanteuil contenaient le scénario du drame sanglant qui l'amenait devant la cour d'assises, il disait vrai. Il s'était trouvé un être plus fort, plus instruit, possédant un art consommé, habile à nouer comme à dénouer toutes les trames, pour lui montrer, pas à pas, le chemin à suivre, et, de ce chemin, il ne s'était pas écarté.

On éprouvait, en ce moment, moins de répulsion à l'égard de l'assassin, et plus d'un regard s'appuya sur Victor Nanteuil avec une expression grave et profonde.

Le président, qui saisit ce mouvement dans l'auditoire, se hâta de le ramener à lui par quelques phrases concises ; puis la parole fut donnée à M⁰ Falateuf. Évidemment, l'avocat avait préparé une plaidoirie régulière. Ainsi que l'avait prévu Voisenot, les paroles de celui-ci changèrent subitement les projets de l'avocat. Un thème neuf lui était offert ; il broda, sur ce thème, des variations habiles, dont le romancier fit les frais.

Pendant plus d'une heure, avec une habileté consommée, l'avocat rejeta, sur ceux que Voisenot appelait ses maîtres, les fautes et les crimes du misérable. Sa plaidoirie se changea en un acte d'accusation contre les écrivains dangereux. Il flétrit l'école tout entière, sans s'attaquer directement à Nanteuil. M⁰ Falateuf se garda de tout écart de langage ; mais l'attention était éveillée ; dans ce public éminemment parisien, chaque allusion fut saisie au vol.

Le succès de Mᵉ Falateuf dépassa toute attente, et son client le remercia d'une façon chaleureuse.

Le résumé du président parut froid, après la plaidoirie imagée et vivace de l'avocat ; mais il eut le mérite de condenser adroitement les faits et de reproduire, avec une parfaite équité, l'accusation et le système de défense. Cette fois encore, il fut question de *Jean l'Escarpe*, des *Mansardes*, des *Chemises rouges*, des *Flibustiers de Paris*. Cette fois encore, on reprocha au romancier ses succès tapageurs et les dangereux écarts de sa plume.

Au moment où le jury allait passer à la salle des délibérations, Voisenot dit à haute voix :

— Je récuse monsieur Victor Nanteuil ; il ne peut être, à la fois, mon juge et mon complice.

Une demi-heure après, la cour rentrait en séance.

Augustine tressaillit des pieds à la tête ; elle tremblait que cet homme fût condamné à mort.

Elle chercha le docteur Toussaint à la place que, longtemps, il avait occupée ; il avait disparu.

A l'unanimité, moins *une* voix, Voisenot fut déclaré coupable sans circonstances atténuantes.

Lequel des jurés n'avait pas osé le condamner?

Quand on rappela le misérable, il regarda fixement Nanteuil, et, quand il entendit qu'un des jurés l'avait épargné, il sourit

L'application de la peine de mort fut prononcée.

Augustine étouffa un cri d'angoisse et entraîna Cécile.

Toussaint attendait la fille et la femme de son ami dans la salle des Pas-Perdus et les mit en voiture.

Au moment où le cocher fouettait les chevaux, Victor Nanteuil rejoignit le docteur.

— Eh bien! demanda Toussaint, à quoi est-il condamné?

— A mort, répondit Nanteuil.

— Et toi? reprit le docteur, en fixant son ami.

— Es-tu fou? s'écria le romancier.

— Non, crois-le, je ne suis pas fou... Tu comprendras plus tard que Dieu, lui aussi, tient ses grandes assises.

Le lendemain, il n'était bruit, dans Paris, que du procès de Voisenot.

Seulement, l'assassin se trouvait au second plan. L'attention générale se portait sur Nanteuil ; à aucune heure de sa célébrité bruyante, il n'occupa autant l'opinion publique. Les critiques de tous les partis préparèrent des articles sur son œuvre.

Tous ceux qui croient que l'écrivain ne doit compte, ni à Dieu, ni à la société, des ouvrages qu'il compose, écrivirent une chaleureuse défense du romancier. Les critiques convaincus que les livres malsains font germer les actions coupables publièrent des études sérieuses, serrées, dans lesquelles, rappelant les faits qui s'étaient produits à l'audience, ils accusaient hautement le romancier et l'école qui reconnaissait en lui un maître. Ceux-là étaient loyaux, sincères; le sentiment du devoir leur inspirait un blâme, qui, énergique au fond, restait, quant à la forme, dans les bornes d'un langage élevé.

Mais les amis dévoués et les adversaires sérieux ne furent pas seuls à entrer dans la lice.

Victor Nanteuil comptait un grand nombre d'envieux, et, pour ceux-là, l'occasion était belle. Une curée de folliculaires s'abattit sur l'œuvre du romancier, comme une nuée de sauterelles sur un champ. La plupart tenaient une plume comme un Italien tient un stylet. Ils trouvaient que le métier de journaliste était un métier comme un autre et rapportait bon nombre d'immunités appréciables. Toujours à l'affût d'un sujet pouvant fournir un certain nombre de colonnes de copie, souvent dépourvus d'imagination, ne reculant ni devant le scandale produit, ni devant un chantage adroitement dissimulé, ils se réjouissaient de satisfaire leurs petites rancunes. Pourquoi haïssaient-ils Nanteuil, ces pygmées? Jamais le romancier ne les avait raillés; il ignorait même leur nom.

Cet homme, qui se livrait à un travail acharné, ne pouvait lire les articles de M. Chose, ni les romans de M. Touchatout. Il connaissait ses rivaux, ses amis, et ceux de ses ennemis qui valaient la peine qu'on y songeât. Quant à se débattre au milieu du tas de scorpions grouillant à ses pieds, à user envers eux d'égards qu'il eût considérés comme déshonorants, il s'en gardait soigneusement.

— Je n'ai jamais vu, disait-il à Toussaint, qui lui signalait le nom des journaux ayant raconté, d'une façon plus que piquante, la scène des assises, les Frérons de deux sous dont tu me parles empêcher les gens de talent de gagner cent mille livres de rentes. Il faut que tout le monde vive, n'est-ce pas? Ces misérables n'ont d'autre revenu que de vendre leurs médisances et leurs calomnies. Laissons-les continuer leur vilain petit commerce.

LES CRIMES DE LA PLUME

Sa rentrée dans les bureaux du *Frelon* fut bruyante. (Voir page 101.)

CHAPITRE IX

MONSIEUR PHARÈS

Étienne vint, trois jours après, chez le romancier.
— Vous m'avez manqué, mon ami, lui dit Nanteuil. Je me suis demandé si vous ne me croyiez pas atteint d'une lèpre morale ?
— J'ai été fort occupé, voilà tout, répondit Darthos. Je puis

blâmer votre opinion, m'affliger de l'emploi que vous faites d'un talent magnifique; mais mon cœur ne reniera jamais son amitié.

— Vous me parlez comme Toussaint.
— Nous sommes, tous les deux, dans la vérité.
— Je parie qu'on vous a demandé un article sur moi?
— On me l'a demandé.
— Est-il fait?
— Je ne l'écrirai pas.
— Pourquoi?
— Il faudrait dire tout haut ce que je pense tout bas.
— Qu'importe? si je vous le permets!
— Non, répondit Darthos; je me croirais méprisable de publier un seul mot contre celui que j'aspire à nommer mon père. Il me semble, d'ailleurs, que vous devez assez souffrir...?

— Ma foi! non, répondit le romancier. Le but que se proposaient mes ennemis était, sans doute, bien différent de celui qu'ils ont atteint : les libraires ont épuisé, depuis la fameuse séance, deux éditions des *Chemises rouges*, une de *L'Ange des mansardes* et trois de *Jean l'Escarpe*... Évidemment, tous les filous et tous les chourineurs de Paris ont cru, sur la foi de Voisenot, qu'ils trouveraient dans mes œuvres l'art d'assassiner le bourgeois, sans le faire crier.

— Ne riez pas, dit Étienne, cela est profondément triste. Signe des temps, me direz-vous? Alors, tant pis! les temps sont mauvais.

— Et c'est la faute des romanciers?
— Peut-être... Je vous blâme, dit Étienne, mais je vous plains, et je ne puis m'empêcher de vous aimer.

— Et vous avez raison, Étienne, car je vous le rends sincèrement.
— Et votre fille? demanda le critique.
— Ne brusquons rien, fit Nanteuil. Sa mère l'a rendue si heureuse qu'elle hésite à quitter ce foyer pour fonder une famille; mais je vous ai appelé mon fils, et vous garderez ce titre.

En ce moment, le domestique apporta un journal.

— *Le Frelon*, dit Nanteuil, c'est le journal de Pharès. Je parie que ce petit monsieur m'éreinte d'une belle façon, dans sa feuille de chou. Il n'a pas toujours occasion de déverser son fiel sur un homme en vue; voyons donc, Étienne, comment ce sacripant de lettres raconte l'affaire de Voisenot?

Le romancier s'enfonça dans son fauteuil et commença la lecture de l'article.

Il était, en effet, signé Pharès.

Le petit journaliste ne pouvait manquer de saisir l'occasion, qui se présentait, pour tenter de renverser le piédestal du romancier. Seulement, au lieu de s'en tenir à déverser le blâme sur la nature des œuvres de Nanteuil, il reprenait l'œuvre entreprise par les Vipères et commençait son article par une vue d'ensemble de la salle d'assises, le jour du fameux procès. Au nombre des personnes connues qui assistaient aux débats, Pharès nommait Augustine, et il ajoutait : « Les racontars du monde des lettres affirment que Mme Nanteuil, n'ayant jamais ouvert les livres immoraux dont son mari est l'auteur, le jugeait d'après quelques feuilletons anodins, mis par lui entre les mains de la candide femme, dont l'honnêteté de provinciale n'eût pas manqué de s'effaroucher des tableaux peints par Nanteuil, avec le *morbidezza* et la fougue qu'on lui connaît. Quelles n'ont point dû être sa surprise et son indignation, en entendant tomber, de la bouche d'un assassin et d'un incendiaire, cette affirmation que, dans le mal, Victor Nanteuil avait été son maître! On ajoute que Mme Nanteuil a passé toute la nuit suivante à parcourir l'œuvre énorme et immonde du romancier... Certes! nous ne trouvons pas trop dure la leçon qui lui a été, tour à tour, donnée par Voisenot et par le Ministère public, mais nous plaignons de tout notre cœur la jeune femme qui, en une heure, a vu crouler toutes ses illusions... »

Nanteuil froissa le journal entre ses mains.

— Oh! le misérable! le misérable! s'écria-t-il.

— Pourquoi t'émouvoir de ce qu'écrit un tel homme?

— Pourquoi? Mais ce n'est plus à moi qu'il s'attaque, c'est à ma femme! Il se permet de la plaindre, de juger l'impression produite sur elle par cette fatale séance. Ah! il a bien fait, celui-là, de me fournir un vrai motif de haine et de colère! J'étouffe depuis quelques jours! Quoi! il a suffi de la parole d'un assassin pour soulever contre moi un ouragan de méchanceté et de jalousie! Eh bien! Pharès paiera pour tout le monde. J'aurais eu mauvaise grâce à relever les gants plus ou moins sales qu'on me jetait dans l'arène littéraire; il eût semblé que je me considérais comme touché. Mais on s'en prend à ma femme, on tente de saper mon bonheur domestique; je me réveille à la fin, et je suis prêt à piquer, comme à mordre. Étienne, vous serez mon témoin?

Le critique saisit les deux mains de Nanteuil.

— Ne me le demandez pas, dit-il; quelle que fût l'injure prononcée contre moi, je refuserais de me battre; le duel me fait horreur; le duel est une sorte d'assassinat, dont jamais je ne me rendrai complice.

— J'oubliais vos convictions, mon ami; avant ce soir, j'aurai trouvé deux camarades.

— Ne craignez-vous point, en vous battant, de donner un retentissement nouveau à cette affaire?

— Encore une fois, il s'agit de ma femme! Oh! le lâche folliculaire! Il savait bien frapper juste... Depuis deux jours, j'aperçois à peine Augustine, et je devine qu'elle souffre horriblement. Elle ne se plaindra pas, elle est fière; mais la blessure reçue saignera longtemps, et qui sait si elle se fermera jamais d'une façon complète? Pourvu que ce misérable ne lui ait pas envoyé le *Frelon*

Augustine se chargea de répondre; elle entra dans le cabinet, tenant à la main le numéro renfermant l'article de Pharès.

Elle le jeta sur la table, avec une affectation de dédain, et ne prononça pas une parole ayant rapport à M. Pharès.

— Vous travaillez peut-être? dit-elle; je vous demande pardon... Mais Angèle vient de me suggérer une excellente idée, que je veux soumettre à votre approbation: L'anniversaire de la naissance de Cécile arrive dans huit jours; si nous organisions une petite fête, toute intime?

— J'aime mieux un grand bal qu'une petite fête, répondit le romancier; et, pour prouver à tous combien peu d'influence a sur moi le débordement d'injures dont le flot grossit et monte, sans m'atteindre, j'aurai chez moi tout ce que Paris compte de célébrités, et nous verrons si l'auteur de *Jean l'Escarpe* a cessé d'être le romancier à qui chacun est heureux de serrer la main...?

— Inviterez-vous Pharès? demanda froidement Augustine.

— Non, répondit Nanteuil; avant une huitaine, il sera mort.

Les yeux d'Augustine s'adoucirent et parurent remercier son mari.

Celui-ci sortit, peu après, et se rendit aux bureaux du *Frelon*.

Mais ce fut en vain qu'il demanda Pharès; il lui fut répondu que le reporter venait de partir pour assister, à Monaco, à un *Tir aux pigeons*. Il ne devait revenir que dans six jours.

Victor Nanteuil laissa sa carte; puis il se rendit chez un de ses amis, fine lame très connue, duelliste brillant qui avait eu bon nombre d'affaires personnelles, et gardait la réputation de n'avoir jamais arrangé celles de ses amis.

Nanteuil n'eut pas besoin de lui dire pourquoi il se battait.

— Le *Frelon* t'a piqué, lui dit son ami; fleuret contre aiguillon, c'est de bonne guerre. Entre nous, ce Pharès me semble un plat gueux, et la perspective de se battre lui sourira, sans doute, modérément; mais je suis de ceux à qui l'on peut confier une cause, avec la conviction que je n'ai jamais accepté d'autre condition que celle-ci : au premier mort.

Le second ami auquel s'adressa Nanteuil mit le même empressement. Ces messieurs allèrent, ensemble, au bureau du journal, y laissèrent une lettre pressante pour Pharès et déclarèrent que, si le 7 ils n'avaient pas de ses nouvelles, ils se rendraient à Monaco, afin d'avoir le plaisir de préparer la rencontre.

Nanteuil ne dit rien à sa femme ni à sa fille de ce qui se passait. Il ne voulut pas même se confier à Toussaint, avant l'heure où il lui demanderait ses services. Afin de mieux jouer son rôle, il s'occupa, avec zèle et avec un plaisir apparent, de la fête qu'il devait donner. Des parures nouvelles furent offertes par lui à sa femme, à Cécile et à Angèle. Cécile semblait préoccupée, et, sur le front de la jeune fille, on pouvait surprendre, de temps à autre, les traces de la tempête qui s'agitait dans son cœur. Son animation était fiévreuse; sa joie, factice. Tantôt elle semblait éprouver le besoin de se jeter dans les bras de son père, et tantôt elle paraissait le fuir. Elle redoublait de tendresse à l'égard de sa mère.

M. Pharès fut exact.

La banque de Monaco s'était montrée généreuse; il revenait les poches gonflées d'or, l'esprit rempli d'anecdotes de tous les mondes, qu'il pensait raconter dans son journal. Sa rentrée dans les bureaux du *Frelon* fut bruyante, et, afin de prouver ses succès à Monaco, il invita la rédaction à dîner chez Peters.

— Un dîner à l'américaine, dit-il; du vin que vous choisirez.

— Le courrier de monsieur! vint dire le garçon de bureau.

— Bon! fit Pharès : des remerciements de notre grande cantatrice pour la biographie que j'en ai faite; elle est moins reconnaissante de mes éloges qu'heureuse du mal que j'ai dit de ses amies... Une lettre de Vernon, peu gracieuse, celle-là... La carte de Victor Nanteuil, et en bas : « Tenez mon soufflet pour reçu. » Oui, certes! j'accepte, sinon le soufflet, du moins ce que cette phrase signifie... Je l'ai donc piqué au vif, ce roi du feuilleton?... En effet, il faut qu'il se sente profondément touché pour accepter une rencontre avec moi! Allons donc! mon succès à Monaco ne pouvait me suffire; ce duel me pose tout à fait... Aristide, je puis compter sur toi?...

— Cela dépend, répondit Aristide; oui, si l'on se bat en Belgique...

— Parbleu!

Pharès décacheta deux lettres.

— Les conditions des amis de Nanteuil : Un des duellistes mis hors de combat... J'accepte; si je tiens mal une plume, je tue avec une rare perfection, et puis un Italien m'a enseigné une botte secrète... J'ai payé les leçons dix louis ; je savais bien qu'elle me servirait un jour ou l'autre... Seulement, je ne croyais pas que ce serait si tôt. Cela ne nous empêchera pas de dîner chez Peters, au contraire...

— A quelle date est fixée votre rencontre ?
— Dans deux jours. Nanteuil paraît pressé.
— Voilà qui est étrange ? Après demain il donne un bal.
— Mais c'est charmant et complètement régence, cela ! Tandis que l'on danse encore chez lui, Nanteuil prend un train pour la frontière, arrive en Belgique, me tue ou est tué, et, dans le premier cas, revient à son hôtel, tandis que sa femme se repose des fatigues de la soirée. Il trouverait cinq volumes, dans l'histoire d'un duel semblable... Allons! mes enfants, nous viderons des coupes à ma victoire.. J'irai voir Zoé Cobra, Flore Dorvet et Sosthénie Simonin demain matin; elles ne s'attendaient pas à être si bien vengées.

Le dîner fut d'une gaieté folle et d'un luxe dont la rédaction du *Frelon* parlait encore deux ans plus tard. Loin de refroidir l'entrain des jeunes gens, la perspective de cette rencontre excitait leur verve. Ils se demandaient ce que diraient Augustine, Cecile et Angèle, si le duel était « malheureux » pour Nanteuil ?

— Je vais vous l'apprendre, fit M. Pharès en levant son verre : Mme Nanteuil a cessé d'aimer son mari le jour où elle a cessé de l'estimer ; son deuil serait un deuil de convenance... Cécile épouserait le beau Kasio Vlinski, dont elle est éprise, et Angèle, la petite blonde, aux yeux bleus, pleurerait seule celui qui lui a tenu lieu de père.

— Ne parlons point de mort à table, dit le moins gris de la bande. Demain, je m'aboucherai avec les témoins de Victor Nanteuil.

Les jeunes gens finirent leur soirée au théâtre.

Pendant ce temps, le romancier se livrait à une sorte d'inventaire de ses papiers, de ses manuscrits. Il en étiquetait quelques-uns, mettait des adresses ; puis il écrivit plusieurs lettres ; la dernière ressemblait fort à un testament.

Quand il eût achevé, il passa dans le salon où Cécile et Angèle travaillaient.

— Où est ta mère ? demanda-t-il à sa fille.
— Elle est sortie immédiatement après le dîner.
— A-t-elle fait atteler ?
— Non, elle a demandé un fiacre.

Une expression de regret traversa le visage de Victor Nanteuil.

Il éprouvait, ce soir-là, un impérieux besoin de voir Augustine, de tenter de fondre la glace qui, depuis longtemps déjà, séparait leurs cœurs. Sans comprendre la cause du changement qui s'était manifesté chez elle, il l'avait constaté avec un chagrin croissant ; mais, comme l'attitude d'Augustine avait changé, à son égard, bien avant la séance de la cour d'assises, il était loin d'attribuer sa froideur, son indifférence, presque sa répulsion, à sa véritable cause. Il lui sembla, un moment, que l'absence de sa femme présageait un malheur, et il résolut de l'attendre en compagnie des jeunes filles.

Augustine était allée chez Sylvie; la malheureuse se mourait, mais son agonie, adoucie par la religion, n'avait plus rien d'amer. Eugénie, cédant à la prière de Mme Nanteuil, était entrée, à son tour, dans cette mansarde; ce que n'avait pu obtenir Augustine devenait facile à Eugénie. Son premier soin fut de purifier cette chambre des souvenirs d'une vie coupable. Elle livra au feu les robes de gaze, les fleurs fanées; feuillets à feuillets, Augustine ajouta au feu les livres de son mari qui avaient perdu l'infortunée : *La Lyonnaise*, *Lavidia*, *L'Ange des mansardes*. Cette créature, souillée, avilie, qui avait roulé dans toutes les fanges parisiennes, gardait, dans certains coins de son âme, des sentiments pareils à des fleurs sauvages, que l'ombre épaisse d'un bois aurait jusqu'alors étouffées, et qui, subitement, s'épanouiraient au jour. Après avoir jugé qu'Augustine était bonne, elle jugeait Eugénie sainte. Celle-ci, douée d'une éloquence naturelle et entraînante, possédant en elle la source de tout enthousiasme, parlait de Dieu avec un tel sentiment de vénération et d'amour que Sylvie ne pouvait écouter sans verser des larmes. Lorsqu'on lui parla de recevoir un prêtre, elle refusa avec épouvante. L'idée de livrer le secret de sa vie lui semblait chose impossible. Il fallut qu'Eugénie calmât ses alarmes, lui assurât que jamais le souvenir d'une confession semblable ne traverserait l'esprit de celui à qui elle serait faite. La pudeur naissait en Sylvie avec la foi. Eugénie amena près d'elle un vieillard, et, au milieu de ses sanglots, Sylvie raconta sa vie folle et offrit à Dieu sa mort en expiation.

Elle fut, à son tour, éloquente et touchante; elle s'humilia, elle pria, elle bénit.

— Madame, dit-elle à Eugénie, je ne désirais plus qu'une chose ; en dois-je faire le sacrifice?... Je souhaitais un linceul, une bière et six pieds de terre pour y dormir... Votre amie m'avait promis cela... Mais j'ai tellement péché que l'on peut jeter mon corps à l'égout, pourvu que Dieu prenne pitié de mon âme...

— Non, pauvre fille, répondit Eugénie, vous aurez un coin de terre sur lequel nous ferons pousser quelques fleurs; Augustine et moi nous vous envelopperons dans votre linceul, et toutes les prières de l'Église seront dites pour le repos de votre pauvre âme.

— Vous êtes toutes deux trop bonnes pour moi! murmura Sylvie, en saisissant un petit crucifix de cuivre qu'Eugénie avait placé sur son lit.

La malade se recueillit, et Mme de Reuilly serra la main d'Augustine.

— C'est toi qui m'effraies maintenant, dit-elle.

— Eugénie? demanda Augustine, tu m'as souvent offert un coin au prieuré, me l'offres-tu toujours?

— Quand tu voudras, répondit Eugénie.

— Alors, bientôt, répliqua Augustine.

La malade se souleva sur son lit.

— Si vous vouliez m'emmener à la campagne... J'aimerais tant voir des lilas et courir dans les champs... Il me semble que je guérirais, en respirant le parfum des fleurs, en m'asseyant sous l'ombrage des arbres... Pardon, mon Dieu, pardon! bénissez ceux qui m'assistent et qui me parlent de vous!... Bella n'est pas revenue; la mort lui fait peur; mais, au cimetière, vous la verrez... Dites-lui que les créatures comme nous meurent jeunes et finissent mal, quand elles n'ont pas le bonheur de rencontrer des anges sur leur route.

Pendant toute la soirée, Sylvie parla de Dieu. Elle disait se sentir plus forte; elle voulait se lever le lendemain; un souvenir brusque la jeta dans les bras d'Augustine.

— J'ai peur! fit-elle.

— Non, répondit Eugénie, Dieu vous appelle, et vous allez à lui.

— Madame, reprit Sylvie, d'une voix pénible et lente, dites à M. Nanteuil que ses livres m'ont fait bien du mal, qu'ils ont perdu bon nombre de filles comme moi, et que Dieu le châtierait sévèrement s'il continuait à écrire des pages dangereuses... Dieu m'a pardonné; qu'il lui pardonne!

Elle baisa de nouveau le crucifix, poussa un soupir profond et se renversa en arrière.

Eugénie abaissa ses paupières; puis elle dit à son amie :

— Pars; ton mari, ta fille doivent t'attendre; moi, je suis seule au monde, et personne ne sera inquiet; je veillerai près de la morte jusqu'à ton retour.

— Alors, à demain! Quand je pense que mon mari donne un bal

où il faudra que j'assiste, le sourire aux lèvres, tandis que ma pensée ne quittera plus cette mansarde!

— Alors Sylvie sera inhumée; je vais écrire à un de mes amis, qui se chargera des démarches indispensables... Adieu, Augustine...

Mme Nanteuil rentra chez elle.

— C'est mal, lui dit son mari, c'est très mal; vous me jetez dans une angoisse...

— Mon cher ami, répondit Augustine, faites-moi le plaisir de garder ces grands mots pour votre copie... Je remplissais un devoir pénible, et, si je suis ici, à cette heure que vous jugez tardive, c'est qu'Eugénie de Reuilly m'a remplacée près du lit d'une pauvre fille... Tenez, elle vous connaissait, elle avait lu vos livres!

Augustine froissa une tapisserie dans ses mains, et, sans regarder davantage son mari, elle ajouta, en s'adressant aux jeunes filles :

— Venez, mes enfants, vous veillerez tard après demain.

Victor saisit le bras de sa femme, avec une rapidité de mouvement qu'elle prit pour de la violence, et qui n'était que la suite d'un effroi instinctif.

Le romancier avait envie de crier à sa femme :

— Dans deux jours je serai tué, peut-être; sois bonne et compatissante une heure, une minute... Révèle-moi ce qui a changé ton âme...

Mais Augustine le regarda avec une expression si hautaine et si méprisante qu'il laissa échapper le bras de sa femme, baisa rapidement le front de ses enfants et sortit.

Mme Nanteuil, rentrée chez elle, se laissa tomber sur son lit et s'abandonna à une crise de violent désespoir.

Tout ce qu'elle avait contenu de douleurs, de sanglots, déborda soudainement. Le corps soulevé par un spasme, le visage enseveli dans ses deux mains, elle vit tour à tour passer devant elle les scènes navrantes de l'agonie de Sylvie et la scène, horrible pour elle, de la cour d'assises. Elle entendait résonner à ses oreilles la double accusation de la pauvre fille entraînée au mal, et de l'assassin, dont la main, rouge du sang versé, s'étendait vers Nanteuil pour le maudire.

Sans doute, la plupart des femmes, placées subitement en face d'une situation identique à celle d'Augustine, s'y fussent vite accoutumées. Elles eussent fait la part du feu, considéré ce qu'elles perdaient et calculé ce qui leur restait encore de bonheur. Ainsi que le comprenait Victor Nanteuil, avec son système de morale facile, elle eût séparé le mari de l'écrivain, et, se souvenant de l'affection de l'un, elle eût pardonné les égarements de plume de l'autre. Mais il lui parut impossible de triompher du mépris que lui inspirait l'écrivain audacieux et cynique, qui prêchait l'immoralité au sein de la famille et la révolte contre les lois, dans une société déjà si profondément gangrenée.

Elle pleurait ses illusions, sa jeunesse, ses croyances; elle roulait dans sa tête malade des projets, dont l'issue pouvait être doublement fatale, quand la porte de sa chambre s'ouvrit sans bruit, et une forme blanche se glissa jusqu'à elle.

Quoiqu'elle eût plus d'emportement dans le caractère et d'obstination dans la volonté, que de tendresse et de sensibilité vraie, Cécile, trouvant sa mère en proie à une telle douleur, ne put s'empêcher de tressaillir de pitié. Elle tomba à genoux, les mains tendues vers Augustine, et répéta d'une voix que voilait l'émotion :

— Ma mère! ma mère!

A ce cri, Augustine tressaillit, se releva à demi et attira sa fille sur son cœur.

— Tu as deviné ma souffrance? lui demanda-t-elle.

— J'ai compris que nous pouvions pleurer ensemble.

— Pauvre enfant! dit Mme Nanteuil, parce que tu rencontres un obstacle entre toi et ton premier désir, tu crois tout perdu! Mais l'avenir appartient à tes vingt ans, ma fille, tandis qu'il ne me reste pas d'espérance.

— Eh bien! moi, reprit Cécile, je n'en ai que dans ton intervention. Parle à mon père; dis-lui que je ne saurais accepter ses craintes pour des faits, que j'écoute mon cœur plus que sa raison. Si le malheur prédit m'arrive, jamais je ne me plaindrai... Demain, M. Kasio Wlinski lui demandera ma main; obtiens qu'il lui réponde d'une façon favorable.

— C'est inutile, inutile! répéta Augustine, d'une voix brisée. Tu connais les préventions de ton père contre ce jeune homme; jamais il ne cédera. Mes paroles et tes larmes n'y feront rien, et, en agissant de la sorte, il croit travailler à ton bonheur. La seule chose possible, c'est qu'il renonce à te marier à Darthos.

— Et tu refuses de parler pour moi?

— Si je croyais ton bonheur attaché à cette union, ma fille, j'emploierais ce qui me reste de forces pour essayer de ramener ton père à d'autres idées, je me rangerais ouvertement de ton parti, je ferais cause commune avec toi; mais je partage l'opinion de ton père... Si faite que tu sois pour être aimée, Kasio Vlinski ne convoite que ta fortune...

— Tu te trompes, il m'épousera sans dot.

— Parce qu'il est convaincu que Victor Nanteuil, qui gagne deux cent mille francs par an, ne laissera pas sa fille sortir de chez lui comme une mendiante. Avec quels revenus te soutiendrait Kasio? On ne lui en connaît point, et il dédaigne d'accepter un emploi. Non, non, Kasio n'est point l'ami, le compagnon qu'il te faut...

— Qu'importe? si c'est le maître que je veux!

— Cécile!

— Eh! ma mère, à cette heure, deux femmes discutent les intérêts de leur cœur, et mon père n'a le droit de nous contraindre ni l'une ni l'autre. Si jamais il me parlait de mes devoirs, je lui citerais les passages de son livre où il s'est fait mon maître!

— Nous serons toutes deux brisées dans cette lutte, dit Mme Nanteuil, en serrant sa fille sur sa poitrine. J'aurais voulu triompher de ton désir par le raisonnement; si tu m'opposes les livres de ton père, que l'indiscrétion ou le calcul ont mis entre tes mains, je n'ai plus rien à dire. Ce mariage sera un malheur; mais mieux vaut encore un malheur qu'une faute. Rappelle-toi seulement que mon consentement serait inutile, comme mes larmes et mes prières. Le mari, le père reste maître absolu; la mère ne peut que pleurer sur son enfant...

Le lendemain, Mme Nanteuil dût s'occuper des préparatifs de la fête donnée en honneur de l'anniversaire de la naissance de sa fille. Elle vit peu son mari durant la journée. Toussaint et le romancier eurent ensemble plus d'une conférence, et le valet de chambre remplit la valise de cuir de son maître, qu'il devait accompagner en Belgique. Les préparatifs du bal et ceux du départ s'achevèrent à la fois.

Vers quatre heures, Nanteuil se trouvant dans son cabinet, Kasio Vlinski fut introduit.

A la vue du Polonais, le visage du romancier se couvrit d'une pâleur trahissant, chez lui, une violente colère.

— Monsieur, lui dit-il, je vous ai interdit l'entrée de ma maison, et je m'étonne...?

— Pardon, fit le jeune homme d'une voix humble, oui, pardon d'avoir bravé cette défense... J'ai seulement deux mots à vous dire; ces deux mots contiennent l'arrêt de ma vie: J'aime Mlle Cécile; voulez-vous me faire l'honneur de m'accorder sa main?

— Jamais! répondit Nanteuil, et vous saviez, à l'avance, quelle serait ma réponse.

— Je pouvais la redouter, monsieur... Il était de mon devoir de l'entendre... Désormais, je ne franchirai plus le seuil de votre porte sans que vous me rappeliez.

— Insolent! s'écria Nanteuil.

Kasio s'inclina plus bas encore; une sorte de sourire railleur glissa sur ses lèvres, et il quitta à reculons le cabinet du romancier.

Comme il traversait l'antichambre, il tira de la poche de sa redingote un très petit volume, soigneusement relié, le posa sur la table et sortit.

A peine eût-il disparu que Cécile passa rapidement dans l'antichambre, prit le livre, qui était une ravissante édition de *Conrad Wallenrod*, le feuilleta avidement et lut deux lignes sur la dernière garde.

Alors, emportant le volume, elle regagna sa chambre et s'y enferma.

Un moment après, un coup léger fut frappé à sa porte.

— C'est moi! dit Angèle.

Cécile ouvrit lentement à sa cousine.

— Tu t'occupais de ta toilette? demanda Angèle.

— Oui, répondit Cécile, ma mère m'a envoyé une robe ravissante, et mon père m'a fait cadeau de ces deux perles.

— Il est si bon qu'il m'en a donné deux semblables.

— Chère petite sainte, dit Cécile, qui se sentit envahie par un attendrissement subit, promets-moi de ne pas m'oublier...

— T'oublier? Te maries-tu donc si vite?

— Bientôt, oui, bientôt, répondit Cécile. Alors la maison semblera vide; il y aura des larmes versées... Je sais qu'on me regrettera, malgré...

— Mais le mariage ne t'éloigne pas de la famille!... Mon oncle te donne le deuxième étage de l'hôtel.

— On pleurera, te dis-je, et tu les consoleras tous deux... Vois-tu? Angèle, il faut me faire une promesse... Une parole de toi est sacrée... Jure-moi de ne jamais quitter mon père? Il pourrait arriver que des circonstances imprévues le rendissent malheureux et le laissassent seul... Tu resteras, toi; dis-moi que tu resteras...?

— Il ne m'a point abandonnée quand j'étais seule au monde, je ne le quitterai jamais.

— Merci! dit Cécile, en embrassant sa cousine. Tu seras, un jour, tout pour lui... tu remplaceras sa fille... tu lui parleras de moi quand il le permettra... Enfin, quoi qu'il advienne, ajouta-t-elle, en couvrant les joues d'Angèle de baisers et de larmes, ne m'accuse pas, ne m'oublie jamais! et, puisque tu sais prier, prie pour cette maison dont le bonheur s'envole...

Cécile n'eut pas le temps d'en dire davantage; la femme de chambre entrait pour s'occuper de la toilette des jeunes filles.

LES CRIMES DE LA PLUME

La musique fut exquise et l'on dansa un peu. (Voir page 110.)

CHAPITRE X

SÉPARATION

Lorsque Angèle se trouva seule, elle demeura troublée de l'entretien de sa cousine, comme d'un adieu. La charmante fille regarda le portrait de sa mère, comme si elle en attendait un conseil ; puis, obéissant à Cécile, elle pria...

M𝗅le Kire vint l'habiller; et Angèle se laissa faire belle, comme un rêve de printemps, sans qu'une pensée de coquetterie s'éveillât dans son âme.

Vers neuf heures, elle descendit au salon avec Cécile.

Mme Nanteuil n'avait pas eu le courage d'arborer une toilette gaie, et, par une fantaisie que l'on trouva charmante, elle s'habilla de tulle noir et de jais. Des grenades rouges éclataient dans ses cheveux noirs et faisaient à sa poitrine une grande tache pourpre.

Les invités se pressèrent dans les salons, et les trois Vipères ne manquèrent pas d'y venir. On ne les avait point soupçonnées d'être les auteurs de la lettre anonyme qui détruisit le bonheur d'Augustine, et celle-ci les reçut avec la même grâce banale.

Toutes trois rayonnaient.

On eût dit qu'elles pressentaient que l'orage couvait dans cette demeure pleine de bruit, de mouvement et de lumière. Jamais elles n'avaient paru si gaies. Nanteuil se prodiguait, masquant les préoccupations du lendemain par l'urbanité du maître de maison. La musique fut exquise; on dansa un peu. Vers une heure, les invités s'éclipsèrent, et, quand il ne resta plus qu'un petit nombre d'intimes souhaitant dire un affectueux adieu à Cécile, on chercha vainement celle-ci.

— Serait-elle souffrante? demanda Angèle à sa tante.

— Je vais le savoir, répondit Augustine, saisie d'une crainte indéfinissable.

Elle remonta rapidement l'escalier conduisant à l'étage habité par sa fille, et, un instant après, Nanteuil entendit pousser une clameur de désespoir.

— Toussaint, fit-il, venez! Il est arrivé un malheur!

Et, laissant le dernier groupe d'amis qui lui disaient adieu, il s'élance à son tour dans l'appartement de Cécile.

Mme Nanteuil, les cheveux défaits, le visage bouleversé, se tenait debout, près de la cheminée, et froissait une lettre entre ses doigts crispés.

Quand son mari s'approcha, Augustine se redressa; le feu de l'indignation sécha les larmes dans ses yeux; elle s'avança au devant du romancier, et, lui tendant la feuille de papier déchirée :

— Lisez, dit-elle, lisez, et que ce soit votre châtiment!

Nanteuil ne vit qu'un mot, un seul.

— Partie! s'écria-t-il. Cécile est partie!...

— Oui, répondit Augustine; partie, parce que, méprisant le vouloir de son père, elle s'obstine à devenir la femme de Kasio

Wlinski... Les conseils, comme les raisons, ont échoué... Elle va prier Zoé Cobra de la recevoir, et Zoé Cobra lui ouvrira les bras, trop heureuse d'aider à nous frapper au cœur.

— Ah! s'écria le romancier, cette vipère vient de rentrer chez elle ; je monte en voiture, je cours, je ramène ma fille.

— Elle refusera de vous suivre.

— Je l'y contraindrai !

— Vous n'avez pas lu toute la lettre... Cécile vous apprend qu'elle profite des leçons renfermées dans votre ouvrage : *Les Filles majeures*...

— Mon Dieu ! mon Dieu ! murmura Nanteuil.

Puis, saisissant les deux mains de sa femme :

— Oh ! fit-il, mon malheur est complet ; ma fille, notre joie, me quitte, et vous ne semblez ni la regretter, ni me plaindre.

— Je la retrouverai, dit Augustine, d'une voix brève.

— Mais moi ! moi !

— Vous ? répondit Mme Nanteuil en éclatant. Vous resterez seul au foyer d'où vous aurez chassé la fille et la mère ! Vous y resterez pour y travailler à des œuvres plus malsaines encore que celles écrites jusqu'ici...

« Savez-vous pourquoi je ne me suis pas enfuie de cette maison, le jour où j'ai parcouru les livres dont vous m'aviez interdit la lecture ? C'est que Cécile me retenait. Je ne pouvais manquer à cette enfant et faire rejaillir sur elle le scandale de notre séparation. Mais Cécile a quitté le logis ; Cécile veut, en dépit de tout, risquer la bataille du bonheur ; rien ne me retient désormais. Vous me regardez sans paraître me comprendre ; vous semblez vous demander si je suis sous le coup d'une subite attaque de folie ?... Détrompez-vous ; j'ai bien ma raison, et, à cette heure, moi l'ignorante, moi la pauvre dédaignée, je vous juge et je vous condamne.. Écoutez-moi jusqu'au bout, ce ne sera pas long, du reste, j'ai hâte de m'enfuir sans retour possible ; mais il faut que vous sachiez bien que vous seul avez attiré le châtiment sur votre tête :

« Un jour, une lettre anonyme m'apprit que, si je lisais vos œuvres, j'y verrais en quelle estime vous tenez la famille, avec quel respect vous parlez de votre foyer, de la société, de la religion... Je suivis le conseil qui m'était donné ; je lus... Oui, je lus votre œuvre complète, œuvre énorme, Babel de corruption, échafaudée avec un art infernal.. jardin empoisonné dont chaque fleur donne la mort... Mon indignation fut aussi grande que ma honte. Je rougis d'avoir eu foi dans un homme capable de pervertir à loisir des âmes ignorantes et naïves... Les tentations, auxquelles succombent tant de femmes, passèrent devant moi, et je me demandai si j'aurais le courage de leur résister toujours... Afin de lutter contre l'entraînement de mon désespoir, je me jetai dans la charité... Mais, sur l'établi de l'ouvrier, sur la table de travail de la jeune fille, partout et sans fin, je retrouvai votre œuvre et j'entendis vos conseils pervers... Partout vos livres, qui portaient en eux la démoralisation, m'étaient tendus par des mains coupables ou suppliantes.

« Ce que ne vous reprochait pas votre conscience, je l'ai senti jusqu'au fond de l'âme ; la fange, dont vos feuillets sont salis, a rejailli sur moi en éclaboussures... A votre école, j'ai perdu la notion du juste et de l'injuste, et j'en suis venue à rire de ma sottise, comme vous avez ri de ma vertu ! »

— Augustine ! s'écria le romancier.

— Laissez-moi achever, reprit la jeune femme ; vous vous défendrez après, si vous le pouvez...

— Ma fille ! C'est à ma fille que je pense !

« — Vous avez gâté cette nature orgueilleuse et volontaire, monsieur... Tandis que je lui dérobais vos œuvres, un homme, ayant intérêt à jeter cette enfant dans une fausse voie, les lui prêtait sans doute, car Cécile les connaît toutes ! Toutes ! entendez-vous ?... Allez donc lui parler des commandements de Dieu, et des devoirs de l'amour filial, et des droits du père ? Elle vous éclatera de rire au visage, cette enfant ! Elle vous demandera pourquoi vous avez écrit *Tonia* et *Les Filles majeures*, afin de revendiquer ce que vous appelez les imprescriptibles droits de la passion ..

« Faut-il vous parler de moi, maintenant ? de moi, à qui jamais vous n'avez demandé si ma vie ne connaissait pas la lutte et si mon cœur ne souffrait jamais ?... Vous m'avez jeté en pâture une part de votre gloire, et Dieu sait si j'en étais fière ! Je connaissais le masque et j'ignorais le visage. J'ai pleuré de joie en assistant à la représentation de certaines pièces qui vous valaient des triomphes... J'ignorais alors que j'aurais versé des larmes de honte et que j'aurais été forcée de sortir de la salle du théâtre, où, le lendemain, on jouait ceux de vos drames dans lesquels vous faisiez réciter des tirades à effet, que le peuple devait applaudir... J'ai appris que Crébillon fils prétendait que la maison dans laquelle il composa un livre licencieux restât le temple des bonnes mœurs... Ce serait trop facile, en vérité, et à la fois trop injuste ! Comment ! vous auriez perdu tant de jeunes filles, entraîné tant de femmes à l'abîme, et vous jouiriez en paix de l'honneur de vos femmes et de la pudeur de vos filles ? C'est impossible ! Celui qui tue par l'épée mourra par l'épée, et la parole est un glaive à deux tranchants. N'accusez que vous du drame qui se passe aujourd'hui dans votre famille ; n'accusez que vous-même de la révolte de votre fille et du dédain qui succède à ma tendresse... Vous m'avez volé l'estime que je vous portais, mon admiration, mon amour, mon enthousiasme ! On citait votre nom partout ; vous étiez célèbre... que dis-je ? populaire... Eh bien ! moi, je l'atteste, vous avez attiré la foudre, et vous tomberez dans la fosse que vous avez creusée... et nul ne s'étonnera du châtiment qui vous atteint, nul ne vous plaindra. »

— Vous êtes cruelle ! trop cruelle ! dit Nanteuil.

— Je ne suis que juste. Je vous accuse d'avoir perverti le cœur de mon enfant...

— Ne suis-je pas assez puni par sa fuite ? demanda le romancier.

— Je vous accuse d'avoir brisé mon cœur, et je m'éloigne.

— Toi ! toi aussi ?

— « Moi... la provinciale si bien peinte dans le *Trait d'Union*, la créature bêtement confiante qui considérait comme un devoir de vous obéir !... Des fruits dangereux m'étaient tendus ; toutes les tentations m'étaient offertes ! Mais je vous aimais, vous croyant loyal et fidèle...

« Je gardais quelques-uns de vos lauriers comme une parure, et vous railliez cette naïveté sainte... »

— Jamais ! jamais ! s'écria le romancier ; mes amis savent avec quel respect je leur parlais de toi !

— Est-ce donc l'unique manière de prouver en quelle estime on tient sa femme ? Peut-être, en effet, mon nom n'a-t-il jamais été prononcé dans ces cabarets à la mode, où vous entraînait la fantaisie, et gardiez-vous cette dernière pudeur ?... Mais, ce que vous ne confiiez pas à des convives, vous l'étaliez dans les pages de vingt volumes, tirés à quarante mille exemplaires... Je me trouve assez insultée, et je pars.

— Mais cela ne se peut pas ! Je ne le veux pas !

— Je ne l'ai pas cherché !

— Au nom du bonheur évanoui !...

— Qu'importe le passé, à qui manque l'avenir ?

— Au nom des devoirs que tu respectais !...

— Vous m'en avez affranchie.

— Mais Dieu te défend de m'abandonner de la sorte !

Augustine laissa échapper un rire strident :

— Dans *Lidivia*, vous avez affirmé qu'il n'existe pas.

— Je deviens fou !... Oui, je deviens fou !

— J'ai cru, moi aussi, perdre la raison, le jour où j'ai lu vos œuvres...

— Tu ne sais pas ! oh ! non, tu ne sais pas !... poursuivit Nanteuil, avec l'angoisse dans le regard et la supplication sur ses lèvres.

— Quoi ? demanda-t-elle, froidement.

— Je me bats demain.

Mme Nanteuil tressaillit ; mais elle réprima cet attendrissement rapide.

— Auriez-vous été imprudent en parlant d'une des reines de Paris ?

— Je ferai payer à Pharès son article insulteur !

— A propos de la cour d'assises ? reprit Augustine... J'ai encore entendu tout cela... Vous vous battez ! Qui sait ? Pharès est lâche, l'affaire s'arrangera comme dans votre livre *Jocelyn Noirtier*.

Victor Nanteuil rassembla ses forces ; la dernière raillerie de sa femme ne lui permettait pas d'essayer de l'attendrir. Un moment, il resta appuyé contre la cheminée ; puis, quand il eut réussi à dompter les mouvements tumultueux qui s'éveillaient en lui, il demanda à Augustine d'une voix grave :

— Vous ne jugez sans doute pas nécessaire d'intenter une demande en séparation de corps ?

— Non, répondit Augustine ; j'attendrai que la loi du divorce ait passé.

— Vous trouverez chez mon notaire une pension amplement suffisante.

— Je me contenterai du revenu de ma dot.

— Et maintenant, où allez-vous vivre ?

— Je pars pour le Prieuré, où Eugénie de Reuilly est installée.

— Essayez, au moins, d'y emmener votre fille, dit le romancier.

Il se rapprocha de la porte ; mais, une fois arrivé, il s'arrêta :

— Augustine ! dit-il ; Augustine !

— Adieu ! fit-elle ; nous ne nous reverrons plus en ce monde.

Victor Nanteuil sortit.

Quand il se trouva hors de la chambre de Cécile, il eut comme un étourdissement. Il lui sembla que les objets changeaient de place et que tout tournait autour de lui. Sa vie s'effondrait avec une rapidité si foudroyante qu'il ne se sentait pas le courage de subir les coups qui le frappaient à la fois. Sa femme ! sa fille ! Il les perdait toutes deux, sans retour ; rien ne lui restait de cette vie brillante, heureuse, qu'il avait crue si complètement, si admirablement équilibrée. Rien! Autour de lui, son regard ne voyait que des ruines... Devant lui, pour objectif, la poitrine d'un homme.

— Ce misérable Pharès! fit-il. Il a été pour quelque chose dans la double catastrophe qui me frappe; je le tuerai! je le tuerai...

Il serra les poings et murmura, d'une voix douloureuse :

— Mais, après, que me restera-t-il?

Ses deux mains couvrirent son front brûlant, et il répéta, en riant d'une façon sinistre :

— Il me restera mes livres! mes livres!

En ce moment, Angèle monta pour rejoindre Cécile et Augustine qu'elle croyait ensemble.

— Et toi? toi? demanda Nanteuil, en attirant à lui la jeune fille stupéfaite; vas-tu donc aussi me quitter?...

— Que voulez-vous dire, mon oncle?

— Cécile s'est enfuie; et ma femme m'abandonne.

Angèle tomba sur les genoux.

— Je resterai, dit-elle, je vous le jure... Je ne vous quitterai jamais.

Nanteuil posa la main sur le front de la jeune fille et continua de descendre.

Le premier mouvement d'Angèle fut de rejoindre sa tante; le second la porta à suivre Nanteuil.

Elle le vit gagner le salon où l'attendait Toussaint. Des courroies de cuir retenaient des couvertures de voyage; une petite malle légère et un nécessaire se trouvaient sur un divan.

Nanteuil échangea quelques mots avec le docteur; puis il quitta le salon, dans lequel Angèle se glissa.

— Est-ce vrai, demanda-t-elle, tout ce que mon oncle vient de me dire? Cécile s'est enfuie? ma tante s'éloigne?

— C'est vrai.

— Mon oncle part?

— Dans une demi-heure.

— Où va-t-il?

— En Belgique.

— Vous l'accompagnez?...

— Avec deux de ses amis.

— Il va se battre? s'écria Angèle.

— Nous l'avez deviné; il va se battre.

— Et s'il est blessé?

— Je suis là.

— Ce n'est pas assez, docteur, répondit Angèle; vous avez la science d'un praticien, mais il faut une femme près d'un lit de souffrances. Laissez-moi ce rôle... S'il revient sain et sauf, il ignorera mon voyage; s'il est frappé, je le consolerai en lui parlant de celle qu'il pleure.

— Alors vite, mon enfant; une robe sombre, un manteau, et courez à la gare sans perdre une minute... Vous avez de l'argent? Guyonne vous accompagnera...

Je veillerai sur vous d'une façon discrète pendant le voyage, et vous descendrez au même hôtel que nous.

Angèle, si craintive et si timide d'ordinaire, se sentit soudainement la force de remplir ce qu'elle considérait comme un devoir impérieux; elle courut à la chambre de Mme Nanteuil et, se jetant dans ses bras :

— Je ne veux pas qu'il aille seul là-bas; permettez-moi de partir.

— Va, dit Augustine, va, mon pauvre ange, et Dieu te garde!

— Je suis bien jeune, reprit la jeune fille, j'ignore les choses graves de la vie, je blâme Cécile, je vous aime : c'est tout ce que je puis dire... Vous me garderez votre tendresse et vous me permettrez de vous aller voir. Voulez-vous ?

— Tu me trouveras au Prieuré.

Il fallut peu de temps à Angèle pour changer sa toilette de soirée; quand elle redescendit, enveloppée d'un manteau sombre et soigneusement voilée, il était impossible de la reconnaître.

Guyonne, prévenue, attendait dans le vestibule.

Un fiacre stationnait devant la porte.

— Gare du Nord, dit Guyonne.

Deux minutes après, le grand coupé du romancier suivait la même route. Il emportait Nanteuil, Toussaint, Ludovic Mesly et André de Fargeac.

Le cœur et l'esprit du romancier se trouvaient trop troublés par ces événements, qui se succédaient depuis deux heures, pour qu'il lui fût possible de se mêler à la conversation. Du reste, si hardi qu'on soit, un duel est une chose grave. Les témoins du romancier comprenaient donc son émotion ; ils le savaient trop brave pour attribuer ce silence à la préoccupation de la peur.

La pensée de Victor Nanteuil ne pouvait se débarrasser des deux fantômes qui l'obsédaient : sa femme et sa fille.

Si affirmatif qu'eût été le ton d'Augustine, quelque amères qu'eussent été ses paroles, il ne pouvait la croire à jamais perdue pour lui. Comprenant, cependant, le choc qu'elle avait ressenti, il s'expliquait son indignation et les effets de cette indignation. Mais il comptait justement sur l'influence d'Eugénie de Reuilly afin de décider Augustine à revenir. La présence de Mme Nanteuil chez sa meilleure amie ne pouvait paraître suspecte à personne, et sa femme lui reviendrait, avant même que le public soupçonnât une séparation.

Mais Cécile? Cécile était gravement compromise par la démarche qu'elle venait de faire. Un seul moyen restait au romancier pour empêcher qu'elle fût perdue, c'était de se rendre à la première sommation légale qui lui serait adressée.

Prolonger une lutte, dans laquelle il était certain d'être vaincu, eût été une sottise et une folie. Seulement, il se promit d'être inflexible sur un point : Kasio s'obstinait à souhaiter sa fille pour femme; il la lui laisserait prendre, en s'armant de la loi, sans la lui accorder au nom de la tendresse, et il ne compterait point de dot à ce chasseur d'héritières, qui se faisait des rentes avec ses traductions de Miskiewicz et ses ballades de Chopin.

Des idées, qui jamais n'avaient traversé son cerveau, se présentaient alors à Nanteuil, avec une force et une lucidité qui l'épouvantaient. Toute son existence se déroulait devant lui, en une série de tableaux mouvementés, se succédant avec la rapidité des images qui nous apparaissent en rêve. Seulement, à cette heure, tout changeait d'optique et de proportion. Il se demandait ce que valaient, à cette heure, pour lui, ces triomphes pour lesquels il avait sacrifié son âme. Dans deux heures, quand il se trouverait en face de Pharès et que leurs deux épées se lieraient, comme il ferait bon marché de la gloire, à laquelle il attachait tant de prix, qu'il avait préférée à tout!

Les reproches de sa femme retentissaient à ses oreilles : il lui semblait qu'elle devenait l'écho de cette malédiction que le bruit des bravos populaires avait empêchée d'arriver jusqu'à lui.

Avec quel dédain elle avait traité ce grand homme! De quelles pierres de scandale venait-elle de lapider cette statue d'argile, pour la réduire en poussière! Augustine et Cécile, en bravant son autorité, en brisant sa tendresse, n'étaient-elles que les ministres de la vengeance de Dieu?

Quoi! toutes les voix le maudissaient, depuis celle des assassins jusqu'à celles de sa femme et de sa fille!

Et Toussaint, tout en le plaignant, croyait équitable l'arrêt qui le frappait!

Ces pensées doublèrent la rage qui l'animait contre Pharès.

Celui-là aussi devait payer les crimes de la plume et rendre un compte rigoureux des articles diffamatoires, du chantage à la colonne, à la ligne, dont il remplissait une vie de folliculaire, que l'on ne pouvait appeler du nom d'homme de lettres sans faire injure aux journalistes et aux écrivains.

Lorsque le train s'arrêta à la frontière belge, Nanteuil, le docteur et ses amis descendirent. Ils ne tardèrent point à reconnaître Pharès et ses compagnons quittant piètrement un wagon de troisième classe.

Le reporter levait haut la tête et frisait ses moustaches avec une crânerie un peu bravache. Il était ravi de l'aventure. Prouver que sa plume avait égratigné un homme comme Nanteuil, lui semblait une gloire. Du reste, son adresse bien connue le laissait sans inquiétude sur les suites de cette rencontre.

Deux voitures se trouvèrent prêtes rapidement et prirent, sur l'indication des cochers accoutumés à voir des Parisiens ayant à vider une affaire d'honneur, le chemin d'un bois en miniature offrant, à son entrée, une clairière parfaitement appropriée à cette espèce de rendez-vous.

A la suite des deux voitures, un coupé aux stores baissés suivait à une faible distance.

Nanteuil, Pharès et leurs témoins descendirent à l'entrée du bois, laissant les voitures sur la lisière et s'enfoncèrent sous la voûte des arbres.

Ils ne parlaient plus, et chacun d'eux songeait.

Les épées furent mesurées; les adversaires se placèrent à la distance convenue; puis tous deux, l'arme assujettie au poignet, le regard ardent, le corps en équilibre, attendirent le signal des témoins.

— Allez, messieurs! dit Toussaint d'une voix grave.

— Je vais tuer cet homme! murmura Nanteuil entre ses dents.

Pharès, dans sa façon de tenir l'épée, de se fendre, de parer, avait des allures de spadassin, faites pour déconcerter un tireur s'en tenant aux grandes règles de l'escrime. Il avait raison de le dire : celui qui, à Monaco, lui avait vendu le secret de sa façon de jouer de l'épée avait bien gagné son argent.

Si habile que fût Nanteuil, il perdit son assurance devant ces procédés en désaccord avec tous les principes de l'école française. Pharès, l'œil étincelant, la lèvre retroussée à la manière des tigres qu'allèche l'odeur du sang, agitait son épée avec une rapidité fantastique, bondissait, après s'être renversé sur lui même, et menaçait sans fin la poitrine de son adversaire, qui aurait eu besoin de toute sa présence d'esprit pour se défendre.

La colère montait au cerveau de Nanteuil. Il avait commencé par lutter avec sang-froid, mais les procédés de Pharès l'irritaient; cette épée, souple comme une couleuvre, qui liait la sienne en la paralysant et, le menaçant sans cesse, passait devant ses yeux avec la fulgurante rapidité d'un éclair, lui causait des éblouissements. Nanteuil rompait, rompait toujours; enfin, comprenant qu'il fallait en finir, il allongea le bras en se fendant; mais, par un mouvement subit, Pharès leva le sien et évita de la sorte l'épée de Nanteuil, tandis que la pointe de son arme pénétrait dans la poitrine du romancier.

Toussaint reçut Nanteuil dans ses bras; le reporter salua légèrement; ses amis s'inclinèrent, et le docteur, soutenant son ami, l'appuya contre le tronc d'un arbre et opéra un premier pansement.

— Je suis perdu, n'est-ce pas? demanda Nanteuil.

— La blessure est grave, répondit le docteur, mais non mortelle.

Au même moment, un sanglot déchirant se fit entendre à côté du romancier.

Nanteuil tourna la tête et reconnut Angèle agenouillée.

— Toi! fit-il, toi!

— Je ne vous quitterai jamais! répondit l'orpheline.

— Pauvre ange! murmura le romancier, je ne veux pas qu'on se dévoue pour moi...

« Ce n'est point l'épée de Pharès qui m'a tué, ce sont mes livres!.. Augustine m'avait menacé de la vengeance de Dieu; cette vengeance ne s'est pas fait attendre... »

Nanteuil paraissait sous le coup d'une exaltation que la douleur de sa blessure et la perte de son sang ne suffisaient pas à calmer. Vainement, le docteur Toussaint lui recommandait le calme; une fièvre rapide s'empara du romancier pendant le trajet du bois à l'hôtel, et, quand le docteur Toussaint l'eut installé dans sa chambre, il constata avec terreur que le délire s'emparait du malade.

— Ce délire n'est-il point la suite de sa blessure? demanda Angèle.

— Non, mon enfant, répondit le docteur. L'imagination de Nanteuil est frappée; il voit dans ses malheurs un châtiment, auquel il ne peut se soustraire. Je ne redoute rien pour sa vie; je voudrais dire que je ne crains rien pour sa raison.

— Mon Dieu! mon Dieu! ce serait horrible!... s'écria Angèle.

— Nous veillerons et vous prierez, mon enfant.

— Dois-je écrire à ma tante?

— Non. Mme Nanteuil se trouve elle-même cruellement frappée; le courage lui manquerait pour pardonner. Si, cédant à ce qu'elle pourrait considérer comme un impérieux devoir, elle prenait place à côté de ce lit de souffrances, ce serait avec une rigidité austère, plus faite pour irriter Nanteuil que pour le guérir... Évitons-lui tout ce qui, en ce moment, pourrait surexciter sa pensée. Vous êtes bonne, et il vous aime ; nous suffirons tous deux à notre tâche...

— Et M. Darthos? demanda Angèle, en rougissant.

— Oh! celui-là, c'est différent! Pour des motifs de conscience, que je respecte et que j'approuve, il a refusé d'être témoin de cette fatale rencontre...

« Si je suis venu, moi, vous le savez, c'est seulement en qualité de médecin; le duel me fait horreur... Le duel est un assassinat mitigé dans ses formes. Tenez, tandis que Pharès se battait contre votre oncle, j'observais le visage de cet écrivassier de bas étage; eh bien! il me semblait plus répugnant, plus immonde, que celui de Voisenot, ce misérable que j'ai vu condamner à mort... Oui, j'écrirai à Étienne ; sans doute, le départ de Cécile, ce départ imprudent trop semblable à une fuite, lui a ôté toute espérance; mais il aime sincèrement Nanteuil, et il viendra.

Le soir même, Étienne Darthos, prévenu, arrivait à l'auberge où se trouvaient le romancier, Toussaint et Angèle.

Une larme roula dans les yeux de Nanteuil en le reconnaissant.

— Tu seras fort, n'est-ce pas? lui demanda-t-il.

— Oui, répondit Darthos, si vous voulez guérir.

— Guérir! guérir! répéta Nanteuil. Sais-tu ce qui me tue, Darthos? Ce sont mes livres, mes livres qui m'accusent et qui crient contre moi!

Elle souleva la portière de la chambre. (Voir page 129.)

CHAPITRE XI

AU PRIEURÉ

Quand le départ de Cécile eut achevé de briser le cœur d'Augustine et de rompre les faibles liens qui l'attachaient encore à son mari, elle n'eut qu'une pensée, qu'un élan, qu'un besoin : courir au Prieuré et se jeter dans les bras d'Eugénie, afin de chercher, près de cette amie dévouée, la consolation et le secours. Elle savait que cette âme, réellement forte et grande, ne lui manquait jamais au moment de l'épreuve. Près de son amie, elle se trouvait abritée à la fois, et contre la méchanceté des uns, et contre la fausse pitié des autres.

Tandis que le romancier prenait la route de la frontière belge, Augustine hâtait ses préparatifs de voyage.

Elle abandonna sans regret le somptueux hôtel où elle avait souffert, emporta ses bijoux, ses toilettes, l'argent qu'elle gardait dans son secrétaire, et, suivie de sa femme de chambre, elle gagna la gare de l'Est.

L'heure était matinale, le temps superbe ; après les terribles émotions de la nuit, l'air frais du matin apaisa Mme Nanteuil. Dès qu'elle se trouva en wagon, il lui sembla qu'elle laissait derrière elle un immense fardeau. Les maisons, les rues de Paris, puis ses fabriques, ses remparts disparurent rapidement, et bientôt elle n'eut devant elle qu'une plaine admirable, enrichie par la culture, fertilisée et égayée par le cours de la Marne. De distance en distance, des lignes de peupliers d'Italie formaient un épais rideau d'un vert tendre, tandis que des peupliers de la Caroline, avec leur feuillage à reflet d'argent, mettaient une note plus tendre et plus discrète dans la masse variée des verdures.

Puis, au milieu de cette plaine, surgissaient brusquement des oasis d'une fraîcheur merveilleuse, au sein desquelles se groupaient les toits rouges ou bleus d'habitations champêtres. De grands parcs allongeaient leurs avenues régulières, le tapis des pelouses ressemblait à un écrin d'émeraudes coupé par des corbeilles éclatantes ; les persiennes grises, les rideaux de dentelles, les perrons chargés de fleurs réjouissaient la vue. Parfois un cri d'enfant se mêlait au chant des oiseaux, ou bien l'on apercevait dans la pénombre, sous les grappes de lilas et d'ébéniers, la robe et l'ombrelle d'une femme se promenant un livre à la main. Quelquefois les villas se groupaient, semblables à une cité grandie sous l'ombrage ; puis la plaine recommençait, étalant ses rubans variés, ses damiers de cultures diverses. La rivière, un moment disparue, reparaissait sous de grands saules croûlant de vieillesse. Encore des maisons à toits rouges ; des noms de station arrivaient aux oreilles de la voyageuse, des groupes de villageois quittaient les wagons, tandis que d'autres les prenaient d'assaut. Des noms célèbres retentissaient, évoquant des souvenirs soudains. Chelles rappelait la tragédie domestique accomplie par Frédégonde et Landry, et, dans des temps moins éloignés, cette fille du Régent qui fut abbesse de Chelles à l'âge de quinze ans. Augustine rappelait ces visions tandis que la machine courait sur les rails. Elle avait hâte d'arriver et trouvait la route plus longue à mesure qu'elle approchait du terme de son voyage. Enfin elle traversa Meaux, dépassa Trilort et Changis, et descendit à La Ferté.

Sans s'embarrasser de bagages, et portant seulement à la main le sac de cuir de Russie renfermant ses valeurs et ses bijoux, Augustine, longeant une rue rapide et caillouteuse, dépassa la mairie qui semble grelotter de misère, l'église sans style qui lui fait face, et se trouva sur le pont.

De là, son regard embrassait, à gauche, l'île que forme la Marne, et, à droite, la courbe formée par la rivière. Augustine éprouvait en ce moment une sorte d'horreur pour la foule et le bruit. Au lieu de descendre le faubourg, elle suivit les bords de la Marne. En ce moment ils fleurissaient comme un bouquet. Dans l'eau croissaient de grands roseaux à feuilles lancéolées, tandis que de longs épis de fleurs violettes, de plantes à ombelles jaunes, de menthes sauvages et de baume escaladaient le talus et répandaient sous les pieds leur odeur balsamique. Aucun bruit dans la campagne, où les travailleurs n'étaient appelés par aucun labeur. Un gazon frais tapissait le chemin avec des douceurs de velours, et Augustine ne tarda pas à se trouver près d'une longue avenue de cerisiers ; elle en poussa la barrière et la remonta lentement. En face d'elle, à mi-côte, elle apercevait le petit castel appelé le Prieuré, dont les hautes fenêtres dataient de la Renaissance. L'ombre gigantesque d'un tilleul plusieurs fois centenaire couvrait la moitié de la pelouse.

Quand elle eut quitté l'allée de cerisiers, Mme Nanteuil se trouva sur la route, en face de la grille hospitalièrement ouverte.

Bien des fois déjà, Augustine était venue dans cette retraite chercher un peu de repos après les fatigues d'un hiver parisien ; mais, alors, elle y arrivait accompagnée de son mari, de sa fille, d'Angèle... Cette fois elle frappait seule à cette porte familière et lui demandait, non plus le repos, mais l'oubli.

Au détour de l'avenue, Augustine revit la maison aux murailles roses, garnies d'un treillis vert auquel s'accrochaient des rosiers, des jasmins et des vignes vierges. Elle ne sonna pas, ouvrit la porte et se trouva dans le vestibule dallé de pierres blanches.

— Où se trouve Mme de Reuilly? demanda-t-elle à la femme de chambre

— Madame travaille, répondit Rose.

— C'est bien ! fit Augustine, laissez-la travailler, je me promènerai dans le parc en attendant l'heure du déjeuner.

Augustine remonta le long des grandes allées. Elles présentaient une masse de fleurs de tous les noms, de toutes les natures.

Toutes les nuances se confondaient pour former un tapis éblouissant, mêlé de clochettes élégantes, d'épis droits, de corolles épanouies, de calices profonds.

Eugénie de Reuilly, fatiguée du mouvement et du bruit de Paris, avait acheté le Prieuré au moment où la pioche des démolisseurs de la bande noire venait d'abattre en partie une résidence quasi historique. La hache des bûcherons avait fait des trouées dans le parc dépouillé de ses allées sombres, mais le petit castel subsistait avec des fenêtres étranges, et les restes d'un prieuré historique dont les contreforts, datant du xiiie siècle, paraissaient encore garder et surveiller le domaine. N'y voulant pas mettre une froideur régulière, Eugénie y dressa des haies d'arbustes roses et y sema des fleurs à profusion. Elle voulut en faire un de ces jardins persans où abondent les roses, une de ces demeures de printemps et d'été qui s'étalent encloses des poésies de la nature.

Le long des allées du parc, les fleurs montaient encore, Eugénie les voulait avoir sans cesse sous la main. Elle ne comprenait pas qu'on ne les coupât point généreusement, comme elles poussaient elles-mêmes ; elle les cueillait chaque jour par brassées afin d'en remplir les grands vases de Chine et les grès de Flandre ornant le salon de son cabinet de travail.

Augustine montait entre ces haies vives, caressant les fleurs épanouies, cueillant des œillets, avançant avec lenteur jusqu'à ce qu'elle se trouvât dans la grande allée, pour s'égarer ensuite sous l'ombre de la futaie. Elle s'assit sur une large pierre à demi envahie par les pervenches. Un énorme marronnier étendait ses feuilles en éventail au dessus de sa tête, et, de quelque côté que se tournassent ses regards, elle apercevait la grande herbe du pré, les touffes des pommiers, les escarpements de la colline boisée, couronnée par la route de Montmirail ; puis, trouant ces verdures, des toits neufs couleur de brique rouge, ou brunis par le temps et envahis par la mousse, et les pointes aiguës des clochers de Chamigny et de Sainte-Aude.

Elle se sentait envahie par le calme de ces champs, l'ombre de ces bois ; la vue des fleurs, des lichens et des mousses, reposait ses yeux las de veilles et de pleurs.

Enfin, de tous les clochers s'élancèrent, à la fois, les sonneries de l'angélus, la cloche du Prieuré jeta sa note métallique, et Augustine descendit à ce signal.

Jamais, sous aucun prétexte, on ne dérangeait la jeune femme durant la matinée. Après la prière, le travail lui paraissait être ce qui existe de plus grand et de plus doux à la fois. Levée à l'aube, elle passait du prie-Dieu de son oratoire à son bureau, gardant de la sorte la fraîcheur de la pensée et l'entraînement de l'inspiration, entretenue en elle par le mystérieux repos de la nuit. Elle pouvait, comme tous les écrivains, ressentir la fatigue, jamais le dégoût. Tandis qu'elle portait dans son cerveau l'enfantement d'un drame, elle connaissait les souffrances, les angoisses de cet enfantement moral qui donne plus tard le livre ; mais lorsque le plan de l'œuvre se dessinait d'une façon complète, par ses grandes lignes, ne laissant plus rien à l'aventure quant à la coupe de l'ouvrage, elle écrivait rapidement, facilement, suivant plutôt encore l'inspiration de son cœur que celle de sa pensée. Grave et triste, l'âme remplie d'une mélancolie profonde, elle puisait dans cette mélancolie même des sources d'inspiration. Rarement ses œuvres provoquaient le rire, mais souvent elles faisaient pleurer. Caractère souple et sérieux à la fois, elle trouvait dans la société de ceux qui lui plaisaient les éclats d'une gaieté facile. Son rire était franc et sincère. Les années, avec leur cortège de souffrances, et dont plus que tout autre, peut-être, elle avait connu le poids, la laissaient sereine. Comprenant et jugeant son époque, en voyant les faiblesses, les lâchetés, les décadences, elle n'en portait pas moins en elle un idéal divin dont rien ne faisait pâlir les splendeurs.

Elle avait ce coup d'aile vers l'infini qui sauve les nobles cœurs et les grandes intelligences.

Ceux qui savaient quels déchirements d'âme elle avait subis s'étonnaient de trouver dans ses œuvres un repos serein, la conscience du juste, la pitié pour le mal sans haine du méchant. Peut-être n'éprouvait-elle point de peine à pardonner ; la haine était en complète opposition avec cette nature noblement placide, qui se formait un univers à part et dédaignait d'en descendre. Parfois aussi, ceux qui s'imaginaient que les réelles intelligences sont forcément des transfuges à la foi lui demandaient comment elle pouvait se plier aux exigences d'une religion faite pour les faibles. A ceux-là elle ne répondait rien. A quoi bon ? Ils ne l'auraient pas comprise.

Sa vie était claustrale, régulière, paisible ; elle lui devait la pleine possession d'elle-même, le recueillement, une facilité d'au-

tant plus grande pour le travail que rien ne venait déranger et gê-
ner ses pensées. Il ne fallait jamais que ces divins oiseaux parcourant les champs du paradis vinssent enchevêtrer leurs ailes dans
les broussailles de la terre.

Était-elle heureuse? Gardait-elle en elle une nostalgie céleste,
dont certaines créatures sont condamnées à mourir? Ses amies le
croyaient.

Quant aux indifférents, ils jugeaient que rien ne lui manquait,
parce qu'elle avait la fortune et qu'elle était célèbre.

Il semblerait que, parmi les amies qu'Augustine comptait à Paris, aucune ne put la moins bien consoler et la moins comprendre
qu'Eugénie. Et cependant elle revenait vers elle comme à une sœur
aimée dont la tendresse vaut un conseil ; et, lorsque la cloche de
midi fit descendre Eugénie de son bureau et rappela Augustine
du fond du parc, toutes deux s'étreignirent avec une tendresse
profonde.

— Veux-tu me garder? demanda Mme Nanteuil.
— Ton mari est absent? répliqua Eugénie.
— Je l'ai quitté hier, et sans retour.
— Et ta fille?
— Ah! ma fille, c'est autre chose! Ma fille s'est enfuie...
— Pauvre, pauvre amie ! s'écria Mme de Reuilly.
— Ainsi, tu le vois, c'est une malheureuse créature séparée de
son mari, sans enfant, désormais sans situation franche dans le
monde, car la place de la femme dont le mari est vivant est aux
côtés de ce mari quel qu'il soit... C'est une mère dont la fille vient
de commettre une de ces imprudences que le monde ne pardonne
pas, qui frappe aujourd'hui à ta porte... Ouvres-tu ta maison et ton
cœur à ces tristesses et à ces hontes?

— Dieu merci, tu n'en as pas douté, puisque tu es venue... Donc,
je te garde, et je suis à toi pour le reste du jour. Ne me dis pas que
tu n'as plus faim, que tu ne saurais rien prendre; dans les grandes
détresses de l'âme, il faut éviter les défaillances du corps... Je connais cela! Tu n'as jamais soulevé le masque souriant que je porte
dans le monde, tu ignores quels miracles d'énergie je dois multiplier
pour me tenir quelquefois debout. Déjeunons d'abord, tu me racon-
teras ensuite ce qui s'est passé depuis deux jours.

En dépit des encouragements de son amie, Augustine mangea
peu, mais elle retrouva une sorte de calme; la fièvre de son sang
s'apaisa. Après avoir donné un coup d'œil à sa chambre, elle redescendit dans le jardin, et, passant son bras sous celui d'Eugénie,

toutes deux gagnèrent un berceau de chèvrefeuilles et de clématites bleues sous lequel elles s'assirent.

On eût dit qu'elles se trouvaient dans un jardin créé pour elles seules.

Aucun bruit violent ne parvenait à leurs oreilles ; les beuglements des vaches, les gais aboiements des chiens, le caquetage de la basse-cour se perdaient dans l'éloignement. Nul ne devait venir les interrompre, elles pouvaient parler à loisir, de l'avenir et du passé.

— Comment as-tu pris la résolution de quitter M. Nanteuil?

« — Cette résolution a été brusque comme le malheur qui m'a frappée... Dans le jour, M. Wlinski se présenta pour demander officiellement la main de Cécile. Je n'aime ni n'estime ce jeune homme; mais, après avoir adressé à ma fille les conseils que m'inspiraient ma tendresse et mon expérience, je l'eusse cependant laissée libre de l'épouser. Je parlai dans ce sens à mon mari, je lui expliquai qu'il pouvait prendre toutes les garanties, avec un gendre semblable, et régler la situation de sa fille de telle sorte qu'il devînt impossible à Kasio Wlinski de gaspiller sa dot. M. Nanteuil rejeta loin de lui toute combinaison. Je hasardai timidement que notre fille avait dans le caractère quelque chose de l'obstination de sa volonté et beaucoup de la fougue de son imagination ; qu'il devait se défier de cette nature moulée sur la sienne; que, d'ailleurs, Cécile devenait majeure le jour même.

« — Si elle avait le malheur de s'en souvenir, je la maudirais! s'écria-t-il.

« Il ne me restait rien à faire de ce côté. Tandis que ma fille s'habillait pour la soirée qui célébrait son anniversaire, je la rejoignis ; je tâchai de lui faire espérer que, plus tard, son père se montrerait moins inflexible, mais à toutes mes paroles elle se contenta de répondre :

« — Pourquoi le défends-tu, puisqu'il te fait souffrir? »

« Je ne gagnai rien sur elle, et, cependant, je crus l'avoir attendrie en sentant un baiser et une larme sur ma main.

« Nous dûmes descendre au salon. Pendant la soirée, Cécile parut gaie, brillante même, et un peu nerveuse. Je ne me souvins que plus tard qu'elle traversa le boudoir en même temps que Zoé Cobra. A minuit, nos invités se retirèrent, et, quand je montai dans la chambre de Cécile, dont l'absence m'inquiétait vaguement, cette chambre était vide, et j'y trouvai, bien en vue, une lettre m'annonçant qu'elle se retirait chez Zoé, en attendant que son père lui envoyât l'autorisation d'épouser Kasio Wlinski ou qu'elle eût fait les trois sommations exigées par la loi.

« Folle de désespoir, et comprenant que rien ne pouvait plus ajouter à ma détresse, j'appris à mon mari que mon estime et mon amour lui étaient à jamais enlevés. Je lui jetai à la face le scandale et l'immoralité de ses livres et je m'enfuis, tandis qu'il me criait : « Je me bats demain, Augustine, si j'allais mourir... »

— Est-ce vrai? demanda Eugénie.

— Pharès l'a insulté, il tuera Pharès.

— Hélas! murmura Mme de Reuilly, nul ne peut savoir, dans des luttes semblables, lequel restera sur le terrain... Mais il est homme, il a des amis, le docteur Toussaint l'accompagne sans doute, tandis que tu es seule, toute seule...

« Je ne dois pas te sauver d'abord, il faut penser à ta fille. Ta présence ici n'a rien d'étrange, celle de Cécile chez Zoé Cobra deviendrait un scandale. »

— M. Nanteuil consentira maintenant au mariage.

— Alors il faut enlever Cécile de la maison de Zoé Cobra ; avant deux jours tout Paris l'aurait vue en compagnie de cette femme venimeuse. Tu pardonneras à ta fille une imprudence, et nous souffrirons toutes deux que M. Wlinski vienne au Prieuré faire une visite avant son mariage qui sera célébré sans bruit, et après lequel les deux époux seront libres de voyager ou de s'installer chez eux, à leur choix. Le domicile officiel de ta fille est toujours l'hôtel de ton mari, nous y entrerons la veille de la bénédiction nuptiale, et nous en partirons le lendemain.

— Tu as raison, répondit Augustine, mais je ne me sens pas le courage d'exécuter un plan si simple.

— Il est deux heures, reprit Eugénie, j'ai le temps de gagner la gare et de prendre le train qui part à trois heures quinze minutes... Ce soir, je te ramènerai ta fille...

— Tu ferais cela?

— Il le faut bien, si nous ne nous voulons pas que cette vipère de Zoé Cobra ébruite l'aventure de cette nuit ! Je n'ai pas une minute à perdre ; pendant mon absence, fais préparer la chambre de Cécile ; écris-lui d'abord deux mots que je lui remettrai... Il faut qu'elle soit convaincue que nous ne lui tendons pas de piège... Bien ! maintenant à bientôt! et courage! Tout s'arrangera mieux que tu ne l'espères.

Eugénie partit et Augustine, restée seule, envoya une bénédiction à l'incomparable amie qui trouvait le moyen d'adoucir les douleurs les plus aiguës et de sortir des situations les plus difficiles.

Deux heures plus tard Eugénie de Reuilly sonnait à la porte de Zoé Cobra.

Sans doute la petite bonne de Zoé avait reçu des ordres, car elle répondit de cet air embarrassé des servantes à qui on commande un mensonge :

— Madame sera bien fâchée, elle est sortie...

— Je ne viens pas pour votre maîtresse, répondit Eugénie, mais pour Mlle Cécile Nanteuil.

Et, sans attendre l'excuse ou le nouveau mensonge de la petite bonne, Eugénie pénétra dans le salon, qui se trouvait vide, et souleva la portière de la chambre à coucher dans laquelle elle distingua un bruit de voix.

Cécile et Zoé s'y trouvaient.

Après quelques mots froidement polis à l'adresse de Zoé Cobra, Eugénie, tirant son portefeuille, y prit la lettre de Mme Nanteuil.

— Votre mère est au Prieuré, ma chère enfant, venez la rejoindre... M. Wlinski s'occupera de toutes les démarches à faire et dans quinze jours sera célébré votre mariage.

Le visage de Cécile rayonna de joie ; mais il ne tarda pas à se couvrir d'une ombre :

— Mon père me pardonnera-t-il ?

— Ne lui demandez aujourd'hui rien que ce papier.

— Et ma mère ?

— Une mère est toujours mère... Venez.

Cécile remercia Zoé Cobra avec plus de gêne que d'entraînement. Elle comprenait, à cette heure, combien la prétendue affection d'une telle femme pouvait être dangereuse.

Quand elle se trouva dans le wagon qui l'entraînait à La Ferté, il lui sembla qu'elle revenait au sentiment réel de l'existence.

Augustine attendait les voyageuses à la gare.

En apercevant Cécile, elle courut au devant d'elle et la serra dans ses bras.

— Tu es bonne ! tu es bonne ! lui dit Cécile.

— Ma pauvre enfant, répondit Mme Nanteuil, tu viens de mettre le pied dans un chemin hérissé d'épines, j'essaierai d'en arracher quelques-unes, mais je ne puis te promettre de les enlever toutes.

Le soir, il fut question de Zoé Cobra et de ses amies.

— Elles sont venues toutes deux, comme si elles étaient prévenues de ma présence chez Mme Zoé Cobra : Sosthénie Simonin avait un air prudemment mystérieux, tandis que Flore Dorvet ne tarissait pas sur l'énergie dont j'avais donné des preuves. Elle exprimait certainement mes propres pensées, et cependant j'éprouvais une sorte d'irritation à entendre cette femme vanter mon courage et souhaiter que toutes les autres jeunes filles témoignassent la même énergie.

— Ont-elles parlé de moi? demanda Eugénie.
— Naturellement.
— Et qu'ont-elles dit?
— Que vous ne faisiez pas vos livres.

Eugénie se mit à rire.

— Pauvres femmes! Mais ne croyez pas qu'elles soient les seules, mon enfant; les icoglans de la littérature ne comprennent pas les producteurs de race. Dans notre carrière si belle, si enviée, on commence par nous dénier le talent; si le public donne tort à cette accusation, on change de système et on nous accuse de ne pas écrire nos livres. Laissez dire ces mutilés de l'esprit, mon enfant; ceux-là ignorent que la production engendre la production et que l'imagination, constamment tenue en éveil, est toujours prête pour l'enfantement d'une nouvelle œuvre. Ce que vous a répété Zoé Cobra, on l'a dit de votre père et de tous ceux qui travaillent plus que ne le peuvent faire les gens qui gaspillent leur vie et prodiguent leur temps.

— Et cela vous est égal? demanda Cécile.

— Cela m'amuse énormément. Je me demande, seulement, si je n'écrivais pas mes livres moi-même, où je trouverais des gens ayant l'expérience, la forme et l'invention, et à qui il conviendrait de me les céder? Ah! Cécile, notre part serait trop belle si on nous laissait toujours dans les hauteurs où nous aimons à planer, et si l'on ne nous obligeait à en descendre pour entendre de semblables mesquineries.

Eugénie se leva, ouvrit un coffret dans lequel elle prit un curieux bijou byzantin et l'agrafa au corsage de Cécile.

— Et maintenant, dit-elle, que je vous ai donné votre présent de noce, maintenant que vous êtes certaine que nul ne s'opposera à votre mariage avec Kasio Wlinski, écoutez et suivez les conseils de votre mère.

Pour la première fois, Cécile sentit ses yeux mouillés de larmes.

— Voyez-vous, Cécile, reprit Eugénie, d'une voix soudainement empreinte de caresse et d'attendrissement, tout se remplace, excepté une mère! Dieu nous la donne une fois, et, s'il nous la retire, un vide se fait en nous et autour de nous, un vide que rien ne comblera jamais.

— Comme la vôtre doit vous aimer! s'écria Cécile.

— Je le crois, répondit Eugénie, mais jamais elle ne m'aimera comme je l'aime. Je crois que la plus grande joie qu'elle puisse me procurer est le mot d'éloge qu'elle m'envoie à travers la distance. Si son nom ne se trouve pas écrit sur la première feuille de chacun de mes livres, c'est cependant à cause d'elle que, souvent, je l'ai écrit, pour elle que je me suis réjouie de son succès. Les Chinois, quand ils veulent louer un grand homme des services qu'il a rendus dans la guerre, le gouvernement et les arts, comblent sa mère de dignités et de pensions. Et cela est juste. C'est la mère qui forme l'enfant; elle lui donne non pas seulement la vie, mais une part d'elle-même que l'on retrouve plus tard dans l'enfant : ressemblance, intelligence spirituelle, affinités mystérieuses qui, plus tard, se développent et grandissent, achevant cette ressemblance et ces rapprochements, même en dépit de certaines dissemblances. Tenez, vous savez si mes heures sont prises, si j'ai peu de loisirs et si parfois je trouve le temps de me reposer? Cependant, je garde régulièrement chaque semaine une soirée pour lui écrire. Les pages que je lui envoie sont des courriers écrits à la hâte; je lui raconte mes travaux, je lui détaille mes occupations, je la fais assister à ma vie, et il me semble la voir à l'heure où le courrier lui apporte mes lettres, empressée, souriante, se rapprochant de la fenêtre, dont elle soulève le rideau, afin de mieux lire mes pattes de mouches, car Dieu sait quelle écriture est la mienne... Elle doit hésiter sur certains mots, semblables à des hiéroglyphes, ou bien elle en relit d'autres, plus affectueux, plus tendres, qui lui vont au cœur et sur lesquels tombe peut-être une larme... Cette correspondance fait le repos et la joie de ma vie occupée. J'y mets la meilleure part de moi, et, quand j'ai fini ces grosses lettres, où jamais il ne me semble avoir mis assez d'amour, je crois à mon tour que je deviens meilleure...

— Votre mère avait-elle, pendant votre jeunesse, l'intuition que vous deveniez un écrivain? demanda Cécile.

— Non, répondit Eugénie, et il faut convenir que, sous ce rapport, elle ne fut point une exception. Les mères ne commencent point par souhaiter le bruit autour de leurs filles, et peut-être en cela ont-elles raison... Elles s'inquiètent, elles s'alarment, quand elles devinent que l'enfant regarde haut et loin. Elles voudraient le couver toujours et tremblent que le travail, le bruit, la renommée le leur enlèvent. Et puis il leur semble que les enfants devraient forcément leur ressembler. Les mères se font avec peine à l'idée que les créatures qui leur doivent la vie ont des idées spéciales, des vues nouvelles, et placent la joie de l'avenir dans des rêves qui ne traversèrent point leur pensée. Elles les regrettent comme s'ils s'éloignaient. Et puis elles sont en défiance. Il leur semble que le journal est inabordable; que le livre est un mythe; l'éditeur un demi-dieu, dont on ose approcher à peine. Elles se rendent difficilement compte du travail du cerveau, du besoin de produire qui s'empare de certains êtres. Elles ne s'imaginent point que la production devient un besoin et une joie, que l'enfantement d'une œuvre nous procure des extases pendant lesquelles nous donnons un coup d'aile vers l'infini, et que mieux vaudrait nous ensevelir vivants que de nous défendre d'animer les êtres fictifs que nous portons en nous. Elles tremblent, et cela se comprend, qu'on ne nous apprécie pas. Les alarmes de leur âme passent devant leur esprit, et voilà pourquoi bien peu de littérateurs se sont formés sous la conduite du père et ont vu couver leur jeune génie sous l'aile maternelle.

— Combien ceux-là seraient heureux ! s'écria Cécile.

— Heureux, sans doute ! Mais croyez-vous qu'ils seraient plus forts ? Non ! Si la mère les berçait trop tendrement dans les bras, ils s'endormiraient sous ses caresses. Les duretés qu'elle exerce sur eux les fortifient, et le lait de tigresse dont ils s'abreuvent les endurcit à la souffrance. J'ai beaucoup lutté, beaucoup souffert. J'ai connu toutes les angoisses d'un esprit qui cherche sa voie, d'une intelligence qui regarde haut et se trouve impuissante à atteindre ce qu'elle admire. Jamais vous ne saurez ce qu'ont été mes luttes, dans quelles ténèbres je me suis débattue, avec quelle persistance j'ai travaillé, avec quel regret j'ai la conscience de me dire que mon but n'est pas atteint et que je n'ai pas écrit un seul des trois livres que je rêve.

— Tu les écriras, dit Augustine.

— Qui sait ? répondit Eugénie d'une voix grave, j'ai toujours eu le pressentiment que je n'atteindrais point la vieillesse... Peut-être cela vaut-il mieux, après tout... Mais je regretterais, oui, je l'avoue, je regretterais amèrement de n'avoir laissé que des pages et pas une seule œuvre.

— Eugénie ! fit Augustine d'un ton de reproche.

— N'essaie pas de me persuader que j'ai atteint mon but. Il est plus grand et plus noble. J'y tends et j'espère y parvenir ; mais pour cela il me faudrait au moins quatre années, et qui sait si Dieu me les donnera ?

— Tu deviens lugubre, dit Augustine.

— Et personnelle, surtout... Vous m'avez toutes deux entraînée à vous parler de moi ; je me le reproche et je m'en excuse... Bonsoir, Augustine ; je te laisse avec ta fille, moi je vais veiller pour écrire une longue lettre à ma mère.

Eugénie serra les mains d'Augustine, celles de Cécile, et regagna son bureau.

A une heure du matin, sa lampe brûlait encore.

LES CRIMES DE LA PLUME

On prétendait garrotter Nanteuil au moyen de traités passés. (Voir page 140.)

CHAPITRE XII

FOLIE

L'hôtel de Victor Nanteuil, cet hôtel qui retentissait, autrefois, du bruit des fêtes, ressemblait maintenant à un tombeau. Les vastes pièces, remplies de marbres précieux, de bronzes et d'objets d'art, demeuraient silencieuses. Une lumière rare, tamisée par de multiples tentures, répandait un jour douteux sur les meubles et noyait les tableaux dans une pénombre grise. On marchait sur les tapis, avec des légèretés de spectres. Aucune fleur dans les vases ; la maladie et la mort planaient sur ce toit : maladie terrible, peut-être inguérissable ; mal moral cent fois plus douloureux que le trépas, qui éteint le souffle dans la poitrine et suspend les battements du cœur.

Le docteur Toussaint et Angèle ne quittaient plus Victor Nanteuil.

Sa blessure s'était vite fermée, et, au bout de trois semaines, il était devenu possible de le ramener à Paris ; mais la blessure morale, redoutée par le docteur, était loin de se cicatriser.

Toussaint s'était opposé à ce que l'on prévînt Augustine de cette complication dans l'état du romancier. Rapprocher, en ce moment, ces deux êtres eût été dangereux, sans amener de résultat. Ce que souffrait Nanteuil demeurait pour tous un mystère. Les journaux avaient répété que la gravité de sa blessure ne permettait pas de le transporter à Paris, et le concierge de l'hôtel avait reçu l'ordre formel de répondre dans le même sens.

Darthos seul avait le droit de s'asseoir au chevet du malade.

Le critique ne se sentait plus le courage d'accuser un homme si profondément malheureux, si cruellement châtié ; il s'était pris pour le docteur d'une amitié forte, sincère, et tous deux, unis dans un même vouloir, cherchaient un remède pour cette folie, dont le caractère particulier déroutait l'expérience des spécialistes. Les maîtres de la science étaient venus, tour à tour, s'asseoir près du fauteuil de ce malade, dont le regard avait retrouvé son éclat, la voix son timbre, et à qui manquait ce ressort intelligent qui en avait fait un des rois de Paris, un prince de la littérature. Évidemment, pour Legrand du Saule et ses émules, le cas de folie de Nanteuil rentrait dans la folie de la persécution. Darthos et Toussaint, consultant plus l'instinct de la tendresse que les règles de la science, demeuraient convaincus qu'il fallait essayer des moyens très différents de ceux suivis jusque-là, afin de rendre à la lumière cet esprit obscurci par d'épaisses ténèbres.

Bien qu'il ne reconnût plus ni Toussaint ni Étienne, quelquefois le romancier leur adressait la parole avec véhémence et les suppliait, au nom de tout ce qu'ils avaient de plus cher, de racheter les livres qu'il avait écrits.

On eût dit que le poids de ses œuvres écrasait la poitrine du romancier.

« — Oh ! disait-il, en pressant son front à deux mains, si l'on me rendait les traités que j'ai signés ; si je recouvrais la propriété de

mes livres, comme j'aurais vite mis au pilori ces œuvres malsaines!...
Si je les anéantissais?... Les pages souillées redeviendraient blanches ; j'écrirais de belles choses... La famille! la foi! les enfants!
Que tout cela est beau! mon Dieu, que cela est beau! Il y en a cependant qui nient ces bonheurs, ces saintetés-là... Ce sont à la fois des misérables et des fous! Et j'ai pris place parmi ces fous; je suis un de ces misérables! Encore, si j'avais eu pour excuse le défaut d'éducation de famille, la privation d'une mère?... si les leçons de l'honneur, de la foi et de la morale m'avaient manqué?... Mais non! J'avais reçu tout cela d'une façon prodigue... Après m'avoir donné une mère qui était une sainte, Dieu m'envoya une compagne de mon choix, une fille dont j'avais raison d'être fier... Elles m'aimaient; elles me vénéraient... Leur cœur, leur volonté m'appartenaient... Qu'ai-je fait de ma femme? Où est ma fille? Je veux les voir! j'ai besoin de les voir!...

« Dites-leur que je souffre; apprenez-leur que je meurs... Non! non! plutôt, ne leur dites rien! Ma fille a lu mes livres; elle a profité de mes leçons; ma fille brave son père... Et ma femme? Oh! ma femme se fait l'écho de voix terribles, de voix vengeresses, qui me poursuivront jusqu'au trône de Dieu!... »

Le romancier s'arrêta un moment; puis il reprit d'une voix sourde:

« — Je niais Dieu, jadis; je ne le peux plus! Je reconnais la main qui me châtie. »

Nanteuil se souleva sur son lit et s'écria avec emportement :

« — Chassez ces libraires; renvoyez ces éditeurs et ces directeurs de théâtre; je ne travaille plus à mon œuvre de mort, je me sens frappé d'impuissance. Au lieu de leur remettre de nouvelles œuvres, je donnerais mon sang pour racheter les anciennes... Combien ai-je perdu d'âmes? Chacun de mes ouvrages s'est tiré à quinze, vingt mille exemplaires... Le volume passait en plusieurs mains, et, jusqu'au dernier feuillet, s'accomplissait l'œuvre de corruption, cette œuvre dont il me sera demandé compte! Combien *Lividia* a-t-elle perdu de jeunes femmes? J'y raillais la sainteté du nœud conjugal; je montrais le divorce comme une nécessité... Au lieu d'enseigner la patience aux pauvres créatures, qui se trouvaient déçues dans leurs espérances, je leur apprenais la révolte, la vengeance...

« Et ces égarées dévoraient mes pages! Elles m'écrivaient que j'avais compris le vide de leur âme!... Et les filles pauvres?... ces pâles créatures de Paris qui se meurent de faim et de chlorose, dont un ruban fait la joie et qui courent au bal sans se douter du danger!...

« Je leur cachais la perdition, l'abandon, l'abîme ; je leur chantais le refrain de leurs seize ans et je leur promettais plus de joie que d'espérances... Augustine a vu une de celles-là ! Elle a entendu les malédictions qu'elle m'envoyait de son lit de mort, et les accusations de Sylvie ont tué l'estime dans le cœur d'Augustine ! »

Le romancier cacha son front dans ses mains et répéta d'une voix sourde :

« — Ma femme ! ma femme ! »

Puis il avança les mains, comme s'il repoussait des fantômes.

« — Allez-vous-en ! fuyez, créations de ce que l'on appelait alors mon génie, filles de plaisir et femmes entraînées ! Éloignez-vous, rudes travailleurs à qui je criais : « Le labeur est la part du maudit ; vous avez droit à la fortune des riches !... » Ils se pressent, ils m'entourent ; les bras levés, ils me menacent... »

Le romancier bondit de son fauteuil et se précipita, la face contre terre, en couvrant ses oreilles de ses mains crispées :

« — Je les distingue encore... toujours... Taisez-vous, de grâce ! silence ! J'expierai... je le jure... Oh ! mes livres ! mes livres ! »

Il se traîna sur les genoux et, tendant ses mains jointes à Toussaint et à Étienne :

« — On peut tout ce que l'on veut avec de l'argent... Retrouvez mes livres.... Je ne me sentirai tranquille et consolé que quand il n'en restera plus un seul, un seul ! dans la publicité... Soixante volumes à trois cent soixante pages ! A chaque page une erreur, à chaque ligne un blasphème ! Mais qu'est-ce donc que Dieu va me dire quand la mort m'aura pris ?... »

A ces plaintes, à ces sanglots, à ces paroles incohérentes, dans lesquelles il était cependant facile de suivre la trace d'une idée, succédaient chez le romancier des phases d'abattement subit.

Alors il appelait Angèle ; il la suppliait de placer sur son front brûlant ses petites mains fraîches, de lui parler de sa voix pure, de lui promettre le pardon du ciel et l'indulgence des hommes.

Angèle pleurait et lui adressait des consolations si tendres, que le docteur et Darthos sentaient se mouiller leurs paupières, en l'écoutant.

Un jour, tandis qu'il dormait, Angèle demanda au docteur :

— Ne vous semble-t-il point que les spécialistes, appelés par vous en consultation, ne comprennent rien à l'état mental de mon oncle ?... Ils prononcent les mots de « délire de la persécution » ; ils ordonnent des bains, des calmants, de l'obscurité, du silence... tout ce que l'on pourrait prescrire à un homme ordinaire subitement atteint de folie...

— Il est vraiment fou, ma chère enfant!
— Non! dit Angèle; le remords prend chez lui une forme vivante, dramatique, passionnée; mais il n'a que des remords. Apaisez-les, et il sera sauvé.
— Pouvons-nous faire qu'il n'ait pas écrit ses livres? demanda Étienne avec découragement.
— Et que les coups redoublés, qui l'ont atteint, l'aient convaincu que Dieu venge sa loi conspuée et sa morale raillée?
— Vous ne pouvez pas cela, répondit Angèle; non, vous ne le pouvez pas... Ceci est l'impossible... Mais, à ce cœur brisé, vous pouvez donner une consolation suprême... à ce coupable, vous pouvez faciliter l'expiation.
— Comment? demanda Étienne; comment?
— Il vous l'a dit vingt fois, lui-même.
— Expliquez-vous, Angèle, de grâce?
— Rachetez ses œuvres! répondit la jeune fille.
Les deux hommes gardèrent un moment le silence.
Cette idée, très simple, ne leur était pas venue.
Le docteur secoua la tête.
— Racheter ses œuvres! Vous croyez cela facile, Angèle?... Vous, Étienne, le croyez-vous possible seulement?
— Avec beaucoup de peine et beaucoup d'argent, oui.
— De la peine! fit le docteur; nous ne la marchandons pas.
— Nanteuil est riche, ajouta Darthos.
— Faut-il donc le ruiner pour atteindre le but dont parle Angèle?
— Sans hésiter, répondit le critique. Cette enfant a trouvé dans la candeur de son âme la solution que nous cherchions vainement tous deux.
— Eh bien! fit Toussaint, mettons-nous en campagne!
— Oh! doucement! doucement! fit Étienne. Le terrain sur lequel nous allons marcher est brûlant... Dix éditeurs ont fait leur fortune avec les livres de Nanteuil; ce qu'ils ont payé mille écus, ils le revendront dix mille francs! Et puis le même ouvrage a des éditions différentes... Enfin, bien que j'approuve, en principe, l'idée de Mlle Angèle, nous n'obtiendrons cependant qu'un résultat presque fictif. Les lois qui régissent la propriété littéraire sont véritablement monstrueuses. Cette propriété est si peu considérée comme un bien réel, sérieux, que vous ne jouissez pas du droit de l'anéantir. Il y a prescription pour vos remords... Cinquante ans après Nanteuil, qui va se ruiner pour anéantir son œuvre, cette œuvre surgira plus vivante que jamais, appartenant désormais à tous et faisant partie

du domaine public. Supposez qu'il mette ses œuvres au pilon, qu'il garde seulement celles qui n'offrent aucun danger et en corrige quelques-unes ?... Il viendra plus tard un homme qui copiera, dans une bibliothèque, l'édition originale, et qui la jettera en pâture au public, avec ses dangers et ses erreurs ! Le voleur a le droit de restituer le produit de son crime ; l'écrivain ne peut briser sans retour le moule de sa pensée !...

— Oui, vous avez raison ! fit le docteur. Aussi, grande sera la responsabilité de ceux qui auront prostitué les dons que Dieu leur avait faits.

— C'est égal, dit Angèle, vous apaiserez la conscience de mon oncle ; faites cela, monsieur Dartbos ; faites-le, je vous en supplie !...

La jeune fille leva sur le critique ses beaux yeux bleus mouillés de larmes, et il sembla au jeune homme que jamais si beau et si pur visage n'avait rayonné devant lui.

— Je le ferai pour lui, répondit-il, et pour vous...

— Avant de prendre une résolution si grave, il faudra consulter Mme Nanteuil.

— Je me charge de ce soin, répondit le docteur.

Pendant le reste de la soirée, comme il gardait conscience que ses amis allaient s'occuper de calmer ses angoisses, Nanteuil se montra paisible.

Dès le lendemain, le docteur partit pour le Prieuré.

Quel contraste avec la maison lugubre, dans laquelle Nanteuil subissait ses crises de délire et de folie !

Au Prieuré, tout était verdure, parfums et fleurs.

Augustine, triste et pâle toujours, sentait cependant, au contact de son amie, s'adoucir l'amertume emplissant son âme.

Quand elle reconnut le docteur montant entre les massifs de sapins, elle courut au devant de lui.

— Vous avez des nouvelles ?

— Toujours les mêmes.

— Dieu le châtie ! fit Augustine.

— Oui, mais en nous permettant de le sauver.

Il expliqua alors le projet d'Angèle, projet qu'il approuvait complètement et à l'exécution duquel il venait demander son approbation.

— J'ai cessé de l'aimer, répondit Augustine ; faites ce que vous voudrez.

— Même s'il s'agissait de le ruiner ?

— Ma dot de jeune fille me suffira, dit-elle ; agissez selon votre conscience.

Toussaint prit la main de la jeune femme.

— Et vous, n'agirez-vous point selon votre cœur?

— Mon cœur est mort, docteur.

— Le cœur peut s'endormir ; mais mourir, jamais!

— Je ne souhaite pas de mal à qui m'en a tant fait! ajouta Augustine... mais je ne puis lui pardonner d'avoir faussé l'esprit de ma fille et de l'avoir chassée de la maison paternelle.

— Ainsi, vous approuvez notre projet?

— Absolument.

Augustine cueillit un bouquet de roses et le tendit au docteur.

— Remettez-les à Angèle, dit-elle.

Toussaint revint du Prieuré, dans une disposition d'esprit moins douloureuse.

Angèle et Étienne l'attendaient auprès du lit du malade.

Pour la première fois, les jeunes gens causaient d'eux-mêmes, avec abandon.

Jusqu'alors, le souvenir de Cécile avait paru trop cuisant à Étienne pour qu'il lui fût possible de songer à se créer un avenir. Le passé semblait avoir dévoré sa jeunesse et anéanti toutes ses espérances. Mais, en présence de cette enfant si pure, si charmante, dont les grands yeux reflétaient le ciel, il comprit que l'existence pouvait lui réserver des heures heureuses.

— Mademoiselle, dit-il à Angèle, vous ne songez donc jamais à vous-même?

— Pourquoi demandez-vous cela?

— C'est que, la première, vous avez eu l'idée d'employer la fortune de votre oncle en rachat de ses œuvres.

— Eh bien? demanda-t-elle.

— Vous n'ignorez pas qu'il devait vous compter une dot égale à celle de sa fille... cinq cent mille francs?

Angèle sourit.

— Il ne faut pas tant pour entrer aux Carmélites! répondit-elle.

— Quoi! vous songeriez?...

— A me donner à Dieu... Oui, monsieur Étienne ; lui seul ne trompe jamais, lui seul lit au fond de mon âme, et jamais il ne brisa un cœur qui s'est donné à lui...

— Tous les hommes mentent-ils donc, mademoiselle?

— Je l'ignore; mais j'ai peur de l'apprendre...

Tous deux gardèrent le silence, et le docteur les trouva plongés dans la rêverie.

— Nous commencerons demain nos démarches, dit-il au critique.

— Oui, demain, répondit Darthos.

Quelque accoutumé que fût celui-ci aux affaires de librairie, il ne se doutait pas des complications qui devaient forcément, fatalement, surgir, dès qu'il s'agirait d'annuler les traités passés par le romancier. Quelques-uns de ses livres constituaient, pour les éditeurs, un revenu fixe d'un chiffre important. Quand un auteur est arrivé à la célébrité, ses affaires d'argent ressemblent à des rouages habilement combinés et font marcher régulièrement le système de la publicité. Les éditions de certains de ses ouvrages se tiraient sans fin, et le mouvement des traductions, des expéditions et de la vente à l'étranger, était presque aussi important.

D'ailleurs, il suffisait que Nanteuil souhaitât rentrer dans la propriété de ses livres, pour que les éditeurs haussassent leurs exigences. Puis, le bruit s'étant répandu que le romancier retirait ses livres de la publicité, les libraires de province se hâtèrent de faire des demandes importantes. Une question politique vint, en outre, entraver quelques-unes des tentatives des amis de Nanteuil. Il ne convenait pas à certains éditeurs que le romancier si populaire, dont les opinions étaient un drapeau et qui s'était mis à la tête d'un mouvement littéraire, préconisant la chair aux dépens de l'esprit, matérialisant toutes choses, séparant Dieu de sa créature, prêchant la fermeture des temples, criant haro sur la morale et replaçant sur leurs autels les dieux du paganisme, se repentît en face de son œuvre et criât pardon au Dieu qu'il avait insulté.

On prétendait garotter Nanteuil au moyen des traités passés, des signatures données, et annihiler ses tentatives et ses remords, en s'opposant à sa volonté d'anéantir à jamais cette œuvre qu'Augustine avait appelée une Babel de corruption. On ne lui reconnaissait pas le droit de blâmer l'œuvre sortie de ses mains et de faire publiquement amende honorable d'un crime moral ayant entraîné tant d'autres crimes. Ce fut donc d'une façon systématique que plusieurs éditeurs refusèrent de rendre à Nanteuil les traités que souhaitaient détruire ses amis.

Darthos commençait à se décourager.

Toussaint, plus avancé dans la vie et doué de plus d'expérience, résolut d'attaquer les éditeurs par des moyens différents et d'appeler à lui toute sa diplomatie, afin de triompher de l'obstination de ceux qui montraient le plus d'exigences.

Mantal, dont la fortune se chiffrait par millions, ne pouvait être séduit par l'offre d'une somme quelconque. Aux gens trop riches, qu'importent cinquante mille francs de plus... Le docteur Toussaint le pria de venir un matin à l'hôtel du romancier, et, au lieu de le recevoir dans le cabinet de travail de Nanteuil, il le fit passer dans un salon assez petit, mais rempli de meubles et de tableaux représentant la valeur de plus d'un million.

Chaque toile était une de ces pages sublimes, donnant juste la note de celui qui les peignit. Il se trouvait là une Vierge de Raphaël, une tête de saint Jean peinte par Rubens, un portrait de bourgmestre par Rembrandt, une jeune sainte de l'Ange de Fiésole, des buveurs de Vélasquez; ensuite des toiles de grandeur moindre, mais d'une valeur presque aussi grande: une *Femme malade* de Metzu, un moulin et des animaux de Potter; enfin des tableaux d'une finesse de miniatures, montrant, dans leur grâce coquette et mignonne, des femmes et des nymphes peintes par ces maîtres de l'école française : Watteau, Fragonard, Nattier.

Mantal aimait passionnément les tableaux. Il en possédait une collection rare, et, comme la plupart des amateurs, il oubliait aisément ce qu'il avait, lorsqu'il éprouvait le désir d'acquérir une toile de valeur. A chaque vente de galerie célèbre, il donnait commission à des experts d'acheter, pour sa galerie, un tableau hors ligne. Mantal n'aimait ni le grand luxe parisien ni les chevaux. Il vivait au milieu des chefs-d'œuvre des grands artistes et leur devait les plus grandes joies de sa vie. Quand il se trouva dans le petit salon de Victor Nanteuil, il eut comme un éblouissement. Certes! le cabinet du romancier renfermait de bonnes toiles ; mais on ne pouvait les comparer à celles qui se trouvaient groupées avec amour dans ce musée intime.

Toussaint laissa pendant quelque temps l'éditeur à son admiration; puis il lui demanda d'un air détaché :

— Mais vous-même possédez de fort belles choses, monsieur Mantal ?

— Certainement! certainement! J'ai des pièces estimables, rares même, et cependant je me laisse aisément tenter... Quel homme que ce Nanteuil, quand il gardait la plénitude de sa raison !... Savez-vous combien il estime cette toile de Rubens?

— Quatre-vingt mille francs, répondit Toussaint.

— Et cette Vierge de Raphaël?

— Deux cent mille.

— Il faudrait en rabattre ; mais enfin, c'est une belle page.. D'ailleurs, je ne suis point venu pour causer peinture... Cependant, c'est plaisir avec vous, et je ne comprends pas que vous soyez si fin connaisseur, après être resté si longtemps à l'étranger.

— Je n'ai quitté la France qu'à vingt-cinq ans, répliqua Toussaint. Et, pendant ce volontaire exil sur toutes les côtes et sous toutes les latitudes, il m'arrivait souvent de fermer les yeux, afin de me recueillir davantage et d'évoquer, par la puissance du souvenir de la volonté, un tableau connu. Je continuais à vivre au milieu des produits grandioses de l'art, même au sein des forêts vierges. J'agissais de la sorte à l'égard des livres célèbres, des grands poèmes. J'ai, de la sorte, évité de laisser rouiller les rouages de mon esprit et se pervertir mon goût. Voilà pourquoi vous me trouvez aujourd'hui capable de causer avec vous de Rembrandt et de Angelo de Fiésole, de Léonardo de Vinci et de Bembozac.

— Nanteuil ne doit plus tenir à ses tableaux?

— Il semble les oublier pour ne songer qu'à ses œuvres.

— Ses œuvres! Ne croyez-vous point qu'une sorte de monomanie le menace? Pourquoi les corriger, les revoir, les anéantir? N'ont-elles point obtenu un succès assez retentissant? Ne lui ont-elles point rapporté des sommes assez importantes? En corrigeant, il amoindrirait, sans aucun doute, ce qui a pris sa place dans la littérature contemporaine.

— Mon Dieu, monsieur, par suite de la fantaisie qui porte souvent un propriétaire à faire démolir un hôtel tout neuf, il a changé d'idée et d'optique; voilà tout. Son plan s'est modifié. L'édilité parisienne ne s'en émeut pas; l'architecte commence de nouvelles études, et tout est dit.

— La comparaison n'est pas absolument juste; car, admettons que ce propriétaire, changeant dans ses goûts, ait vendu l'hôtel ou vendu simplement à bail emphytéotique, il n'est plus le maître de démolir son immeuble.

— Et c'est alors qu'il entre en arrangements avec son acheteur ou son locataire... Combien demandez-vous pour me rendre les traités consentis par Nanteuil?

Mantal regarda Toussaint.

— Ce Raphaël, dit-il.

— C'est cher! répondit le docteur, c'est cher!... Si ma mémoire est fidèle, vous avez acheté à Nanteuil les quatre traités qui sont aujourd'hui votre propriété à une époque où, risquant de faire, sinon une mauvaise affaire, du moins une affaire douteuse, vous en avez payé la propriété mille francs?... C'est donc, en dehors de la somme que vous a rapportée annuellement leur tirage, un bénéfice au capital de quatre-vingt-seize mille francs... Je ne suis plus surpris que vous soyez millionnaire!

Mantal se releva, sans même regarder le tableau ; il feuilleta un album sur la table, d'un air distrait ; puis il dit au docteur :

— Donnez-moi, de temps à autre, des nouvelles de « mon auteur ». Je lui portais une véritable amitié. J'aurais des craintes beaucoup plus graves sur son état, si je le savais entre les mains d'aliénistes proprement dits ; vous, vous le traitez avec autant d'affection que d'intelligence... Sans adieu.

— Vous êtes très fort, lui répondit Toussaint, avec une sorte de tristesse ; je ne puis mettre en balance la fortune et la santé de mon ami, plus que sa santé, son salut et son âme !... Envoyez ici demain jusqu'au dernier des exemplaires que vous possédez, reliés, brochés ou en feuilles, et le Raphaël passera de ce salon dans votre galerie.

— Je savais bien que vous y viendriez ! dit Mantal. Sans rancune, les affaires sont les affaires... Seulement, conseillez à Nanteuil de ne point retoucher ses livres.

Le lendemain, dans une des caves de l'hôtel s'enfouissaient les exemplaires de *Lividia*, de l'*Enfant de Bohême*, des *Sentiers perdus* et des *Pantins roses*.

Avec chaque éditeur, il fallut user de moyens nouveaux.

L'un d'eux mit pour condition à l'annulation de ses traités que son fils obtiendrait un haut emploi, qu'il sollicitait vainement depuis cinq années.

Les rentes sur l'État fondirent rapidement. On vendit l'hôtel en réservant cette close, c'est que le romancier pourrait y demeurer six semaines.

On commença à lancer dans le monde des arts la nouvelle de la vente de la galerie.

Tandis que Toussaint et Darthos multipliaient leurs efforts, Nanteuil, que l'on voulait surprendre plutôt que de faire passer son esprit par des alternatives de craintes et d'espérance, continuait à s'abandonner à sa lugubre folie. Il voyait sans cesse, autour de lui, des êtres imaginaires, enfantés par son cerveau : ils l'assaillaient, le menaçaient, le défiaient de les rendre au néant d'où il les avait arrachés.

« — Chasse-les ! chasse-les ! criait Nanteuil en s'adressant à Toussaint ; je les vois toujours, ces vierges folles, ces damnées... Pitié ! grâce ! laissez-moi !... Personne n'aura donc pitié de moi, personne ? »

Et Nanteuil, les cheveux hérissés, marchait avec effarement dans sa chambre, en se tordant les bras. Il paraissait en proie à une terreur extrême ; ses yeux sortaient de l'orbite ; sa bouche se contractait; il appelait à l'aide, comme si les tourments qu'il endurait n'étaient pas au fond de sa conscience.

Darthos et Toussaint s'efforçaient de le calmer; il paraissait quelquefois céder à leur empire, qu'il subissait d'une façon inconsciente; mais, après une minute de tranquillité, la vision changeait de nature, et, pour emprunter une forme nouvelle, l'hallucination n'en était pas moins douloureuse.

« — Ce ne sont plus des voix... reprenait Nanteuil; ce sont des chuchotements si faibles, si faibles qu'ils parviennent à peine à mon oreille... D'où viennent-ils? Des coins de terre lugubres que le prêtre n'a point bénis, du lit ensablé des rivières. Leurs mères, des mères coupables, les ont enlevés nuitamment... D'autres, lasses d'une vie pleine de désespoir, se sont suicidées, entraînant les faibles êtres avec elles... Et ces petits visages pâles se tournent vers moi... et leurs yeux indécis plongent au fond de mon âme... Ils me reprochent la corruption de leurs mères... Sans mes livres, qui leur firent renier la pudeur et la vertu, elles fussent devenues de chastes épouses et des compagnes fidèles; et ces enfants, le front rayonnant du signe de la croix, si Dieu les avait rappelés de ce monde, ressembleraient aux séraphins qui entourent son trône. « Sois maudit! me répètent les petits enfants morts. Sois maudit! Nous avions été créés pour la lumière, et tu nous as jetés dans les ombres des limbes!... » Non! non! ajoutait Nanteuil, taisez-vous! Ne me murmurez point ces choses! Je ne veux pas les entendre... »

Des sanglots montaient à ses lèvres; il s'agenouillait sur le sol et, à son tour, chuchotait, les lèvres collées au plancher, des mots qu'il s'imaginait adresser aux petites âmes des limbes.

— Oh! fit Darthos, si tous ceux qui écrivent des livres dangereux pouvaient entendre ces plaintes déchirantes, combien peu garderaient le courage de continuer à ensemencer le champ du mal!

Chaque jour voyait recommencer une scène également douloureuse. Les effets du désespoir du romancier variaient à l'infini; mais la cause demeurait la même, et, au lieu de se calmer, il semblait que les regrets de Nanteuil augmentaient de force et contribuaient à briser davantage cette riche organisation.

— Si cette situation se prolonge deux mois encore, dit un soir le docteur au critique, je ne réponds pas de la vie de notre ami.

— Je compte avoir le dernier traité avant quinze jours, répondit Darthos.

Elles trouvaient une distraction saine à regarder les faucheurs. (Voir page 146.)

CHAPITRE XIII

CŒURS FIDÈLES

Le calme absolu de la vie que l'on menait au Prieuré ne pouvait manquer d'agir d'une façon bienfaisante sur Cécile et sur sa mère. La nature, comme une tendre et admirable nourrice, garde, pour les affligés, d'adorables patiences et d'ineffables caresses. Elle les berce aux chansons de ses nids, aux frissons du vent dans les ramures, au froissement onduleux des grandes herbes s'inclinant avec des mouvements de houle. Elle repose leurs yeux brûlés par les pleurs, avec la nuance variée de ses feuillages parcourant une gamme ascendante, allant du jaune pâle au vert de bronze, du rouge pourpré à des tons d'argent moirés de gris. Elle dissipe l'ennui au spectacle renaissant de la vie, qui s'agite en son sein. Elle force le regard, puis l'esprit, à se fixer, tantôt sur la carapace d'or émaillé d'un scarabée, tantôt sur les stries bleues de l'aile d'un geai des vieux murs ; la sauterelle verte aux ailes de gaze, les moucherons bourdonnants, les rongeurs agiles, les papillons de nacre et de velours présentent, à toute heure, un nouveau spectacle. L'imprévu attend et appelle le curieux à chaque pas. Après avoir reposé les âmes meurtries par l'amplitude de sa grandeur et de son calme, la nature entraîne les souffrants, les attire, les conquiert et les garde.

Augustine et sa fille, naufragées du bonheur, étaient entrées au Prieuré sans espoir d'y trouver d'autre consolation que l'amitié d'Eugénie ; mais, en dépit d'elles-mêmes, au bout d'une semaine, elles s'étaient prises d'intérêt pour la vie rurale, dont jusque-là elles ne comprenaient pas la saveur.

Maintenant, elles trouvaient une distraction saine aux travaux des champs et se plaisaient surtout à regarder les faucheurs, les mains serrées sur l'arrêt de la faux, abattre, avec une régularité mathématique, les foins qui se couchaient en andains sur le pré.

La vie était douce, simple, facile, au Prieuré ; et, parfois, Augustine et Eugénie se demandaient si Cécile n'y oubliait point Kasio ; mais, un matin, celui-ci fit remettre sa carte à Mme Nanteuil.

Kasio possédait assez de séductions pour rendre compréhensible la folie obstinée de Cécile.

Cette fois, il voulait faire la conquête de sa mère, et il le tenta.

Mais Augustine, tout en rendant justice aux qualités chevaleresques d'une nation qui a lutté sans trêve pour sa liberté et pour sa foi, qui a eu ses héros, ses poètes et ses martyrs, comprenait le danger que présente le caractère des Slaves : caractère ondoyant, rêveur, souvent faible quand il faut agir. Donnez un sabre à tout Polonais, en lui désignant un but et en lui criant : « Marche ! ». Il ira. Mais, rendu à la vie ordinaire, placé en face des besoins de chaque jour, de l'obligation du travail quotidien, il se déconcerte comme un enfant que l'on fatigue ou que l'on ennuie ; il désertera sa tâche et se reprendra à rêver.

Du reste, essentiellement poète, musicien, artiste, il possède un charme inexprimable, prenant et dangereux.

Kasio venait prier Augustine de fixer la date du mariage de Cécile.

Mme Nanteuil le fit sans empressement, avec une gravité froide :

— Monsieur, lui dit-elle, vous nous prenez notre fille, nous ne vous la donnons pas; avant son départ pour la Belgique, son père a signé son consentement.

— Vous me pardonnerez, madame, quand vous saurez que je la rends heureuse.

— Les filles qui se marient contre le gré de leurs parents ne le sont jamais.

— Mlle Cécile a plus de confiance en moi.

— Cécile est une enfant qui ne connaît pas la vie.

— Tant mieux! Je serai son guide en toutes choses.

— Monsieur, reprit Mme Nanteuil, mon mari a bien voulu dispenser sa fille de lui adresser des sommations, qui eussent été une honte... mais il est un point sur lequel il n'a pas faibli.

— Lequel, madame?

— Sa fille n'aura pas de dot.

— Je me réjouis d'avoir occasion de lui prouver une tendresse désintéressée.

— Êtes-vous donc riche, monsieur?

— Je le deviendrai.

— Que ferez-vous pour cela?

— Je travaillerai, madame.

— Voilà un mot bien vague! répliqua Augustine, en secouant la tête. Si vous étiez ingénieur, avocat, médecin, vous pourriez exercer ces professions libérales; peintre ou sculpteur, vous feriez des tableaux ou des statues... Mais prétendre travailler dans le vide, sans préparation, sans connaissances spéciales! Vous vous abusez, monsieur, si vous croyez cela faisable.

— J'ai la certitude d'occuper dans un mois un emploi de dix mille francs.

— Tant mieux! répondit Augustine; je le souhaite, sans oser y croire.

— Me sera-t-il permis de voir ma fiancée?

— Cécile est au jardin, monsieur; vous pouvez la rejoindre.

Une demi-heure après, deux voix chantaient la ballade de Mickiewicz :

> Dans un petit bois vert,
> Une jeune fille cueille des fraises,
> Sur un petit cheval gris,
> Passe un jeune seigneur.

Quand Kasio Vlinski quitta le Prieuré, il était convenu que le mariage serait célébré huit jours plus tard, à Paris.

Le docteur Toussaint, mandé par Eugénie, accourut au Prieuré.

— Donnez-nous votre avis, lui dit-elle : Victor Nanteuil a consenti au mariage de sa fille, avant son triste duel avec Pharès. Devons-nous tenter une démarche près de lui? Croyez-vous possible que Cécile lui demande sa bénédiction?

— N'y songez pas! répondit le docteur. Darthos, Angèle et moi, nous avons assez de peine à conjurer les fantômes; s'il voyait sa fille, je ne répondrais plus de sa vie, tant la colère pourrait envahir un cerveau si malade.

— Mais vous comptez le guérir, n'est-ce pas?

— J'attends tout de Dieu, madame.

— Vous oubliez votre science!

— Faible appoint, croyez-moi, dans une affaire si grave. Nous avons englouti la fortune de Nanteuil pour arriver au but que nous avons cru nous être indiqué par le caractère même de sa folie; mais nous ignorons si le résultat obtenu égalera le sacrifice accompli. Cette grande intelligence, frappée à la fois par tant de coups, se relèvera-t-elle? Nous le demandons au Seigneur, comme on demande un miracle; mais Dieu ne nous doit jamais le miracle! De sa part, il est toujours un don gratuit.

— Réglez donc ce que nous devons faire, docteur.

— Le mariage civil et le mariage religieux auront lieu le même jour. Vous arriverez à Paris par un train matinal. Mlle Cécile et vous entrerez à l'hôtel Nanteuil; le rez-de-chaussée sera disposé pour vous attendre. Votre fille aura pour témoins moi et Darthos.

— Quoi! M. Darthos?...

— Soyez tranquille; il n'aime plus Cécile... Le mariage célébré, M. Kasio Vlinski emmène sa femme, en Angleterre, je crois, et vous reprenez la route du Prieuré.

— Pouvez-vous me dire grâce à quelles ressources M Kasio fait les frais indispensables?

— Il m'est venu un soupçon, et je le crois fondé. Zoé Cobra, n'ayant pu garder votre fille chez elle, a réussi à accaparer votre futur gendre. Pour avoir la satisfaction orgueilleuse de raconter qu'elle lui prête de l'argent, elle est capable de lui avancer quelques billets de mille francs.

— Si je le savais !... s'écria Eugénie.

— Vous feindriez de l'ignorer, et vous auriez raison... Laissons ces deux fous s'embarquer sur une mer, où de plus habiles et de plus forts qu'eux ont fait naufrage ; nous leur tendrons la main, seulement quand ils se croiront perdus.

« Nous avons besoin, d'ailleurs, de juger à fond ce Polonais et de savoir si ce matamore de dévouement garde un reste d'énergie ; je ne le crois pas, mais enfin nous lui devons, jusqu'à preuve contraire, les bénéfices de ce doute. »

Pendant les jours qui précédèrent le mariage de Cécile, les habitants du Prieuré connurent la contrainte. Augustine ne se dissimulait point que sa fille jouait et perdait à la fois son avenir. Aussi se borna-t-elle à lui donner quelques bijoux de mince valeur, certaine qu'elle ne les garderait pas longtemps. Le trousseau de Cécile était assez riche et assez complet, pour que, provisoirement, on n'y ajoutât rien. Chacun semblait préoccupé de se mettre en garde contre Kasio Vlinski. Cécile le comprenait, et son orgueil, plus encore que son cœur, s'en irritait sourdement.

La veille même du jour fixé pour cette union, Augustine garda, durant toute la soirée, sa fille auprès d'elle, et, d'une voix dont la douceur attristée aurait dû convaincre et toucher la jeune obstinée, elle lui dit :

« — Il est temps encore de reculer dans la voix mauvaise où tu t'es engagée. Si malheureuse que je sois de te voir épouser un homme trop faible pour devenir ton appui, trop paresseux pour te faire vivre, trop prodigue de serments et de protestations pour avoir le respect de la parole donnée, Dieu m'est témoin que je te parle, à cette heure, sans rancune, sans colère ; j'ai consenti, tu peux agir, je tâcherai que tu ne voies pas mes larmes.

« Mais réfléchis... Avant de franchir un précipice, on peut, on doit en sonder le fond...

« J'ai perdu en une heure un mari que j'ai longtemps aimé, et ma tendresse n'a pu survivre à mon estime. Il en serait ainsi de toi. Tu cèdes à la violence d'un sentiment passager. Il te reste quelques moments pour renoncer à une folie, tandis que toute ta vie sera employée à la regretter... »

— Il est trop tard! répondit Cécile.

— Non, répliqua Mme Nanteuil, en serrant les deux mains de sa fille ; il n'est trop tard qu'à l'heure où le prêtre a béni le mariage.

Les formalités remplies jusqu'à ce jour ne t'engagent à rien ; le contrat signé ne te lie pas davantage.

« Je jetterai au feu ta parure de mariée, et tout sera dit, jusqu'à ce que, revenue de l'erreur de ton imagination, tu choisisses un homme vraiment digne de toi. »

Cécile se sentit touchée.

— Tu es bonne de me parler ainsi, dit-elle ; j'aurais beaucoup souffert si nous n'avions pas eu une heure d'effusion en toute liberté ; mais j'aime Kasio Vlinski, et, demain, je serai sa femme.

Augustine attira sa fille dans ses bras.

— Pauvre, pauvre enfant! dit-elle.

Le lendemain, le départ eut quelque chose de sinistre ; Augustine, Eugénie et Cécile quittèrent La Ferté en toilettes fort simples, et se rendirent à l'hôtel de Nanteuil.

Le docteur et Darthos attendaient.

Au rez-de-chaussée, tout avait été préparé pour les recevoir. Mais les moindres détails de cette réception, si cordiale qu'on essayât de la faire, trahissaient une gêne intérieure.

Kasio Vlinski vint seul à l'hôtel ; ses témoins devaient l'attendre à la mairie.

Cécile, blanche comme une morte, et puisant seulement dans sa volonté la force de se soutenir, monta dans la même voiture qu'Eugénie et Augustine.

Angèle était rapidement descendue l'embrasser ; elle lui avait promis de toujours l'aimer et de lui rester dévouée, puis elle était remontée près de son oncle.

Toussaint et Darthos s'éloignaient ; Angèle devait demeurer près de lui.

La cérémonie à l'église fut lugubre : ni orgue, ni chants de fête ; en dépit de l'autorisation du père et de la régularité apparente de ce mariage, il restait empreint d'une sorte de clandestinité. On devinait que la publicité en était redoutée comme une honte.

Personne n'avait été invité ; les quatre témoins, Augustine et Eugénie se tenaient seuls près de la mariée défaillante, qui semblait avoir peine à supporter cette désapprobation de son choix. Quand les registres furent signés, paraphés, elle saisit le bras de Kasio avec une sorte de désespoir :

— Emmenez-moi! lui dit-elle, emmenez-moi!

Si Augustine n'avait invité personne au mariage de sa fille, trois femmes y assistaient cependant, non dans la nef, mais dans celui des bas-côtés qui se trouvait voisin de la sacristie. Zoé Cobra, à qui Kasio devait un prêt de dix mille francs, n'avait pas manqué d'avertir Sosthénie Simonin et Flore Dorvet.

Au moment où la mariée quitta son prie-Dieu pour gagner la sacristie, Zoé se pencha vers Sosthénie :

— Dans quinze jours, elle comprendra qu'elle s'est trompée ; elle pleurera dans un mois, et dans un an...

— Eh bien ! dans un an?

— Cécile aura quitté son mari.

— Comme sa mère ! ajouta Flore.

— Le mari est toujours fou?...

— Plus que jamais ; il s'est ruiné.

— Alors Cécile?...

— ...aura ses yeux pour pleurer.

— Ils étaient trop fiers dans cette famille-là, dit Zoé.

— J'ai entendu dire que tout ceci était une punition de Dieu.

— Ah ! oui, Nanteuil a écrit de mauvais livres... Il a creusé une fosse, et il y est tombé... Cécile sort de la sacristie... Elle n'est pas jolie du tout, ce matin... Le blanc va mal aux brunes.

Zoé quitta sa chaise, se rapprocha de l'endroit par lequel devaient passer les jeunes gens et tendit la main à Kasio, puis à Cécile.

Ceux-ci lui adressèrent quelques paroles amicales et promirent d'aller la voir à leur retour.

Augustine et Eugénie passèrent sans saluer.

— Eh bien ! dit Sosthénie en quittant l'église, le jour où nous avons écrit notre lettre anonyme, nous pouvons nous vanter d'avoir joliment machiné un roman !... On ferait un drame de l'histoire de cette lettre : une séparation, un cas de folie furieuse, une ruine, et un mariage avec un Polonais...

— Oh ! c'est complet ! dit Zoé.

— A propos, reprit Flore ; et Pharès?

— Pharès s'est attiré une mauvaise affaire... Quand on tripote, on n'est pas toujours heureux. Il avait pris à partie une famille scandaleusement riche et capable de payer cher le silence, qu'on ne pouvait manquer de le prier de garder.

« Il paraît que, sur cette famille, couraient des bruits qui, habilement exploités, auraient suffi pour la déshonorer. Pharès écrivit un article, qu'il eut la précaution d'adresser à ceux contre lesquels il organisait cette petite guerre ; on ne lui répondit pas. Il en écrivit un second ; on ne donna pas davantage signe de vie. Le troisième, plus insultant, plus menaçant que les deux premiers, devait, croyait-il, amener un résultat...

« Il en obtint un, en effet...

« Pharès fut, un beau matin, mandé chez le procureur de la République, sous la prévention de calomnie, de diffamation et de chantage. »

— Un journaliste à la mer ! dit Sosthénie.

Les Vipères descendirent les degrés de l'église et entrèrent chez un pâtissier.

Kasio et sa femme, Augustine et ses amis regagnèrent l'hôtel où les attendait le déjeuner. Une voiture était attelée dans la cour ; cette voiture devait conduire Vlinski et Cécile à la gare Saint-Lazare.

On mangea vite, silencieusement ; Darthos et Toussaint avaient hâte de rejoindre leur malade ; ni Augustine, ni Eugénie ne pouvaient triompher de la tristesse qui les oppressait. Enfin, les jeunes gens montèrent en voiture ; Cécile essuya ses yeux, regarda sa mère longtemps, et peut-être, à cette minute, tandis que les chevaux l'emportaient, se dit-elle que sa vie était manquée.

Augustine éprouvait un grand trouble. Lorsque son mari lui annonça, au moment où elle lui parlait de le quitter, qu'il se battrait le lendemain, elle considéra cette nouvelle comme un fait sans importance. Tous les jours, pour un entrefilet, deux écrivains échangent une balle inoffensive. Elle s'abandonnait trop à sa douleur, à sa colère, pour se troubler de l'idée d'une rencontre. Elle y crut même à peine ; ce pouvait être un moyen du romancier pour la garder et l'obliger à renoncer à son projet. Il espérait, de la sorte, frapper un coup violent sur son cœur. L'idée qu'il pouvait être blessé, tué même, ne lui vint pas ; elle n'éprouvait qu'un besoin : s'enfuir de cette maison, après lui avoir jeté au visage tout ce que son âme renfermait de dédain. Retirée au Prieuré avec Eugénie, elle ne reçut point de lettre de Belgique et en conclut que tout s'était bien passé. Sans doute, pensa-t-elle, Nanteuil, profitant de son voyage, revoyait les admirables musées de Gand, d'Anvers, de Bruges et de Malines. Il admirait les hôtels de ville de Bruxelles, de Louvain, le puits de Quentin-Metsy, le Palais de Justice de Liège ?

Ce ne fut qu'après le retour de Nanteuil à Paris et la guérison de sa blessure qu'Augustine connut la vérité. Mais alors, si on ne craignait plus pour l'existence du romancier, sa raison avait sombré dans les désastres de son cœur.

Il n'était pas assez fort pour ne point éprouver un choc subit, dangereux peut-être, si elle revenait près de lui. La crise qu'il subissait était trop grave, pour que, par une imprudence, on compromît le succès du traitement ordonné et suivi par Darthos et Toussaint. Forcément, Augustine devait attendre.

— Vous ne pouvez plus le haïr, madame, lui dit le docteur ; il est si malheureux !

— Et moi ? demanda Augustine ; est-ce que la ruine qui s'abat sur notre maison, la folie qui le frappe, mon délaissement de femme séparée, le mariage de sa fille qui amènera une catastrophe violente, ne sont pas son ouvrage ?...

— Avez-vous donc le courage de rester implacable ?

— Ma pitié serait au moins stérile, dit Mme Nanteuil. Mais vous avez raison ; une plaie vive saigne en moi, et je demande à Dieu de lui rendre la force de réparer le passé.

— Est-ce tout ? demanda Darthos.

— Non, répondit Augustine d'une voix qui faiblit dans les pleurs... J'ai longtemps cru que vous deviendriez mon fils, et je me suis accoutumée à vous aimer... Votre conduite aujourd'hui me fait doublement regretter l'insigne folie de Cécile... Si, quand M. Nanteuil sera guéri, il exprime le désir de me voir, je lui dirai...

— Que vous revenez ? demanda Darthos, avec l'accent de la prière.

— Non, mais que je pardonne !

Le docteur était remonté près de Nanteuil, et Angèle venait de redescendre un instant, afin de dire un dernier adieu à sa tante.

— Ma pauvre chérie, lui dit Augustine, tu remplis ta mission de charité avec une patience et une bonté dont jamais tu ne seras assez bénie !

— Vous avez raison, madame ! dit Darthos ; Mlle Angèle est un ange !

Les mains se rapprochèrent ; puis Eugénie et Augustine reprirent la route du Prieuré.

— Mademoiselle Angèle, demanda Étienne, tandis que la jeune fille se disposait à regagner la chambre du malade, savez-vous ce que j'ai demandé à Dieu, pendant cette messe de mariage ?... C'est d'avoir une femme qui vous ressemblât.

Le visage d'Angèle devint tout rose, et elle s'enfuit ; mais il sembla à Étienne qu'elle mit sur le front du malade un baiser plus tendre et lui murmura, d'une voix plus douce, de plus consolantes paroles.

Celui-ci semblait calme ; les terribles hallucinations qui le hantaient s'étaient éloignées. Il était retombé dans ses calculs sans fin, cherchant de nouveau le nombre d'âmes qu'il avait perdues... Il recommençait toujours, et sous mille formes diverses, le compte des spectateurs qui avaient assisté à ses drames populaires ; ceux pendant les représentations desquels l'enthousiasme de tous avait salué les passages dans lesquels il s'était efforcé de faire vibrer des passions violentes. Alors nul ne pouvait lui parler, ni même l'approcher ; il éloignait du geste Toussaint, Angèle et Darthos. De rares paroles s'é-

chappaient de ses lèvres, et les seuls mots que l'on distinguait étaient :
« — Tout cela est inscrit !... inscrit sur le livre de la Justice éternelle !... »

Toussaint ne s'alarmait pas ; il touchait au but que Darthos et lui poursuivaient depuis plusieurs mois ; encore quelques jours, et il pourrait l'atteindre, et ce n'est pas quand approchait l'heure de la lutte suprême qu'il devait perdre le sang-froid et la confiance.

Si occupé qu'il fût de son cher malade, si peu d'habitude qu'il eût des jeunes cœurs, Toussaint comprenait que tout avait changé de face pour Angèle. Longtemps comprimée par les obligations de ce qu'elle considérait comme un devoir impérieux, elle s'échappait de ses langes et se permettait de vivre.

Depuis qu'Angèle connaissait Étienne Darthos, elle l'aimait. Les projets de mariage échafaudés par le romancier, en obligeant Angèle à garder soigneusement son secret, n'avaient pu arracher de sa pensée cette tendresse naïve et fidèle. Elle trouvait, dans le critique, une nature forte pour le bien, puissante et vraiment grande ; elle l'admirait, et, sans envier sa cousine, elle se demandait, avec tristesse, si jamais elle trouverait pour sa vie un compagnon semblable? Ou plutôt, elle ne se le demandait plus ; ne pouvant atteindre l'objet de son désir et de son rêve, elle renonçait à tout projet d'union, à toute existence personnelle. Elle songeait que Cécile, mariée à Darthos, n'aurait pas toujours le temps de soigner les anges blonds qui viendraient ; alors elle serait là, empressée, maternelle, et, tandis que la femme d'Étienne irait à quelque fête brillante, elle bercerait et endormirait ses enfants.

La rébellion de Cécile n'avait laissé à Angèle d'autre sentiment qu'une peine profonde. Élevée, avec une bonté généreuse et vraiment paternelle, par son oncle et par Augustine, tout ce qui les affectait devait l'affliger profondément. Elle avait, d'ailleurs, le sentiment de la folie de Cécile et comprenait que, pour l'ombre d'une passion qu'elle s'efforçait de saisir de ses mains tendues, elle laissait échapper le bonheur réel, celui qui garde au front des époux le sceau de la chasteté et qui met dans son sourire les attendrissements de la maternité. S'oubliant elle-même, elle supplia, elle conjura Cécile de rejeter loin d'elle le souvenir de Kasio et de s'en remettre à sa mère du soin de la voir heureuse. Quand elle surprenait, dans les regards d'Étienne, les traces d'un regret sans bornes, il lui semblait que rien ne la consolerait jamais de la douleur de cet ami, dont, mystérieusement, elle avait fait l'objet de son culte. Mais elle ne soupçonnait pas que des sentiments froissés pouvaient se briser tout à coup, comme un bijou précieux que le pied broie sur le sol. Le dédain de Cécile serait resté impuissant à guérir Darthos; le choix de Kasio Vlinski atteignit ce but. Se voir préférer ce poseur de salons, qui se jouait, pour ainsi dire, des malheurs de sa patrie et s'en servait comme d'un moyen, le dégoûta à un tel point que, en cessant d'estimer Cécile, il perdit un sentiment qu'il avait cru devoir durer autant que sa vie. Il sentit alors dans son âme un vide sans fond. L'avenir ne lui parut plus valoir la peine qu'on y travaillât avec enthousiasme, avec persévérance.

Quand une nature, semblable à celle d'Étienne, subit un choc pareil, elle peut ne jamais se relever et retrouver une égale énergie. Mais, heureusement pour lui, Étienne n'eut pas le temps de s'appesantir sur ses propres douleurs. La situation presque désespérée de Nanteuil l'arracha à ses pensées désolantes. Il se jeta dans le dévouement avec enthousiasme, avec une sorte de folie. En s'efforçant de s'oublier, il se retrouva. Tandis qu'il soignait les plaies d'autrui, il oubliait ses blessures.

Résolu à triompher du mal dont Nanteuil pouvait mourir, il cessa, pour un temps, ses travaux littéraires. Sa vie, forcément active, lassa le corps et brisa les membres. Ne pouvant parler, il agissait.

Bientôt, sans qu'il s'en doutât, il ressentit un allégement dans la présence d'Angèle. La douceur, la grâce de cette jeune fille lui communiquaient l'assurance que les Livres sacrés prêtent aux cordes de la harpe de David. Ses entretiens avec elle ne dépassaient jamais quelques paroles murmurées à voix basse. Mais Angèle avait la voix si pure et si mélodieuse; elle levait sur lui des regards si candides qu'il en éprouvait un rafraîchissement subit.

Il se prenait parfois à la regarder passer, frêle et blonde, glissant sur les tapis épais, soulevant ou abaissant un rideau, tendant aux lèvres brûlantes de Nanteuil une boisson glacée, glissant un coussin sous ses pieds, mettant sous sa main une fleur, un fruit, se faisant sa gardienne et son ange, avec des prévenances et des soins qui l'attendrissaient soudainement.

Un jour même, en la regardant, il murmura :

— Aveugle !... J'ai été aveugle !

Et, de ce moment, il devint plus timide. Jusqu'alors, il l'avait traitée en amie, presqu'en camarade; maintenant, il ne le pouvait plus. Il interrogeait son regard; il lui demandait de lui raconter son enfance; tout ce qui se rattachait à elle l'intéressait et le charmait.

Angèle ne s'inquiétait point, ne soupçonnait rien. Elle ne voyait que Nanteuil et considérait Étienne comme un frère chargé de l'aider dans sa tâche.

Il lui parla un jour de son avenir, et Angèle prononça le mot de « couvent ». Comptait-elle donc y ensevelir sa jeunesse, quand son devoir serait rempli près de Nanteuil? Durant huit jours, cette crainte attrista Étienne ; le neuvième, il se dit que la pauvre enfant ne voyait peut-être pas le moyen d'arranger autrement sa vie.

La fortune de son oncle, sur laquelle devait être prélevée une dot de cinq cent mille francs, était engloutie sans retour. Mme Nanteuil, séparée de son mari, serait-elle disposée à garder Angèle avec elle? Quant à Cécile, il n'y fallait point songer : Kasio accaparerait toutes ses peines, et, d'ailleurs, jamais Angèle ne consentirait à vivre près de Vlinski. Dieu seul lui serait donc un refuge et une consolation, et elle se jetterait dans son sein avec la confiance d'une enfant, qui sait que toute douleur s'y calme, que tout remords s'y apaise, que toute espérance s'y désaltère et s'y anime.

Progressivement, Angèle s'empara de l'esprit d'Étienne, sans y songer, sans le vouloir. Si elle avait gardé dans son esprit la trace des rêves d'autrefois, quand elle ignorait encore les projets de Nanteuil sur Darthos, elle n'eût pas agi autrement qu'elle le faisait. La plus habile coquetterie ne vaudra jamais la naïveté d'une âme simple, qui laisse voir ses impressions, comme une savane en fleurs livre ses corolles embaumées à la brise tropicale.

Cependant, Étienne ne crut pas avoir le droit de dire un seul mot de ses sentiments secrets, avant la célébration du mariage de Cécile.

« — Je demande à Dieu une femme comme vous ! » lui avait-il dit.

Et Angèle s'était enfuie, ravie, charmée et sentant le besoin de pleurer. Elle le devinait bien ; il l'aimait maintenant!

Peut-être aurait-elle dû faire appel à une fierté loin de son cœur et lui reprocher d'avoir pris le strass pour le diamant ; mais elle ne le tenta pas. Elle rougit et s'enfuit ; ce fut tout ce qu'elle put faire. Ménageant les susceptibilités de cette enfant, Étienne ne fit plus d'allusion à son secret désir. Il attendait le résultat de la cure entreprise par le docteur Toussaint pour le salut de Nanteuil. Alors seulement, quand le romancier serait en pleine possession de sa raison, quand il se rendrait compte des effets qu'il devait multiplier pour le rachat du passé, Darthos lui avouerait que son cœur ne lui appartenait plus et qu'il lui demandait la main de sa seconde fille.

Ils s'entendirent, sans se parler, sans échanger de confidences et de promesses ; Étienne ne demanda point d'aveux à Angèle ; Angèle n'exigea point de promesse d'Étienne ; ils parurent continuer à s'oublier, et, fidèlement, ils veillèrent, avec Toussaint, sur la raison à demi perdue du romancier.

La jeune fille accourut. (Voir page 162.)

CHAPITRE XIV

LE RACHAT

Au cinquième étage d'une maison d'apparence modeste, un vieillard achevait de ranger une chambre presque pauvre. Les meubles étaient de forme ancienne et de faible valeur; sur les murailles, s'étalait un papier d'un ton doux, mais qui ne devait pas coûter plus de douze sous le rouleau. Quelques pots de fleurs égayaient la croisée; mais c'étaient des fleurs de pauvres gens, giroflées, géraniums, œillets : sourires des mansardes, qui lèvent au printemps et meurent à la fin de l'été, après avoir donné quelques corolles pâles à l'avare soleil parisien.

Ce serviteur semblait inquiet, et son regard fébrile consultait souvent un cartel assez beau, suspendu à la muraille au dessus d'une console.

— Comme ils tardent! murmura-t-il; pourvu qu'il ne soit rien arrivé de fâcheux à monsieur!

Le roulement d'un fiacre se fit entendre, et le domestique, se penchant à la fenêtre, regarda dans la rue. Il vit Nanteuil mettre pied à terre, soutenu par le docteur.

— Enfin les voici! fit-il; j'avais peur! J'ai toujours peur, maintenant... J'entends le pas léger de Mlle Angèle dans l'escalier... Dieu la bénisse, l'excellente jeune fille!

Le serviteur ouvrit la porte toute grande, avec la solennité des jours anciens; puis il s'effaça contre la muraille pour laisser passer les arrivants.

Appuyé sur le bras du docteur Toussaint, Victor Nanteuil venait de franchir le seuil de la petite chambre. Une vive émotion s'était emparée de lui.

Il s'arrêta, étonné, saisi d'un attendrissement vague. On eût dit qu'il reconnaissait les meubles; et, dans un demi-jour, distinguant un portrait, il fit deux pas en avant et joignit les mains, avec l'expression d'un regret indicible.

— Mon père! dit-il, pitié! pardonne-moi! Mon père, toi qui fus un sage et un saint, demande pour moi grâce devant le tribunal de Dieu!

Toussaint saisit vivement les mains de son ami et le conduisit devant un bureau.

— Assieds-toi, lui dit-il, en serrant le poignet de Nanteuil, comme s'il voulait davantage lui commander l'attention. J'ai à te parler de choses graves, très graves...

— Des chiffres, n'est-ce pas? demanda Victor, d'un air craintif.

— Oui, des chiffres.

— J'en ai beaucoup écrit... J'ai recommencé des calculs à faire éclater mon cerveau... Mais je compterais plus vite les grains de sable d'une grève que les âmes entraînées au mal par moi. La somme en est innombrable...

— Ces âmes, dit le docteur, Dieu, dans son infinie justice et son insondable miséricorde, les prendra en compassion, puisque tu te repens...

— S'il n'y avait que le passé! murmura Nanteuil... Mais les calculs sont toujours incomplets... Dieu sait combien je vivrai; trente ans, peut-être! et pendant trente ans, combien de fois tirera-t-on des éditions de mes livres et jouera-t-on mes pièces? Et non seulement pendant ma vie, mais encore après ma mort, ma fille touchera cet argent maudit... Ce terme passé, mes œuvres, tombées dans le domaine public, appartiendront à tout le monde; comprends-tu cela, à tout le monde?... Tu vois bien, Toussaint, mon ami, que mon crime est irréparable!...

— Oui, mais la miséricorde divine est infinie, fit le docteur.

A ce moment, Étienne Darthos entra, portant sous le bras une volumineuse serviette gonflée de papiers, qu'il déposa sur le bureau :

— Seriez-vous bien heureux de rentrer dans la propriété de vos œuvres?

— Vous savez bien que c'est impossible! J'ai signé... Mes traités me lient...

— Répondez-moi, fit Darthos, avec une solennité croissante; sacrifieriez-vous pour rentrer dans la plénitude de vos droits?...

— Ma vie! ma vie! s'écria Nanteuil, en se levant, les deux bras dressés, comme pour prendre Dieu à témoin de la sincérité de cette parole.

— Et s'il s'agissait seulement de votre fortune, en feriez-vous le sacrifice?

— Donnez-la toute, toute, entendez-vous? jusqu'au dernier sou. Engloutissez-la dans l'abîme que j'ai creusé; vendez mon hôtel, mes tableaux, mes bronzes, mes œuvres d'art, rendez-moi pauvre, s'il le faut; mais, au nom du Dieu de miséricorde! laissez-moi libre d'anéantir une œuvre monstrueuse.

Toussaint éparpilla les papiers sur le bureau.

— Voici, dit-il, tes traités avec Mantal; ils nous ont coûté ta Madone de Raphaël.

Les yeux de Nanteuil étincelèrent :

— Mantal! Mantal les a cédés?... Est-ce possible!... Oui, sa signature, la mienne!... Je les reconnais...

— Tu en disposeras donc tout à l'heure, poursuivit Toussaint; en voilà d'autres... dix autres : *L'Ange des mansardes, Les Chemises rouges,* et ceux dont tu peux voir les titres... Tiens, lis; ils y sont tous...

— A moi aussi, à moi?

— Payés quarante mille francs ; j'ai, de plus, par mon crédit, fait obtenir au fils de Jean Vaudois une place qu'il désirait en vain, depuis longtemps.

— Il y a encore les traités de Renardot ; celui-là ne les échangera pour aucune somme... Je connais les griffes de cet homme de proie... Il ne lâche jamais sa victime !

— C'est vrai ; mais nous l'avons fait capituler, et avec un appoint de cent mille francs...

— Lui ! Renardot ! Est-ce donc possible ? il a transigé ?

— Oui, oui, les voilà... Je les relis, je les retrouve... Ainsi, on ne me réimprimera plus *Cora la mulâtresse*, *Lucy la folle*... C'est un miracle, un miracle du ciel !... Mais il me manque les traités de seconde main... Mon Dieu, tu n'as pas songé aux éditions illustrées ?...

— Tu te trompes ! tout y est, tout !

Nanteuil éparpilla les papiers, les palpa avec les démonstrations d'une joie indicible, des tressaillements d'avare qui retrouve son trésor. Son front se rassérénait ; son regard, élargi maintenant, retrouvait un éclat tranquille ; il reprenait lentement, mais complètement, possession de lui-même.

— Libre ! fit-il. Enfin je suis libre !

— Tu es pauvre... ajouta Darthos.

— Pauvre, mais libre !... Qu'importe la misère, si j'ai la paix de l'âme ? Je n'entendrai plus des voix de femmes et d'enfants me nommer pour me maudire...

— C'est ta vie qui recommence, reprit Toussaint avec la même gravité affectueuse ; te voilà dans une chambre semblable à celle que tu occupais à l'époque où tu faisais ton droit. Ces meubles modestes qui l'ornaient et que, durant ta prospérité, tu gardas avec une sorte de respect, comme le berger Alibée, devenu ministre d'un roi de Perse, conservait sa houlette et sa panetière, je les ai fait transporter ici... Les meubles de boule, les laques, les bronzes sont vendus ! Pour horizon, tu n'as plus que le cadre de fleurs qui égaient ta fenêtre, les toits des mansardes.

— Et par dessus, le ciel ! ajouta Nanteuil.

— J'aurais pu t'offrir de partager ma demeure et ma fortune.

— Je ne l'aurais pas voulu...

Il ne suffit pas de regretter les fautes commises ; ces fautes exigent une expiation aussi large que la faute ; et, cette expiation, tu la subiras avec courage ?

— Je suis prêt!

— Alors, à l'œuvre!

— Mes amis! mes amis! dit Nanteuil, en tendant ses deux mains à Étienne et au docteur; oui, vous l'avez compris tous deux, il faut que j'expie, il faut que je recommence une œuvre nouvelle et que j'oppose, aux livres dangereux du passé, des ouvrages qui parlent à la fois de la religion, de la morale et de la famille. Tout ce que je brûlai doit être replacé sur l'autel... Dieu veuille me donner le temps de réparer tout le mal que j'ai fait!

— Voici une main de papier, dit Étienne, en la tendant gravement à Nanteuil, recueillez-vous, et produisez une œuvre grande et saine.

— Je le ferai, je le jure! s'écria l'écrivain.

Il ajouta :

— Que sont devenus les volumes brochés ou en feuilles?

— Nous les avons entassés dans les caves, répondit Darthos.

— Cela ne saurait suffire, répondit le romancier. L'expiation doit être complète.

— Que veux-tu de plus? demanda Toussaint.

— Tu m'as dit que je gardais la jouissance de mon hôtel?...

— Jusqu'à la fin de ce mois.

— Les meubles en sont-ils enlevés?

— Non; les marchands les prendront le jour où l'hôtel sera libre.

— C'est bien, merci, fit Nanteuil; j'ai le temps.

Et, continuant tout haut sa pensée :

— Rien ne presse.

— Oui, quelques jours me suffiront pour réaliser mon projet. Je vais y réfléchir et en élaborer le plan... J'ai besoin, pour cela, d'être seul...

Il était debout; son visage, qui portait la trace de longues souffrances, respirait une joie profonde, inespérée. Une transfiguration s'opérait en lui.

— Eh bien! recueille-toi, mon ami... Nous allons te laisser à toi-même, dit le docteur; pendant ce temps, nous irons, Darthos et moi, prendre les dernières mesures que commande la situation.

— C'est bien, murmura Nanteuil, en leur prenant la main. Et maintenant, dit-il, au revoir, et merci à tous deux; Angèle et Benoît me restent... Vous m'avez rendu la liberté et le courage; je me montrerai digne de tant de dévouement.

— Quand te reverrai-je? demanda le docteur.

— J'attends de toi un dernier service, Toussaint, si ce n'est pas trop demander de toi?

— Tu peux les exiger tous.

— Avant de renoncer d'une façon complète à ma vie heureuse, à mon hôtel, j'y veux encore une fois donner une fête magnifique, mémorable !

— Une fête ?

— Oui.

— Cette fête, dont tu m'avanceras les frais, puisque je ne possède plus rien, fera époque dans mon existence... Ne m'en demande pas davantage... Prête-moi vingt mille francs à valoir sur mon premier livre. Veux-tu ?

— Je te les apporterai demain.

— Allons, tu es le plus habile des docteurs et le meilleur des amis !

— Et les dispositions de cette fête ?...

— ... me regardent seul.

— Les invitations ?...

— ... comprendront tout Paris.

— Pharès n'en sera pas ! dit Étienne.

— Je compte cependant l'inviter.

— Alors il déclinera l'invitation pour cause de force majeure... Depuis un mois, il réfléchit, entre les murs de Mazas, sur le danger de commettre ce *crime de la plume* qui s'appelle le chantage littéraire.

— Il devait finir ainsi, dit Nanteuil.

Toussaint et Darthos sortirent ensemble.

En ce moment, Nanteuil entendit le bruit d'un sanglot.

— Angèle ! fit-il ; Angèle !

La jeune fille accourut.

— Pauvre ange ! fit-il, malgré ma fièvre et mon délire, je te reconnaissais, je te devinais... Que tu as souffert ! Mais tu as eu Toussaint, mon cher et vieux camarade, pour te plaindre, et cet excellent Darthos...

— Vous ne travaillez point aujourd'hui, n'est-ce pas, mon oncle ? demanda Angèle.

— Non, chérie ; aujourd'hui, je fête ma convalescence.

Il l'embrassa sur ses cheveux blonds et la garda longtemps serrée sur sa poitrine.

Le lendemain, il donna à Benoît des ordres multiples, qui employèrent une partie de sa journée.

Angèle lui ayant demandé ce qu'il complotait :

— C'est pour ma fête ! répondit-il.

A l'hôtel, le concierge reçut des instructions; personne ne devait pénétrer, non seulement dans les appartements, mais encore dans la cour.

Deux jours avant la date fixée pour cette *redoute*, car le romancier voulait laisser à sa dernière réception la fantaisie de l'imprévu, Nanteuil monta en voiture, se fit conduire dans une rue modeste, s'arrêta devant une maison d'apparence convenable et jeta un nom au concierge.

Celui-ci, en quelques mots, renseigna le visiteur, et, un moment après, l'écrivain faisait passer sa carte à l'homme près de qui il souhaitait d'être introduit.

Celui-ci ne se fit pas attendre : petit de taille, mais musculeux, rasé de frais, la chevelure courte, il possédait une sorte de dignité triste.

— Monsieur, dit-il à son visiteur, quelque horreur que m'inspire la curiosité indiscrète dont je suis parfois l'objet, connaissant votre nom et sachant bien que vous avez des raisons sérieuses pour me demander une entrevue, je commence par vous dire que je me tiens absolument à votre disposition. Si je puis quelque chose pour vous, je m'honorerai de vous être utile. Je vous écoute. Parlez.

— Sans réticence?

— Aucune.

— Et vous vous rendrez à ma prière?

— Je vous le jure.

— Merci, fit Nanteuil, en s'inclinant gravement.

— De quoi s'agit-il?

— D'une exécution, répondit Nanteuil.

L'homme pâle tressauta et fixa deux yeux ahuris sur l'écrivain.

— Que voulez-vous dire? questionna-t-il.

Nanteuil lui parla longuement, à mi-voix, employant toutes les séductions de son éloquence, toutes les ressources de son esprit pour le décider à se rendre à sa prière.

Pendant qu'il parlait, son auditeur hochait la tête et faisait des gestes de dénégation.

L'écrivain insistait.

— Non, monsieur, fit l'homme; ce que vous demandez est impossible.

— Pourquoi?

— La loi dont vous parlez est abrogée depuis longtemps, et le cas que vous me soumettez échappe à mon ministère.

— S'il me plaît de la faire revivre?

— Vous n'êtes condamné par aucun tribunal?

— Je relève de la justice de Dieu.
— Elle se fera à son heure.
— Il me convient de la devancer.
— Je ne puis vous y aider.
— Qui pourrait s'y opposer?
— Ce que vous réclamez de moi est incompatible avec les mœurs de notre époque.
— Vous croyez?
— Et puis, je serais répréhensible.
— Nullement; la fête que je donne est une *redoute*; les invités y seront les uns en habit de bal; les autres porteront des travestissements empruntés à tous les pays, à tous les âges... Vous trouverez chez moi un superbe costume de Caboche; je l'ai fait dessiner pour mon drame *Les Cabochiens*. J'étais loin de m'attendre, moi-même, à lui donner un rôle dans celui de mon existence!

Un instant, son interlocuteur le considéra avec surprise; puis, après avoir paru réfléchir, il demanda :

— Me sommez-vous de tenir une parole donnée à la douleur?
— Oui, répondit gravement le romancier.
— Eh bien! monsieur, comptez sur moi; je suis de parole; je serai exact.

Nanteuil tendit la main à l'homme pâle, qui recula à cette avance généreuse.

— Donnez, donnez-moi la vôtre, sans crainte, fit l'écrivain... Je sais laquelle est vraiment souillée devant le Souverain Juge des consciences.

L'homme pâle prit humblement les mains que lui tendait le romancier, pour prendre congé.

Nanteuil salua, en s'inclinant, et sortit.

Jamais aucune invitation de Nanteuil n'avait excité une curiosité semblable à celle qu'il lança dans le monde, à quelque temps de là.

La nouvelle de ses malheurs domestiques avait transpiré. On savait Augustine au Prieuré et Cécile en Angleterre avec son mari. Puis, car tout se sait à Paris, on s'était répété qu'à la suite du départ de sa fille et de l'abandon de sa femme, ce cerveau puissant, cette volonté jusqu'alors invincible, avaient soudainement perdu leur lucidité et leurs facultés créatrices. Le mot *folie* ne se prononçait pas tout haut; on s'arrêtait à la monomanie. Celle-ci ne faisait doute pour personne. Le rachat des éditions de ses livres en paraissait une preuve évidente. Cependant, ce point était encore discuté. Certaines personnes soutenaient que le romancier n'avait souhaité rentrer en jouissance de ses droits que par esprit de calcul, dans l'espérance d'en tirer un meilleur parti. Il se ferait lui-même son éditeur et verrait doubler ses profits. Quant à sa galerie de tableaux, chacun sait que ces propriétaires de collections remarquables s'en défont souvent au moment où leur réputation est devenue européenne. Ils se ménagent, dans la suite, le plaisir d'acquérir des œuvres nouvelles, et se donnent des émotions de découvreurs de chefs-d'œuvre. La vente de la galerie ne prouvait donc rien, pas plus que le rachat des livres.

Quant à la réclusion dans laquelle il avait vécu, il suffisait, pour l'expliquer, des derniers événements qui venaient de se produire et des deuils de famille.

Seulement, Nanteuil était encore trop jeune, trop vivant, pour repousser toute distraction et s'enfermer dans la solitude. L'isolement est l'écueil de l'écrivain. Il doit se mêler aux travailleurs, aux producteurs des arts et des lettres. Il doit entendre de la belle musique, regarder de superbes toiles, se tenir au courant de ce qui se dit, se fait ou s'écrit. Il reprenait donc, après une absence, sa place au milieu d'un monde dont il avait été roi ; et les invités s'apprêtaient moins encore à s'amuser pendant quelques heures qu'à fêter ce qu'en style théâtral on aurait appelé la rentrée du dramaturge.

Vers onze heures commença le long défilé des voitures qui débouchaient par toutes les avenues.

La cour de l'hôtel était vaste ; des sergents de ville maintenaient l'ordre avec une exactitude scrupuleuse. Au fond de la cour, on apercevait un amas sombre, dont il était impossible de définir la nature, et autour duquel s'élevaient des lampadaires que l'on s'étonnait de ne point voir allumés encore. Non que cette clarté devînt nécessaire; les lustres des salons étincelaient et jetaient leurs éblouissements à travers les vitres.

Chacun, pour répondre à l'invitation de Nanteuil, et certain de rencontrer chez lui le *high-life* parisien, avait lutté d'élégance et de parure. Les habits noirs se trouvaient en minorité ; les déguisements, au contraire, dominaient, élégants, variés, riches ; les manteaux vénitiens plus nombreux jetaient déjà une note gaie dans la foule, puis venaient des travestissements merveilleux : des chevaliers portant des armures authentiques, des Mignons Henri III, des sultans de Mysore, des doges de Venise, des palicares en jupes plissées, des pêcheurs napolitains en cafetans, le scapulaire sur la poitrine, des reîtres, des paludiers, des seigneurs Louis XV. Les femmes avaient vidé leurs écrins sur leur cou, sur leurs bras et dans leurs chevelures brunes ou blondes

Nanteuil, avec une élégance suprême, portait un habit de ville. Il accueillait ses amis avec une bonne grâce souriante, adressait à tous un mot flatteur et paraissait si bien en possession de son intelligence et de son calme que ceux qui avaient craint pour lui commencèrent à se rassurer.

Toussaint et Darthos manifestaient seuls de l'inquiétude, redoutant une explosion de folie soudaine.

— Pourquoi nous a-t-il caché ses projets? demandait Étienne, avec angoisse.

— Son pouls est bien calme, pourtant, répondait le docteur, qui ne parvenait pas, non plus, à s'expliquer cette bizarrerie :

— Il est calme, parce que sa résolution est froidement prise.

— Qui sait ce que nous cache cette apparente tranquillité?

— Attendons, répondit le docteur; aussi bien, il nous serait impossible de rien deviner. Et il est trop tard, maintenant, pour prendre d'autres mesures.

Un orchestre entraînant jouait des valses d'Olivier Métra, de Johan Strauss; on se promenait dans les galeries et les salons; on assiégeait les buffets chargés de choses exquises. L'esprit pétillait sur toutes les lèvres, les vins mousseux dans toutes les coupes; la gaieté flambait dans tous les yeux. Les pendules arrêtées ne laissaient plus arriver jusqu'aux invités le souvenir des heures fuyantes; et jamais dans un cadre plus merveilleux ne s'étaient confondus des groupes plus charmants.

Nanteuil consulta sa montre. Sa poitrine sembla se gonfl r dans un effort suprême.

— Allons, il est temps! murmura-t-il. L'heure a sonné. Allons!

Alors, entrant dans le grand salon, il s'approcha d'une console placée près d'une fenêtre, l'effleura de la main gauche; puis il étendit sa droite vers les invités, qui s'arrêtèrent subitement, attirés par ce geste.

La pâleur de Nanteuil était grande, et, cependant, un reflet, presque semblable à un rayonnement, passait sur son visage de cire.

— « Vous tous qui êtes ici, dit-il, vous avez vu mes pièces et lu mes livres; vous m'avez encouragé, applaudi; vous m'avez aidé à gravir le sommet auquel j'ai cru pouvoir atteindre. Vous avez tendu la main à l'homme, et plusieurs d'entre vous l'ont aimé. C'est donc devant vous, mes émules, mes rivaux, mes maîtres, que j'ai résolu de dire ce qui pèse sur ma conscience, comme un fardeau... Ne me regardez point avec inquiétude, soyez tranquille s, je ne suis pas fou! Vous connaissez l'œuvre; je veux que vous sachiez comment l'homme se juge. Ah! vous croyez, vous tous, journalistes, poètes, feuilletonistes et critiques, que nous avons le droit de composer, de publier, de répandre des odes bonnes pour être répétées durant les orgies ou chantées au milieu des émeutes populaires? Vous vous imaginez qu'il ne nous sera pas demandé compte des livres dans lesquels nous aurons enseigné au pauvre la haine du riche, à l'ouvrier celle du patron, et que, tout en parlant de la « sueur du peuple », nous aurons le droit de recueillir les billets de mille francs que nous rapportent nos pages incendiaires? Ce n'est pas vrai! Si un esprit dangereux anime un grand nombre de travailleurs, ce mauvais esprit, vous et moi, artisans du crayon et de la plume, nous le lui avons inspiré ; si la haine du prêtre se répand comme une lèpre, c'est que nous n'avons pas assez honoré ce prêtre dans notre vie et dans nos œuvres. Si nos familles sont dévorées par la légèreté, la profusion, la coquetterie des femmes, c'est qu'à ces femmes, à qui nous devions parler de devoir, nous avons parlé liberté et plaisir. Les dissolvants de la société, ce sont nos livres ! Ce qui soulève la foule, ce qui exaspère les masses, dresse des barricades dans les rues et crée une Commune sous prétexte d'affranchissement, c'est nous, toujours nous, qui, tranquillement assis à notre bureau, couvrons d'encre ces feuilles de papier qui coûteront plus tard du sang et des larmes!...

« La justice des hommes ne s'inquiète pas de ce crime, à moins qu'il atteigne certaines proportions de scandale ; c'est donc à nous de nous châtier nous-mêmes. Vous souvenez-vous comment, au moyen âge, on punissait l'écrivain coupable d'avoir écrit des pages dangereuses?

« On abattait la main qui avait tenu la plume !

« Et savez-vous ce que l'on faisait de ses œuvres?

« On les brûlait en place de Grève.

« Nul ne m'accuse, il est vrai, mais je me juge et je me condamne ! Regardez. »

Nanteuil ouvrit la fenêtre toute grande.

Les lampadaires venaient d'être allumés, et, à leur clarté bleuâtre, il devint facile de distinguer, au centre de la cour, un prodigieux entassement de livres et de papiers.

Chacun regardait avec curiosité, sans comprendre au juste ce qui allait se passer.

— Ce sont mes œuvres! reprit le romancier; je demande pardon à Dieu de les avoir écrites.

Il fit un geste.

En ce moment, à la surprise générale des invités, parut, dans le rayon lumineux projeté par les lampadaires, un homme vêtu du costume historique du bourreau, chef des Cabochiens.

Un masque de velours couvrait son visage; il saisit une torche résineuse, qu'il alluma aux lampadaires; puis, avec lenteur, il mit le feu à l'amas de volumes.

La flamme jaillit aussitôt et se tordit en spirales.

Mais à peine eut-il allumé ce bûcher qu'on le chercha vainement dans la cour.

Nanteuil éleva de nouveau la voix :

— Messieurs, dit-il, cet homme était l'exécuteur des hautes-œuvres.

Il ajouta d'une voix émue :

— Puissé-je écrire maintenant des ouvrages qui ne laissent pas de remords, que la femme feuillettera sans crime et que la jeune fille lira sans danger !

— On le disait bien! s'écria un dramaturge à la mode : Nanteuil est devenu fou.

— Vous vous abusez, répliqua Toussaint; c'est simplement un homme qui s'est trompé et se repent. Jamais il n'a été mieux en possession de lui-même, et j'ajouterai que jamais je ne l'ai jugé plus grand.

— Allons donc ! fit un vaudevilliste, il nous joue une scène de mélodrame !

— D'ailleurs, la présence de Monsieur de Paris me paraît d'un goût douteux.

Les valses de Strauss ne se faisaient plus entendre ; le bûcher de la cour commençait à s'éteindre et ne répandait plus que de noires fumées; les hommes gagnèrent l'antichambre; les femmes s'enveloppèrent de leurs pelisses, et, une demi-heure après, dans les vastes salons jonchés de pétales de fleurs, il ne restait plus que Nanteuil, Darthos et Toussaint.

— Et maintenant, mes chers amis, dit Nanteuil, je ne suis plus ici chez moi; veuillez me reconduire à ma pauvre chambre du cinquième étage.

— Veux-tu me remettre la note de Meg? (Voir page 172.)

CHAPITRE XV

LA FILLE PRODIGUE

Le sentiment de regret, presque de remords, qui traversa l'âme de Cécile au moment où elle vit disparaître la demeure où elle avait grandi, y laissant son père à demi fou et sa mère prête à reprendre la route du Prieuré, emportant avec elle la croix de ce veuvage anticipé, qu'on appelle la séparation ; ce sentiment de honte et de douleur s'apaisa vite. Cécile aimait assez Kasio, pour que la présence de son mari calmât ses alarmes et séchât les pleurs dans ses yeux.

Elle ne s'inquiéta ni d'être mariée sans dot, ni de savoir Kasio presque sans revenu. Pourtant, les deux mille francs de rente qu'il gardait suffisaient à peine à payer un logement sommaire dans les hauteurs des Batignolles.

Kasio, jusqu'alors, avait tiré parti de tout : de sa nationalité, de la pureté de son type slave ; il se faisait à la fois mannequin de modes nouvelles, complice de maquignonnages plus ou moins honnêtes ; il connaissait tout le monde et tous les mondes.

Il s'était toujours promis de conclure un riche mariage ; mais la noblesse polonaise l'accueillait mal, et les négociants millionnaires mettaient prudemment leurs héritières en garde contre le trop habile virtuose. Kasio chercha longtemps, sans la trouver, une jeune fille assez romanesque pour s'éprendre de sa personne, sans lui demander ce qu'il ferait de sa vie. Cécile n'eût jamais cédé à l'entraînement qu'elle devait si fatalement subir, si les livres de son père ne lui avaient inspiré le sentiment de la révolte.

A cette heure, elle ne voulait plus rien voir d'attristant dans l'avenir, et, tandis qu'elle écoutait les charmantes choses que son mari lui disait d'une voix douce, elle se reprenait à ses rêves.

Le voyage fut un enchantement.

Cécile admira les îles vertes de la Manche, semblables à des corbeilles de fleurs. Elle traversa l'Angleterre et gagna l'Écosse, dont les livres de Walter Scott lui faisaient souhaiter de visiter les lacs.

Au bout de deux mois, elle saisit bien, parfois, sur le visage de Kasio, une fugitive expression d'inquiétude ; mais la saison était admirable ; elle se plaisait dans ce pays, où les charmes de la nature semblent, durant le printemps et l'été, s'efforcer de compenser les âpres beautés de l'hiver. Quand Cécile parla de quitter un village qu'elle habitait depuis plus de six semaines, Kasio lui demanda, avec une sorte d'inquiétude, si elle s'ennuyait.

Comme tous les êtres doués d'une nature ondoyante et fine, Kasio entendait admirablement la mise en scène. Il ne songeait peut-être pas toujours à poser, mais il posait partout, quand même, avec une sorte de fatale inconscience. Cécile ne cherchait rien au delà de cette enveloppe ; elle aimait son mari et se croyait aimée.

Un jour, Kasio la surprit, cachetant une lettre.

— A qui adresses-tu cette correspondance? lui demanda-t-il.

— A Eugénie de Renilly.

— Pourquoi n'écris-tu pas à ton père? demanda Kasio.
— Écrire à mon père! Oublies-tu qu'il m'a presque maudite?
— Il peut en avoir du remords?
— Lui? Mais c'est moi qui fus coupable!
— Prends garde! fit Kasio. Un peu plus tu m'avouerais que tu regrettes ton mariage.
— Je ne le regrette pas, répondit Cécile, d'une voix tremblante. Je tiens désormais à toi par des liens doublement sacrés... car l'enfant, que je te donnerai, doublera pour toi ma tendresse...
— Est-ce vrai? Est-ce donc vrai? demanda Kasio, en serrant les mains de sa femme.
— Oui, répondit-elle gravement.
— Alors, raison de plus pour solliciter le pardon de ton père, en lui apprenant une nouvelle qui le comblera de joie...
— Ce serait inutile, maintenant, répéta Cécile; laisse-moi décider de l'opportunité de cette démarche.
— N'en parlons plus, répondit Kasio.
Il tourna et retourna dans ses mains la lettre à l'adresse d'Eugénie.
— Mme de Reuilly est-elle riche? demanda-t-il.
— Je n'ai jamais songé à le lui demander. Elle possède le Prieuré et gagne beaucoup d'argent... Pourquoi cette question, Kasio?
— Je te le dirai plus tard, si cela devient absolument nécessaire. En attendant, je vais faire porter cette lettre à la poste.
Kasio Vlinski descendit, et, sans doute, il avait changé d'opinion, car il s'éloigna, en emportant la lettre.
Comme si elle n'eût attendu que le départ de son locataire, l'hôtesse de Cécile, Meg Bertram, se présenta devant la jeune femme.
Elle semblait presque embarrassée, salua gauchement et dit avec hésitation :
— Je demande pardon à mistress de ma démarche, dit-elle; mais le gentleman m'a tant de fois renouvelé des promesses qu'il n'a pas tenues!... Nous avons des charges... Si j'étais propriétaire d'un hôtel rapportant des milliers de livres, je consentirais à prolonger le crédit... Mais mon cottage, loué, en été, à de jeunes ménages qui font leur voyage de noces, est mon unique ressource, et je souhaiterais que mistress Vlinski voulut bien régler mon compte.
Le visage de Cécile s'empourpra.
— A combien se monte-t-il?
— Je l'ai remis, il y a un mois, au gentleman... quatre-vingts livres dix schellings trois pences.

— Fort bien, répondit Cécile; je vais redemander cette note à mon mari, et je la réglerai moi-même.

Restée seule, Cécile sentit un flot de honte lui envahir le cœur. Elle comprenait, pour la première fois, que Kasio savait mentir. Ainsi, quand il lui reprochait de songer à quitter la vallée et le lac, ce n'était point parce que des souvenirs l'y retenaient; il y demeurait, parce qu'il manquait d'argent pour s'en éloigner.

Manquer d'argent! Jamais Cécile n'avait connu, chez son père, cette humiliation et cette souffrance. Elle fouilla dans un coffret, y prit une poignée de bijoux, qu'elle enfouit dans sa poche, mit un chapeau et s'éloigna rapidement du cottage.

Une heure après, elle revint d'un pas lent, le front baissé.

Kasio l'attendait.

— D'où viens-tu? lui dit-il. Pourquoi ne m'avoir pas attendu pour faire notre promenade habituelle? Je me suis justement souvenu aujourd'hui d'une poésie ravissante que je te répéterai ce soir.

— Kasio, dit Cécile, sans paraître avoir entendu le reproche et la promesse de son mari, veux-tu me remettre la note de Meg?

— Pourquoi faire?

— Mais, ce que l'on fait de toutes les notes, pour la payer.

— Tu as donc de l'argent? s'écria Kasio, d'une voix pleine de convoitise.

— J'en ai réalisé, du moins.

— Par quel moyen?

— J'ai vendu des bijoux.

Kasio Vlinski ouvrit un meuble et y chercha fiévreusement la note de l'hôtesse.

— On aurait pu attendre pour régler cela, dit-il; cette note est vraiment très exagérée; cette femme nous traite en touristes millionnaires.

— Non, dit tranquillement Cécile, en parcourant la note du regard; tout ce qui est marqué là est très juste et très raisonnable... Quant à nous traiter en touristes, c'est son droit; ceux qui manquent d'argent ne doivent point voyager.

Cécile descendit, paya Meg Bertram et remonta dans le petit salon, que son mari arpentait, d'un air mécontent.

— Ainsi, demanda Cécile, il ne te reste rien?

— Rien.

— Alors il faut partir tout de suite... En France, à Paris, nous trouverons certainement des ressources. Consulte un *guide*, et partons, non pas demain, mais ce soir.

— On dirait que tu ne regrettes pas ce coin de terre?

— Tu te trompes, Kasio; j'y ai vécu heureuse, bercée dans mon bonheur... sans savoir que le calme dont je jouissais était usurpé. Je quitterai l'Écosse sans regret... Tu seras toujours avec moi, et il ne me faut rien de plus.

Kasio recouvra sa tranquillité. Certain d'avoir le prix du voyage, il ne s'inquiétait point de ce qui surviendrait quand il serait à Paris.

Le voyage se fit presque gaiement; Cécile, elle-même, oublia le souci auquel elle venait d'être en proie. Kasio jouait sur le thème de la situation qui lui était promise des variations, prouvant que sa force, comme virtuose de la parole, égalait l'art avec lequel il traduisait Chopin.

Deux jours après, ils arrivaient à Paris.

Quoique la saison ne fut pas encore très avancée, le temps restait froid et brumeux; il était onze heures du soir; la lumière du gaz brillait à travers la buée couvrant les vitres. Le fiacre, pris par les jeunes gens, roulait sur les pavés noirs : il semblait que jamais on n'arriverait à cette rue des Abbesses, une des plus rudes que les chevaux de Paris soient obligés de gravir.

La concierge, prévenue, avait eu soin d'allumer un grand feu clair dans les deux chambres composant l'appartement de Kasio. Les bougies roses des candélabres donnaient une lumière faible, mais douce; des fleurs emplissaient un vase, et la première impression de la jeune femme fut celle du contentement.

Quand elle s'éveilla, le soleil était déjà haut.

Cécile se souleva sur le coude et passa une inspection de la chambre dans laquelle elle se trouvait.

Les rideaux, de guipure blanche, étaient doublés de percaline; le tapis montrait la trame; aux croisées, aux portes, pendaient des tentures en damas laine de coton.

Les meubles, en faux boule, avaient perdu des plaques de gélatine: tout cela était mesquin, faux, et jurait horriblement d'être ensemble.

— Allons! fit Cécile, comme si elle venait de faire provision de courage.

Elle se leva, s'habilla et trouva dans le salon Kasio, allongé sur le divan où il venait de passer la nuit. Il fumait une cigarette.

— Tu l'as voulu! dit-il, en regardant les murailles au papier terne... Grâce à Dieu, nous ne resterons pas longtemps ici!...

— Comment as-tu pu y vivre, Kasio?

— Je n'y vivais pas; j'y rentrais seulement.

— Explique-toi.

— C'est fort simple : J'aime le luxe sous toutes ses formes. Ne pouvant l'avoir par moi-même, je le partageais ; tous mes amis étaient riches, et je ne connaissais guère que des viveurs. Je suis marié, donc tu m'as converti, et je trouverai que ces deux chambres sont un paradis, si tu ne t'y ennuies pas, si tu veux bien m'y sourire.

— Oui, je sourirai, je chanterai même ; l'oiseau se fera dans sa cage, je te le promets, à une condition unique.

— Laquelle ?

— C'est que tu vas, tout de suite, trouver une occupation.

— Trouver !... c'est chercher que tu veux dire ?

— Puisqu'on t'a fait des promesses, c'est la même chose.

— C'est convenu ; je me mettrai en campagne demain.

— Pourquoi ce retard, même d'un jour ? Sois bon ; cours chez celui de tes amis qui te fera avoir cet emploi de dix mille francs...

Kasio répondit, en riant :

— Déjeunons d'abord, je sortirai ensuite ; diable ! ma femme ne me permettra point la paresse... et moi qui aime le kief comme un Oriental !

— Il me reste si peu d'argent ! fit Cécile.

Le visage de Kasio Vlinski exprima une vive contrariété ; mais il se remit, déjeuna rapidement, embrassa sa femme et sortit.

Quand il se retrouva sur les boulevards, il lui sembla reprendre possession de Paris et de lui-même. Il passa en revue les cafés, les petits théâtres, les restaurants, tout ce qu'il connaissait si bien, tout ce qui avait été pour lui le centre, le cœur même de Paris. Chercher en ce moment une place, il n'y songeait guère ; il voulait auparavant serrer la main de ses amis.

Chacun d'eux l'accabla de félicitations.

— Femme charmante ! beau-père millionnaire !

Mais le cercle, dans lequel il devenait possible à Kasio de se mouvoir, se resserrait d'une façon dangereuse. Ne trouvant rien de mieux, il songea à Zoé Cobra.

Les trois Vipères, réunies dans le boudoir de Zoé, méditaient gravement sur une mode nouvelle, quand le nom de Vlinski leur fut jeté par une petite servante.

Une minute après, Kasio faisait son entrée.

Sosthénie Simonin et Flore Dorvet sourirent avec discrétion et lui demandèrent des nouvelles de cette « chère Cécile ». Puis, comprenant que le jeune homme souhaitait avoir avec Zoé un entretien sérieux, elles embrassèrent leur amie et la quittèrent, en lui serrant la main d'une façon expressive.

Zoé Cobra rentra, souriante, dans le vieux boudoir fané, terni, où l'on voyait, devant les fauteuils, les fourrures des chiens que Zoé avait vus mourir, et dont elle avait fait tanner la peau.

Sur la table, recouverte d'un vieux châle, des brochures roses, vertes, bleues, s'entassaient ; quelques-unes portaient des dédicaces flatteuses, dans lesquelles on comparait Zoé à une muse ; on la plaçait au dessus de Mme de Staël et de Mme de Sévigné.

— Je suis ravie de vous voir! s'écria-t-elle, avec cette expansion de commande qui aiguisait à la fois son regard et le rictus de ses lèvres. Vraiment! il était temps que vous rentrassiez à Paris !... Il ne faut pas avoir le bonheur trop égoïste... Et votre ravissante femme? Toujours jolie, naturellement ; toujours bonne? Cela dépend de vous. Vrai! monsieur Vlinski, vous me devez une grande reconnaissance, car enfin c'est un peu moi qui ai fait votre mariage.

— Je ne l'oublierai jamais, madame ; soyez-en certaine, répondit le Polonais, en portant à ses lèvres les doigts maigres de Zoé Cobra.

— Parlez-moi de Londres, de l'Écosse, de ses lacs... Oh ! les lacs d'Écosse, ces lacs de saphir qu'ont chantés les poètes.

— Je vous les décrirais moins bien que Walter Scott, madame... Soyez tout à fait généreuse et faites l'aumône de nouvelles parisiennes à un Slave qui revient... du pays du Tendre, si vous voulez, mais qui revient de loin.

— Faut-il vous parler de votre beau-père?

— Pourquoi pas? Je ne lui garde point rancune.

— Vous êtes charmant, ma parole! Eh bien! votre beau-père s'est battu en duel ; le savez-vous?

— Non, fit Kasio ; a-t-il été blessé?

— Oui, et il a beaucoup souffert : le docteur Toussaint et Angèle l'ont guéri. Seulement, quoique ce ne soit point à la tête qu'il ait été atteint, il faut croire que le cerveau a été fracassé, car subitement il a changé de façon de vivre, s'enfermant chez lui, ne voyant que son médecin et Darthos, et chargeant ceux-ci de négocier le rachat de ses œuvres avec les éditeurs.

— Il est très fort! dit Kasio... Et sa femme?...

— ...reste au Prieuré, chez Eugénie de Reuilly. Ah ! une nouvelle : Sosthénie Simonin, Flore Dorvet et moi, nous fondons une revue, la *Revue des Femmes.*

— Vous en avez les éléments?

— Nous ne voulons que des collaboratrices, et, quant au nerf de la guerre, nous le possédons également ; Sosthénie et Flore versent immédiatement chacune huit mille francs... Moi, j'en apporte deux seulement... Mais j'aurai dans trois semaines la rentrée des six mille francs que j'ai eu le plaisir de vous prêter.

Kasio devint très pâle.

— Chère madame, dit-il, vous m'avez promis de renouveler le billet?...

— Et je n'y aurais point manqué sans cette circonstance ; mais, en ce moment, la *Revue* prime tout... D'ailleurs, vous voici à Paris ; la bourse de vos amis vous est ouverte... Puis enfin Cécile a sa famille ?

— Je le lui ai répété ; elle est inflexible sur ce point.

— Elle y viendra... dit Zoé en souriant.

— Je l'espère ; mais, pour l'y décider, il faut que, moi-même, j'apporte ma part à la maison... Trouvez-moi une place...

— Une place ! Vous ? Allons donc ! Vous voulez rire... Et que feriez-vous d'une place, Polonais que vous êtes ?

— Mais quand on a un emploi, on émarge...

— C'est vrai, au bout de trente jours... Que sauriez-vous faire, d'ailleurs?... C'est égal, soyez convaincu que je ne vous oublie pas... Je voudrais vous retenir, mais je dois préparer la copie du premier numéro de la *Revue*... Vous m'excusez, n'est-ce pas ?

Kasio excusa Zoé et sortit, la rage dans le cœur.

Quand il revint chez lui, il trouva Cécile habillée et l'appartement rendu presque passable au moyen d'objets charmants tirés de ses malles par la jeune femme.

— Eh bien ! lui demanda-t-elle, as-tu réussi ?

— Oh ! je t'en prie, répondit Kasio, ne m'adresse point de questions de ce genre. Quand la place qu'on me promet me sera donnée, tu le sauras.

— Je ne t'en parlerai plus, répliqua Cécile ; rappelle-toi seulement qu'il ne reste plus qu'un billet de cent francs !

— Ah ! çà, mais c'est une ritournelle !... fit Kasio en s'asseyant sur le tabouret du piano.

Le lendemain, Vlinski sortit à une heure très matinale.

— Je t'apporterai des nouvelles, lui dit-il.

Il courut aux informations pour une place qu'il avait sollicitée. La réponse fut désespérante.

En revenant, il songeait que les cent francs de Cécile devaient toucher à leur fin. Il lui fallait du café, des liqueurs fines, des cigares. L'idée d'une privation à subir ne pouvait traverser son esprit.

Un matin, comme il allait partir sous prétexte de chercher une situation, sa femme lui demanda d'une voix triste :

— As-tu de l'argent ?

— Je t'en rapporterai, d't-il.

Il vendit une paire de boutons de manchettes et en remit le prix à sa femme.

Dès lors, le ménage vécut des débris de son luxe; les derniers bijoux fondirent dans le creuset d'une gêne grandissante.

Kasio, qui lisait un reproche dans l'attitude morne de sa femme, s'éloigna d'un logis où manquaient le confortable et la gaieté.

Cécile ne voulut pas comprendre qu'il désertait sa maison. Elle avait eu l'amour si puissant qu'elle gardait la confiance tenace.

Un soir, elle remit à Kasio une lettre timbrée d'une figurine représentant un petit serpent.

— On dirait des armes parlantes! fit-elle.

— De qui soupçonnes-tu que soit ce billet?

— De Zoé Cobra; elle a fait graver sur ce cachet le reptile dont elle porte le nom.

— Devineras-tu aussi bien le contenu de la lettre que la signature?

— Non, certes; et je me demande comment il se fait que Zoé Cobra soit en correspondance avec toi, quand, à mon retour, je ne lui ai pas fait de visite?

— Tu as eu tort! fit Kasio, d'une voix brève.

— Je ne juge plus toutes choses au même point de vue, et je me demande parfois ce que je souffrirais si mon enfant se conduisait un jour comme je l'ai fait à l'égard de mon père?

— Des remords! Déjà? fit Kasio en riant.

— J'ai le sentiment de ma faute : voilà tout.

— Je te répète que tu as tort de te montrer fière ou ingrate à l'égard de Zoé Cobra; peut-être aurais-tu obtenu d'elle ce qu'elle va indubitablement me refuser?

— Que peux-tu demander à cette femme?

— Tout simplement qu'elle renouvelle mon billet.

— Un billet! Tu as fait un billet à Zoé Cobra?

— Eh! ma chère, on emprunte à qui on peut!

— De combien est ce billet? demanda Cécile.

— Six mille francs.

— Quand les as-tu empruntés?

— Huit jours avant mon mariage.

— Ainsi, demanda Cécile, rouge de honte, ce que tu as acheté pour ma modeste corbeille?...

— ... a été payé avec cet argent.

— Notre voyage en Angleterre et en Écosse?...

— ... a achevé d'épuiser cette ressource.

— Mais il fallait être franc! s'écria Cécile ; il fallait me dire, au moment de m'épouser : « Je n'ai rien », et je serais quand même devenue ta femme. Mais mentir, me tromper, me faire jouir d'un semblant d'aisance, quand les voitures dans lesquelles nous montions étaient payées par Zoé Cobra, voilà qui me semble par trop amer!

— Avant de te montrer si dure, fit Kasio, tu devrais songer qu'en devenant le mari de Cécile Nanteuil je ne croyais point que son père la laissât jamais manquer de quelque chose.

— Il l'avait dit, cependant... Sa malédiction, voilà tout ce qu'il me donnait pour dot.

— J'espérais que, une fois le mariage conclu, tu aurais assez d'adresse pour te faire pardonner.

— Pardonner, peut-être ; mais enrichir, jamais! Tu travailleras et je souffrirai.

— Mais tu n'as pas plus l'habitude de souffrir que moi de travailler!

— On se fait à tout, répliqua Cécile.

— Même aux querelles de ménage, à ce qu'il paraît.

— Je ne les cherche point, et, d'ailleurs, il ne s'agit pas ici d'une querelle. Nous parlons d'affaires. As-tu cherché le moyen de faire face à cette échéance ?

— Je l'ai cherché, mais sans le trouver.

— Oh! mais c'est horrible, cela! fit Cécile.

— Certes! se dire que Nanteuil possède des millions et songer que sa fille ne lui demandera pas deux mille écus! Et moi qui te croyais une habile femme?...

— Parce que mon aveuglement m'a entraînée...

— A un malheur? Est-ce cela que tu voulais dire?

— Je voulais dire seulement à une faute.

— Iras-tu chez ton père?

— Non, répondit Cécile, non!

— En ce cas, nous attendrons l'huissier, fit Kasio ; à moins que tu ne te décides à prier Zoé Cobra de me donner du temps.

— Je ne la verrai point.

— Mais tu deviens folle, Cécile!

— On garde toujours le droit de rester digne.

— Je ne te parle pas de dignité, mais d'argent.

— C'est surtout quand il s'agit d'argent qu'il convient d'avoir de la dignité.

Vlinski sortit exaspéré et laissa sa femme dans les larmes.

Deux jours après le billet fut présenté.

On signifia le protêt.

Kasio passa toute la journée hors de chez lui et rentra, vers une heure du matin, dans un état voisin de l'ivresse.

Cette fois, le dégoût s'empara de Cécile.

« — Lâche ! pensa-t-elle, celui qui déserte son foyer quand la femme y pleure ! »

Le lendemain matin, à peine son mari fut-il sorti que Cécile traça rapidement quelques lignes et ordonna à la concierge de les porter.

— Il y a une réponse, dit-elle.

Le temps lui parut d'une longueur mortelle. A la fin, cependant, la vieille femme reparut.

— J'ai été longtemps ? dit-elle, et, cependant, j'ai couru comme une dératée ; la demoiselle n'habite plus la même maison où vous m'avez envoyée... On m'a remis la nouvelle adresse ; j'en viens ; elle m'a dit qu'elle me suivait... Et tenez, une voiture s'arrête devant la maison ; je gage que la voilà.

Une seconde après, Angèle se jetait dans les bras de sa cousine.

D'abord, elles ne purent parler ; l'émotion les envahissait toutes deux ; mais, lorsque le calme se fut un peu rétabli dans leurs cœurs agités, elles causèrent enfin. Cécile apprit, avec stupeur, le revirement qui s'était produit dans les idées de son père.

— Ainsi, il est ruiné ? fit Cécile d'une voix sourde.

— Ruiné, dépouillé, complètement pauvre.

Un long soupir souleva la poitrine de Cécile.

— Ce n'est pas pour moi que je le regrette, dit-elle ; j'ai péché, et j'expie... Tu ne comprends pas cela, mon ange ? J'en suis là, cependant... Kasio ne me pardonne pas d'avoir trompé ses secrètes espérances. Mais mon enfant connaîtra donc la misère ?...

— Pauvre Cécile !

— Ce n'est pas tout ! Si je t'ai fait prier de venir, c'est pour te confesser toute la vérité. Je n'ai plus de fierté, je souffre trop... Kasio a des dettes... Il a signé un billet, un billet de six mille francs à Zoé Cobra, qui a payé mon voyage de noces...

— Tu as besoin de cette somme ?

Cécile prit un papier timbré dans un tiroir.

— Ne pleure pas ! fit Angèle d'une voix caressante... Peut-être vais-je trouver le moyen de te sauver ?... Je le demanderai à M. Darthos.

— Pas à lui ! pas à lui ! s'écria Cécile.

— Tu as tort, à lui seul. Tu sais combien il t'a aimée ; va ! on n'oublie jamais un sentiment qui a pris votre cœur tout entier.

— Que survit-il de cette tendresse ? La pitié !

— Ne dédaigne pas la pitié d'un grand cœur.

— Fais donc ce que tu voudras, pourvu que tu me sauves ! s'écria Cécile.

Angèle embrassa sa cousine, remonta en voiture et rentra dans le modeste appartement de son oncle.

Étienne venait d'y arriver.

— Je voudrais vous parler de choses graves, lui dit-elle.

Le critique la rejoignit dans un petit salon.

— Mon ami, vous m'avez priée d'être votre femme, et si j'ai demandé un délai, ce n'était point pour consulter mon cœur. Je voulais seulement laisser au vôtre le temps de s'apaiser... Aujourd'hui, je me sens trop engagée vis-à-vis de vous pour avoir un secret que vous ne partagiez pas... Cécile est à Paris.

Angèle fixa ses grands yeux sur le visage d'Étienne, mais rien ne s'y refléta : ni trouble, ni joie, ni douleur.

— Est-elle heureuse? demanda Darthos.

— Non, dit Angèle en secouant la tête ; l'argent manque chez elle, et Kasio a souscrit un billet de six mille francs... On a commencé les frais... Voici mon plan, mon ami ; mon oncle m'a fait beaucoup de cadeaux, de cadeaux trop riches pour une pauvre orpheline comme moi... En mettant au mont-de-piété les bijoux que j'ai reçus de lui, je trouverai peut-être ces six mille francs, et Cécile sera sauvée.

— Vous resterez toujours un ange, mon amie ! Oui, sauvez cette malheureuse d'un premier danger. Hélas ! vous ne saurez lui rendre toujours le calme, et Dieu seul sait si jamais elle connaîtra le bonheur. Mais, permettez : je ne trouve pas convenable que mon Angèle aille, elle-même, au mont-de-piété. Laissez moi faire pour vous cette commission ; dans deux heures, vous aurez l'argent.

Angèle vida un coffret dans les mains d'Étienne.

Celui-ci partit et revint au bout d'une heure.

— Voici la somme, fit-il ; allez la consoler. Comme je passais devant la maison du docteur Toussaint, je suis entré chez lui ; il m'a promis de trouver une place pour M. Vlinski ; annoncez cela aussi à sa femme.

— Merci, Étienne ! dit la voix douce d'Angèle.

C'était la première fois qu'elle prononçait le nom du jeune homme avec une chaste et tendre familiarité. Il lui sembla qu'avec ce nom elle lui donnait maintenant toute sa vie.

— Ce ne sera rien! fit le docteur. (Voir page 185.)

CHAPITRE XVI

LA BANDE DES TRICOTS NOIRS

Sans qu'elle s'en rendît compte, Augustine subissait un apaisement progressif. Ses entretiens avec Eugénie, durant les heures où celle-ci se trouvait libre, témoignaient qu'un renouveau se faisait en elle. Si elle ne pensait point que jamais le bonheur pût refleurir sur sa route, elle sentait du moins l'amertume de la souffrance s'endormir. La part qu'elle prenait à la vie active de Mme de Reuilly détendait ses nerfs ; elle en était venue, bien plus vite que celle-ci l'eût espéré, à trouver du charme à cette vie rurale, dont certaines gens essayent de rire, mais qu'au fond ils envient peut-être.

Un matin, toute la maison fut en mouvement.

Les jardiniers accoururent, effarés, apprendre à Eugénie que le clapier venait d'être dévalisé, la basse-cour pillée, et qu'on avait emmené le chien de garde.

Eugénie et Augustine passèrent dans la grande cour, où se trouvaient un palais de briques destiné à des lapins d'espèces rares et les basses-cours diverses, dans lesquelles on enfermait les oies, les canards, les dindes et les paons.

Tout avait été mis au pillage, de telle façon qu'un seul homme ne pouvait avoir accompli ce méfait : une bande de voleurs s'était introduite dans l'habitation, et, dans la crainte d'être dénoncée par les aboiements du chien, elle l'avait emmené.

Avec la facilité d'induction qui est le partage du romancier, Eugénie commença une sorte d'enquête.

Il en résulta que les travailleurs de la ferme, occupés dans la journée au bottelage du foin, déclarèrent que, la veille, cinq ou six jeunes garçons d'âges divers s'étaient introduits dans la basse-cour, sous prétexte de demander du travail. Après avoir échangé quelques mots avec le botteleur, ils avaient ouvert le clapier, regardant et admirant les espèces soyeuses au poil long et blanc, presque aussi léger et aussi chaud que le pelage du renard bleu, puis les poules rares, les grosses oies venant de Toulon, les canards trapus, les dindons de neige, les poules houdan, panachées de noir, coiffées d'un turban de petites plumes retombant sur leurs yeux.

Après quoi, ils sortirent, mais pas assez tôt cependant pour qu'un botteleur n'entendît le plus jeune dire à celui qui semblait le plus hardi de la bande :

— Tords le cou à une dinde, et cache-la dans une botte de foin.

La gendarmerie fut prévenue, et, peu après, Augustine et Eugénie virent arriver le brigadier et son camarade, montés sur de superbes chevaux. Le brigadier, haut de taille, fort d'encolure, avait une physionomie régulière, chaudement colorée, épanouie par un gai sourire. A peine eut-il recueilli quelques renseignements qu'il s'écria :

— Je parie que les garçons qui sont venus hier étaient vêtus de tricots noirs rayés de blanc et de pantalons en guenilles ?

Le chien, remis de sa terreur, venait de s'étaler au soleil, où il léchait son poil humide; à l'aide de sa langue rose, il avait enlevé le sang couvrant son museau, et, le muffle tranquillement allongé, il savourait le parfum de la soupe que l'on venait de placer devant lui.

— Aucun danger de ce côté, affirma le docteur.

Il rentra dans le salon où se trouvaient Eugénie et Augustine.

— Ce ne sera rien! fit le docteur. Vous souffrirez, mais vous êtes courageuse; seulement, il vous faudra renoncer, pendant quelque temps, à composer des chapitres de romans... Mais vous savez faire tant d'autres choses!... Vous essuyez si bien les larmes, et vous répandez si largement l'aumône!

— Oh! ne me trompez pas, docteur; êtes-vous certain que je pourrai me servir de ma main comme autrefois?... Elle me fait pitié, cette pauvre main! Vous savez, elle est si petite et elle amassait tant de besogne!

— Dans quinze jours, vous pourrez écrire.

— Allons, me voici rassurée. Je vous laisse avec Augustine, qui a bien des détails à vous demander.

— Reste, reprit Mme Nanteuil; ai-je donc des secrets pour toi? Eugénie n'insista pas et prit place à côté de son amie.

— Ma fille? demanda Augustine.

— La pauvre enfant n'est plus à regretter sa folie.

— M. Vlinski la rend-il déjà malheureuse?

— J'ai conjuré la misère qui frappait à la porte de Cécile, reprit le docteur, et j'ai procuré du travail à Kasio. Il gagne dix mille francs, dix fois plus que ne valent ses services. Angèle a sacrifié ses bijoux pour payer un billet de six mille francs souscrit par ce Polonais au profit de Zoé Cobra.

« Mais nous redoutons qu'il trouve de nouvelles occasions d'emprunt et qu'il cède à la tentation de se procurer de l'argent, même en ignorant de quelle façon il le remboursera. »

— Pauvre Cécile!

— Je vais la voir souvent, tandis que son mari est à son bureau; elle me parle de son père avec des larmes; mais elle retrouve un sourire quand elle songe à son enfant!

— Son enfant! répéta Mme Nanteuil.

Eugénie jeta un regard rempli de reproches affectueux à Augustine.

— Ta fille est-elle donc la seule créature qui t'intéresse?

— La seule, répondit Augustine.

— Vous vous calomniez! s'écria le docteur; vous ne pouvez garder une haine aussi implacable à l'égard d'un homme qui n'est plus maintenant que malheureux! Réduit à une pauvreté volontaire, afin d'expier le mal commis, il essaye d'édifier une œuvre nouvelle. Les livres que vous avez maudits, ces livres qui ont fait tant de mal, sont anéantis autant qu'il était en son pouvoir de le faire. Il habite une mansarde et garde à côté de lui cet ange qui s'appelle Angèle et cet admirable ami qui se nomme Darthos. Il médite, il cherche, il demande à Dieu l'inspiration nécessaire pour faire un beau livre. Que peut-il de plus, madame? Serez-vous plus rigoureuse que le Seigneur, qui se contente de ces remords?

— Le mal qu'il a commis s'appelle l'*irréparable*, docteur! Il aura beau faire, l'œuvre subsiste. Ses volumes sont dans les bibliothèques; on les trouve partout. Ils le suivront partout et toujours! D'ailleurs, croyez-le, l'esprit éblouissant qu'il semait à profusion dans ses livres dangereux, il ne le trouvera plus pour les honnêtes manuscrits dont vous parlez... On ne détourne pas la sève!

« Il savait le langage malsain; la pureté dans l'expression lui manquera quand il s'agira d'écrire ces livres chastes... Lui pardonner? Je le ferais encore s'il ne s'agissait que de moi; mais ma fille! Qu'a-t-il fait de ma fille? Égarée par ces romans dangereux, et mariée à ce Kasio qui nous couvrira tous de honte! Non, je ne puis oublier, non; tant que la plaie de l'amour maternel saignera dans mon cœur, je continuerai à le maudire. »

Voyant que rien ne pouvait adoucir la rancune d'Augustine, Eugénie détourna la conversation.

— Avez-vous classé vos collections, docteur?

— J'ai commencé, c'est déjà beaucoup, ou, plutôt, j'ai permis à un autre de faire ce travail. Quel garçon que ce Darthos! Il sait tout d'intuition, et il s'entend à tout. On le dirait spécialiste de vingt façons différentes. Nous nous sommes pris d'une grande amitié l'un pour l'autre, et, quand il quitte Nanteuil, c'est pour venir chez moi.. Vous ne savez pas? j'ai acheté un hôtel, tout mignon, dans des prix doux, et, ma foi! ce Darthos se montre un botaniste si habile et un minéralogiste si distingué que je lui demanderai s'il veut bien le partager avec moi. J'aurais des remords, maintenant... Avant de prendre Darthos à Nanteuil, il faut que Nanteuil se soit retrouvé lui-même... Tout s'arrange, s'adoucit et s'aplanit en ce monde... Je me trouve possesseur d'une galerie fort bien aménagée, dans laquelle mes collections produisent un admirable effet... Vous verrez cela, madame de Reuilly, quand vous rentrerez à Paris...

— Cet hiver, alors?

— Justement, répondit le jardinier.

— Alors ne cherchez pas, fit le brigadier; cette bande se compose de six individus, qui sont le fléau du pays. Couchant dans les fouillis, dans les meules, vivant de vol et de maraude, tantôt ils pillent un verger, tantôt une basse-cour. Nous les suspectons; nous leur donnons la chasse comme à des bêtes malfaisantes, sans réussir à les saisir jamais. Ce qu'ils nous ont fait passer de nuits blanches est incalculable. Mais, retors comme Satan, ils ont toujours l'adresse de nous échapper. Oh! leur signalement nous est connu; nous savons encore les noms de ces jeunes misérables. C'est Fauchet, le plus petit de la bande, Nez-Camard, Boilly, Paille-Menu, Gindrane et Versouillet. Nous allons dresser procès-verbal, mais je doute que nous arrivions à prendre ces bandits. Évidemment, ils ont des caches, y organisent des festins nocturnes; puis ils connaissent des receleurs, qui vendent à Meaux la marchandise volée. Jamais ils ne travaillent, et, dans nos tournées, nous les rencontrons sur toutes les routes. Ils prennent leur part des récoltes en pommes de terre, en carottes; ils volent le blé en gerbe et le raisin en treille. Tout leur semble bon. Le jour où ils seront pris sur le fait, leur compte sera beau; mais, d'ici là, ils ont le temps de commettre bien des délits encore!

— Certes! répondit Eugénie, la perte subie n'est rien, monsieur le brigadier; mais savez-vous ce que je regrette davantage? C'est mon chien... un grand et bel épagneul à la tête fière et bien coiffée, aux jambes nerveuses, que j'avais eu tout petit, qui me suivait et m'aimait... une bête douce et folâtre à la fois, à qui je ne pouvais reprocher que l'excès de sa gaieté.

Le brigadier s'installa dans la salle à manger, et, tandis qu'il prenait ses notes, en demandant le nom et l'âge des témoins, Mme Nanteuil et Eugénie retournèrent dans la basse-cour. L'idée était venue à Eugénie de chercher sur la terre, molle ce matin-là, si quelque chaussure n'y avait point laissé son empreinte.

Tandis qu'elle se baissait vers le sol, il lui sembla entendre une sorte de râle. Surprise, elle s'inclina davantage, fouillant du regard l'ombre de la niche, et un cri de pitié lui échappa.

Elle venait de reconnaître Patty, Patty qui, à l'instant même, venait de rentrer dans sa niche. Mais dans quel état, grand Dieu! Souillé de boue de la tête aux pieds, la gueule saignante, ruisselant d'eau comme s'il sortait de la Marne, ayant au cou, à la place du collier portant son nom, une corde à laquelle, sans doute, avait été attachée une pierre. Il tremblait de tous ses membres; son œil, d'ordinaire si doux, paraissait injecté et hagard. Cette bête, accoutumée aux caresses, semblait affolée et hagarde. Eugénie ne songeait qu'à la joie de le retrouver. Elle se pencha vers Patty, l'appela d'une voix douce, le caressa; mais le chien, sans doute, avait trop souffert pour reconnaître même celle qui l'avait élevé; à la caresse d'Eugénie, il répondit par une morsure.

Augustine revenait vers son amie, au moment où celle-ci, poussant un cri de douleur, secouait sa main ensanglantée.

Mme Nanteuil s'élança vers Eugénie.

En dépit de ses souffrances, Eugénie enveloppa sa main dans son mouchoir et tenta de tranquilliser son amie.

— Viens, lui dit Augustine, viens; j'ai de l'arnica, de l'alcali.

Un instant après, la main d'Eugénie était presque entièrement noire. Les parties musculaires avaient été mâchées si rudement qu'une extravasion de sang s'était formée. Quant aux trous laissés par les crocs de Patty, ils béaient, déchiquetés et profonds.

— Ne crains rien, dit doucement Eugénie à Augustine, ne crains rien... Tu n'oses me révéler toute ta pensée, mais je lis ton angoisse sur ton visage... Tu soupçonnes ce chien d'être enragé?...

— Ne crois pas!... s'écria Augustine.

— Je crois ce qui est, ma pauvre amie; en baignant ma main d'alcali, tu songeais qu'il serait plus prudent d'y mettre le fer rouge.

— Non! s'écria Augustine, en détournant la tête.

— Pourquoi le nier? reprit Eugénie, en appliquant elle-même la charpie sur sa main blessée; crois-tu qu'il existe un malheur au dessus de mon courage?

« Crois-le, je saurais regarder en face les éventualités les plus terribles, non point parce que je suis fataliste, mais parce que je suis chrétienne. Rien n'arrive que par la permission de Dieu; c'est un grand repos de le croire. Si j'avais pensé que l'emploi du fer rouge fût utile, moi-même, j'aurais fait chauffer une lame à blanc, et j'aurais laissé fumer ma chair sous ses morsures. »

— Non, dit Augustine, je n'ai pas peur; mais quand bien même cette blessure ne serait envenimée d'aucun virus, elle est grave; permets-moi de mander le docteur Toussaint?

— Appelle-le, dit Eugénie: c'est un ami... Je serai charmée de le voir.

Un quart d'heure après, une dépêche instruisait le docteur de l'accident survenu et l'appelait au Prieuré.

Il y arriva dans la journée.

A peine eut-il défait les bandages entourant la main d'Eugénie qu'il demanda à voir Patty.

vous aurez la vue de la vallée de la Marne, qui est, elle aussi, très digne d'être admirée. Enfin, le curé de Jouarre, homme à la fois érudit et aimable, sera assez gracieux pour vous montrer le chêne creux, qui fut jadis le tombeau d'un druide, et la magnifique statue de marbre de sainte Ozane. »

— Si nous attendions? dit le docteur.
— Les mauvais jours? demanda Eugénie.
— Votre guérison? répondit Toussaint.
— Ne répondez-vous pas de mon salut?
— Sans doute; mais...
— Je me sens bien, dit Eugénie. Soyez tranquille, je ne ferai pas un mouvement de cette pauvre main broyée... Croyez-vous donc que je ne tienne point à la conserver? Tenez, je puis vous le dire, maintenant que la cicatrisation commence et que les chairs bourgeonnent, j'ai eu bien peur que l'articulation qui lie l'index à la main fût broyée... Il me semble que j'ai encore tant de livres à composer.

Toussaint tourna la tête; Augustine partageait ses craintes; mais Eugénie affirma qu'après les émotions qu'elle venait de subir une promenade la distrairait.

On monta dans une voiture, et le cheval se mit à courir.

Cette colline de Jouarre est charmante. A travers les trouées des bois et des haies, on aperçoit soudainement, en bas, un abîme en verdure; à l'horizon, la ligne onduleuse des collines couronnées d'arbres, égayées par les toits rouges des maisons et des fermes. Des moulins, mus par des cours d'eau, envoyaient dans l'air un bruit sourd et régulier; parfois, la chanson d'un travailleur fendait l'air. Puis, sur la lisière même de la route, se succédaient des villas élégantes, de pauvres masures habillées de pourpre, des vergers échevelés dont les branches touchaient les grandes herbes; puis, c'étaient des variétés de cultures, dessinant des rayons, des losanges, des carrés, des trapèzes, faisant succéder la verdure pâle aux verdures sombres, les champs envahis par la semée jaune, avec ceux que dévorait la semée blanche. Le regain de trèfle et de sainfoin formait des tapis de fleurs. A mesure que l'on montait, la vallée se creusait davantage; on eût dit un abîme.

A gauche, comme les promeneurs passaient devant une ferme, ils s'arrêtèrent un moment, charmés par le tableau qui se présentait à leurs regards : un tableau comme Boucher aime les peindre, lui qui réussit si admirablement l'or des meules que baigne un rayon de soleil.

Une machine à battre se trouvait sur la route. Le chauffeur, le visage noirci par le charbon et par la fumée, y jetait des seaux de houille, tandis que le reflet rouge du feu lui colorait la face. Du haut d'un grenier, deux jeunes filles robustes lançaient des gerbes aux travailleurs; ceux-ci les déliaient, tandis que des hommes, bras nus, le visage ruisselant de sueur, poussaient dans la machine le grain qu'elle devait battre et vanner.

Des femmes, en jupons courts, les cheveux flottants sous un mouchoir, ramassaient à bras la paille, en formaient des gerbes, puis les lançaient à de grands garçons debout sur d'énormes chars. Ceux-ci les rangeaient, les cabraient, lançaient un coup de fouet aux bêtes et regagnaient la grange où la paille devait être rentrée, tandis que le blé gonflait de grands sacs chargés sur le dos d'hommes robustes.

Deux pas plus loin, le clocher de l'église neuve de Jouarre était en vue.

Une vieille-tour en ruine rappelle seule l'ancienne abbaye dont furent abbesses des filles de France. En face de cette tour, vestige d'un de ces pieux palais où seuls entraient les rois, on a bâti l'école, et un maître voltairien, peut-être, a le droit d'y enseigner aux enfants que les couvents font la ruine de la France.

Au moment où Eugénie et ses amis passaient, les écoliers récitaient le nom des chefs-lieux de départements.

Mme de Reuilly, qui n'avait pas de notes à prendre, se fit un plaisir de montrer à Augustine les colonnes de porphyre et de marbre rose, les tombes antiques et la statue de sainte Ozane, la royale fille d'Écosse.

En sortant des cryptes, ils admirèrent la croix monolithe datant de Louis IX, dressée au milieu d'une pelouse entretenue avec soin; ils saluèrent une blanche statue de la Vierge, visitèrent une église qui a le défaut d'être trop neuve, mais dans laquelle on retrouve encore quelques vitraux aux teintes adoucies et des statuettes conservant le cachet naïf du moyen âge.

Au moment où elle remonta en voiture, Eugénie roula un châle sur ses épaules.

— Vous avez froid? lui demanda le docteur.

— Un frisson, répondit Eugénie.

Elle se renversa dans le fond de la calèche et garda le silence.

Augustine et Toussaint parlaient de Cécile à voix basse.

Le repas fut rapide et triste.

Eugénie, mélancolique dans la solitude, possédait d'ordinaire dans le monde une aimable humeur. Ceux qui ne la connaissaient

— Qui sait? reprit le docteur, en se tournant vers Augustine; madame, éprouveriez-vous quelque regret de voir Angèle se marier?

— Je m'en réjouirais, au contraire. Jeune fille, elle ne peut souvent aller voir sa cousine ; mariée, elle irait la consoler.

— Avant deux mois, s'il plaît à Dieu, elle sera la femme d'Étienne Darthos.

— Pauvre petite ! elle n'aura plus de dot.

— Quant à cela, ne vous en tourmentez point ; je l'aime et l'apprécie trop pour supporter l'idée qu'elle puisse souffrir ; seulement, je me garde bien de lui dire que le vieux docteur Toussaint, en signant au contrat, se réserve le droit de mettre quelque chose dans la corbeille...

— Oui, dit gravement Augustine, je me réjouirai du bonheur de cette enfant, et je vous bénirai, docteur, si vous y travaillez... Celle-là n'avait jamais ouvert un livre de Victor Nanteuil...

— J'ai fait préparer votre chambre, docteur ; vous nous resterez quelques jours?

— Jusqu'à ce que ces blessures soient fermées. On peut se passer de moi à Paris.

Eugénie s'efforçait de garder sa sérénité et de dissimuler ses souffrances cuisantes. Pour ne pas offrir un danger terrible, ses blessures n'en étaient pas moins douloureuses. Elle se retira de bonne heure, laissant Toussaint et Augustine dans le parc.

Quand elle descendit le lendemain, toute pâle encore, elle tenait une feuille de papier à lettre.

— Voyez, docteur, dit-elle, voici ce que je viens d'écrire... de la main gauche, bien entendu. Un enfant de six ans ferait mieux... Mais tu sais, Augustine? c'est le jour de ma mère, et je ne voulais pas manquer le courrier... Il m'a fallu une demi-heure pour réaliser ce chef-d'œuvre de calligraphie.

— Aussi bonne que vaillante ! fit Toussaint.

— Pauvre mère ! dit Eugénie, cette nouvelle va l'attrister ; mais que faire? Mieux vaut dire la vérité, toujours... Si vous vous étiez trompé, docteur?... si Patty avait eu un accès de rage?...

— Non, mille fois non ! s'écria le docteur ; vous me rendriez fou avec des suppositions pareilles !

— Et c'est vous qui enrageriez, vous, un mouton? Dans tous les cas, j'expédie ma lettre... Ma mère est vieille, s'alarme quand son courrier lui manque... Elle me sait dure pour moi-même ; d'ailleurs, je la tiendrai au courant... Savez-vous à quoi je réfléchissais, ce matin ? A ceci, qu'il devrait entrer dans l'éducation de faire apprendre à écrire aux enfants alternativement des deux mains... Supposez, ce que vous me défendez de supposer, qu'on soit obligé de me couper la main... que ferais-je? Il me serait complètement impossible d'écrire longtemps de la main gauche, et je ne saurais dicter un billet... C'est alors que ma vie serait bien finie!

— Mais vous ne perdrez pas votre main, morbleu! Vous écrirez au moins autant de livres que vous en avez déjà produit, et cela pour la grande joie de ceux qui aiment les ouvrages honnêtes.

— Merci de votre prophétie; voici le facteur, il emportera ma lettre.

En effet, un homme déjà vieux, armé d'un bâton, et portant un gros sac de cuir en bandoulière, arrivait en débouchant de la petite avenue. Il paraissait d'humeur gaie, et, quand il fut entré dans le vestibule, il déposa sur une petite table des lettres, des livres et des journaux.

— Encore une joie que les Parisiens ne connaissent pas! dit Eugénie. A Paris, il semble que la poste soit une chose trop réglementaire pour qu'on y porte quelque intérêt. A peine, deux fois par an, entrevoit-on le képi galonné d'un facteur.

« Pour les ruraux, c'est autre chose; le piéton est un visiteur, presque un ami. Seul, durant plusieurs semaines, il vous met en relation avec le monde extérieur. Sous la pluie, le vent, la neige, il fait son apparition régulière, vous apportant une lettre d'ami, le compte rendu d'un livre, un volume nouveau, des journaux qu'il tourne dans le même sens. Jamais il n'est morose ou bourru. Sa vie d'abnégation n'est pas appréciée. Ajoutez à cela que la probité des facteurs est à toute épreuve. Ils transportent des lettres dans lesquelles ils sentent des billets de banque, et jamais il ne leur vient à la pensée que l'argent contenu dans cette enveloppe leur donnerait du bois pour l'hiver et mettrait une pièce de vin de plus dans leur cellier. »

Eugénie prit les lettres et les imprimés que le piéton venait de placer sur la petite table.

Un moment après, le docteur s'absorbait dans la lecture d'une revue, Augustine feuilletait un journal de modes.

Pendant quatre jours, l'état d'Eugénie s'améliora; elle dit au docteur :

— Un voyageur, qui a vu les temples d'Ellora et les pagodes de Canton, doit être difficile en fait d'architecture; je tiens cependant à vous montrer une des curiosités du pays : les cryptes de Jouarre.

« Je vous assure qu'elles valent le voyage; du reste, de la colline, point la croyaient gaie. L'entrain de sa causerie était pour elle le repos de ses longues heures de travail. De même que l'oiseau, fatigué de rester immobile sur une branche, secoue ses ailes, les dilate et lance à pleine voix quelques notes de son gosier; de même Eugénie, après le labeur de la journée, éprouvait un soudain besoin de mouvement, de causerie, de musique et de rire. Elle se retrempait dans un bain de gaieté.

Lorsqu'elle était tout enfant, elle avait eu des élans fous, pendant lesquels, courant à travers les bois, elle embrassait les arbres comme des amis et leur jetait les notes joyeuses de son gosier.

Mais, ce jour-là, Eugénie se taisait; ses yeux se plombaient; elle continuait à frissonner. Elle jeta dans la cheminée de la salle à manger une brassée de branches; elle approcha sa main gauche de la flamme, regarda avec une sorte de tristesse sa main entourée de bandelettes; puis elle se leva pour se retirer.

— Bonsoir, docteur! dit-elle, en tendant ses doigts foulés au médecin.

Celui-ci, par suite d'une habitude de pratique médicale, prit le poignet de la jeune femme.

— Mais vous avez la fièvre! dit-il.

— C'est nerveux, répondit Eugénie.

— Prenez garde!

— N'écrivez pas encore d'ordonnance, docteur; je serai guérie demain.

Cependant, lorsque Augustine se trouva, elle, dans sa chambre, Mme de Reuilly dit à son amie :

— Je viens de mentir au docteur; je suis certaine que je vais faire une maladie grave... Ne secoue pas la tête; j'ai des frissons jusque dans les moelles, mon front brûle, et j'éprouve une tension de nerfs telle qu'il me semble qu'ils vont se briser, comme les cordes trop tendues d'un instrument.

— Mais enfin, s'écria Augustine, alarmée, ce n'est pas ta main?...

— Non, je suis tranquille à ce sujet; c'est tout mon être qui souffre... Vois-tu, ajouta-t-elle avec un sourire, j'ai peut-être abusé de ma santé? Je n'ai guère consulté que mon courage. Les autres femmes veillent au milieu des bals et des fêtes; moi, j'ai passé mes soirs et mes jours à l'étude.

Elle s'assit, en ôtant son peigne; depuis qu'elle ne pouvait se servir de sa main blessée, Augustine la coiffait pour la nuit.

— Je te parlais de ma mère, l'autre jour, et je te disais que jamais elle n'avait soupçonné ce que je rêvais être plus tard. On me demande souvent comment est née en moi la vocation littéraire? Elle a grandi avec moi; elle fit toujours partie de moi-même. Toute petite, j'avais des moments de rêverie et d'enthousiasme, pendant lesquels je voyais passer les héros de contes merveilleux ou des saints glisser sur l'azur du ciel dans des nuages de pourpre. J'avais en moi le sens poétique ; je lui devais des joies inattendues. Mes désirs uniques m'entraînaient vers les arts; lequel devais-je un jour préférer? Je l'ignorais encore ; je crus longtemps avoir la vocation de la peinture. Mais, si ma mère se fût effrayée à la pensée d'avoir une fille écrivant des livres, elle ne me refusa, du moins, jamais les préférences que je demandais. Ah! ma belle et sainte enfance dans un vieux couvent de Calvairiennes! Tout est là pour moi, vois-tu, et les larmes que j'ai versées n'ont pu ternir le radieux visage de ce passé... Le moyen âge possédait d'admirables coutumes... Alors, quand une femme sentait approcher sa mort, elle demandait, comme une grâce, qu'on la revêtît de l'habit de bure du tiers ordre. Elle appuyait sa tête sur un sac de cendres, et elle s'endormait « dans le Seigneur », suivant l'expression des saints chroniqueurs d'alors.

« Si je meurs, Augustine, je veux sentir sur mes membres, roidis déjà par l'approche du trépas, la bure d'une robe monacale... Il me semble que, expirant dans ce linceul, Dieu me reconnaîtrait mieux. »

Longtemps après qu'elle fut couchée, Eugénie parla d'une voix lente de choses à la fois douces et terribles.

— Je n'ai rien fait, rien fait! et je sens que je portais dans ma tête et dans mon cœur des poèmes dont j'ai coordonné le plan, distribué les chants et préparé les documents pendant des mois et des années! J'ai vécu en plein rêve d'idéal; et, cet idéal, je ne l'ai pas épuré. J'avais en moi une note que je n'ai point donnée; je portais une force latente qui attendait son heure pour se manifester, et je m'en irai avant que cette heure soit sonnée...

— Ne parle pas ainsi! s'écria Augustine. Le docteur n'est pas inquiet.

— Il le sera demain... Va reposer toi-même.

— Laisse-moi te veiller alors?

— Non, dit Eugénie d'une voix douce, non, les Anges sont là. Ne crains rien, ils me gardent.

Elle serra la main de son amie et ferma les yeux.

Un matin, elle voulut écrire à sa mère. (Voir page 197.)

CHAPITRE XVII

JOURS D'ANGOISSE

Ce que l'esprit d'Augustine n'avait pu admettre jusque-là, elle l'accepta près du lit de douleur de son amie. En présence de cette sérénité dans la souffrance, de cette résignation en face d'une mort qu'elle considérait comme probable, Augustine comprit qu'il fallait à l'âme un vol assez élevé, pour l'emporter et la soutenir au dessus des choses terrestres. Le calme souriant d'Eugénie, plus occupée de la consoler que de se regretter elle-même, la surprenait, en excitant son admiration.

Pendant de longues heures, dévorée par une fièvre intense, Mme de Reuilly ne songea qu'à enseigner à Augustine la ligne du devoir, à lui expliquer les obligations austères que la conscience impose sans fin. Elle ramenait l'entretien sur Nanteuil :

« Dieu lui pardonne en raison de son repentir, disait-elle. Dieu, si souverainement juste et bon, n'exige de la créature peccable que le regret de ses erreurs et leur réparation.

« Ce n'est point sa ruine que tu reproches à ton mari, car tu l'as généreusement laissé maître d'agir, mais ton bonheur, ta confiance, tes joies évanouies... Ah! mon amie, combien de ces trésors s'en vont au vent de l'adversité! Si la sérénité dont je jouis n'est pas incertaine, elle m'a, du moins, coûté cher à conquérir. Parce que tu vois les vagues aplanies à la surface, n'en conclus pas que le fond de l'océan reste sans tempêtes. Nous ne vivons pas de joies, mais de sacrifices; et l'une des preuves de la tendresse de Dieu pour nous est de ne point permettre que, loin de lui et sans lui, nous trouvions la paix. Il ne nous permet de la posséder qu'à des conditions multiples. Il nous défend de chercher dans la nature ce que nous devons attendre de la grâce; il nous interdit de la chercher en nous-même, parce qu'elle n'existe qu'en lui.

« Il ne nous laisse jamais le repos, tant que nous implorons de la créature ce qu'on ne trouve que dans le Créateur. Enfin, il ne permet pas que nous soyons heureux et paisible, si nous demandons à la terre ce que le ciel seul peut donner. »

— Je ne sais pas regarder si haut! dit Augustine.

— Tu l'apprendras.

La jeune femme secoua la tête.

— Tu comprends peu l'action divine et le retour à Dieu! Lis donc l'histoire de ceux qui se sont voués à son service. Tous ne l'ont point cherché et trouvé dès la première heure de la journée, et c'est lui qui nous apprend que les ouvriers venus à la fin du jour recevront de sa magnificence un salaire égal à celui des hommes qui entrèrent à l'aurore dans sa vigne... Souviens-toi de Saül, aveuglé sur la route sablonneuse de Damas; de Madeleine, dont un regard change la vie; de la vocation de Mathieu, qui abandonne son comptoir; de celle des pêcheurs, qui laissent leurs filets pour suivre le divin Maître. On suit à travers les siècles l'impression produite par ces prédications, par ces pèlerinages. La grâce, tour à tour, caresse ou foudroie. Mais, de quelque manière que Dieu s'y prenne pour nous attirer à lui, elle laisse sur nous la marque ineffaçable de son amour.

— Je n'ai jamais songé à ces choses.

— Ton bonheur était trop grand, et tu t'y abandonnais ; courbe-toi sous la main qui t'éprouve, tu verras déjà s'abréger ta peine. Je ne défends pas Nanteuil, mais je le trouve trop cruellement puni pour ne pas plaider sa cause. Le mal qu'il a semé dans d'autres familles est retombé sur la sienne ; sa compagne l'a quitté, sa fille a bravé son autorité. Ta place est près de Nanteuil.

— Jamais je ne pourrai le revoir, jamais !

— Ne dis point cela ; tu le pourras, tu sentiras même renaître en toi une tendresse sincère ; non pas mêlée de fraîcheur et d'enthousiasme, comme elle le fut durant les premières années de ton mariage ; mais une affection grave, gardant le devoir pour base et le calme pour récompense. D'ailleurs, tout en condamnant ton mari, au point de vue de Dieu, de la société, de la famille, je reste convaincue qu'il t'a toujours sincèrement aimée. Ta fierté n'a pu lui pardonner ce que tu as considéré comme des offenses irrémissibles. Il t'a mise en scène, dis-tu, dans un volume, *Lidivia*, qui semble une autobiographie ; tu t'obstines à te reconnaître dans le personnage d'une jeune fille élevée en province, mariée à un poëte, et qui vit passive à l'ombre de la gloire de ce mari et ne partageant ni ses pensées, ni ses rêves, se contentant de prendre à l'existence de l'homme célèbre le confort et les plaisirs qu'il lui peut prodiguer ? Si tu connaissais, comme moi, à quel degré de férocité peut arriver le goût, le besoin, la fureur de l'analyse, ta rancune contre ton mari diminuerait sensiblement. Le romancier n'est pas un inventeur, dans le sens complet de ce mot. Ce qu'il doit à son imagination, c'est l'invention des faits ; quant aux caractères, il les cherche, les trouve et les rend vivants dans ses livres, afin de douer son œuvre d'une vitalité puissante. Eh ! mon Dieu ! il lui fallait pour sa *Lidivia* une jeune fille jolie, simple, charmante ; il t'a choisie pour modèle au début de ta vie, dans cette phase de la jeunesse où tu devins sa fiancée. Tout ce qu'il décrit de la vieille ville où tu as grandi, de Mlle Mérulle ta tante, du couvent où nous fûmes élevées ensemble, est un coin de la province photographié. Mais, à mesure que le livre avance, une physionomie nouvelle remplace la figure primitive. Ici l'auteur use du « procédé », et tu n'as pas voulu le comprendre. Jusqu'au jour de ton mariage, je te reconnais, et quelle femme serait froissée de ressembler à un portrait semblable ? Ensuite, une autre créature pose à ta place, et je pourrai citer le nom de ce deuxième modèle : C'est Marcie Rovéan, semblable à une idole modelée largement, et s'imposant volontiers aux adorations de la foule. Nanteuil la connaît depuis d'assez longues années pour l'avoir peinte de souvenir. Je l'ai vue souvent, et, quand le volume de *Lidivia* me fut envoyé par ton mari, je reconnus l'origine du portrait ; si j'avais songé que tu accuserais Nanteuil de t'avoir peinte en pied, je t'en eusse tout de suite prévenue. Marcie vit, en effet, complètement indifférente à la vie littéraire de son mari. Elle ne se préoccupe ni de ses succès, ni de ses déboires ; son unique souci est de recevoir l'argent qu'il lui remet avec une sorte de prodigalité fastueuse. Marcie n'a point servi de modèle pour la dernière partie de *Lidivia* ; ton mari ne lui demandait que son calme paresseux de sultane, que son indifférence absolue pour tout ce qui n'était pas le culte de la beauté. Personne, à Paris, n'a poussé plus loin l'amour de soi. Dans toutes les pièces de son appartement, on trouve, non pas un, mais dix portraits de cette belle personne. Elle est représentée en pied, à mi-grandeur, en buste, de face, de trois quarts, de profil. Certaines aquarelles donnent des fragments de cette beauté célèbre. J'ai vu ses mains peintes avec autant de soin qu'un portrait, tantôt jointes et ceintes des grains d'un chapelet, tantôt allongées sur une feuille de papier. Je connais un fusain qui ne donne d'elle qu'un grand œil noir, à demi voilé par une dentelle ; et je n'invente rien, beaucoup de gens, à Paris, ont de ces bustes, les médaillons, les bas-reliefs consacrés au portrait de Marcie. Tu comprends que demander à une semblable créature l'abandon du culte de soi, même pendant une heure, est impossible ? Marcie n'a et n'aura jamais qu'une passion : elle-même. Ton mari a donc dû chercher un dernier modèle pour lui prêter les événements qui font la trame et le dénouement du livre. La *Lidivia*, entraînée et coupable, n'est plus ni toi, ni Marcie, mais Laure Chambrun : il s'est servi, sans scrupule, d'une des aventures scandaleuses de son existence. Les grands sculpteurs grecs n'eurent jamais un modèle unique. Ils jetaient sur des détails divers le voile idéal de l'ensemble, et l'œuvre atteignait de la sorte sa plus haute perfection. Reproche à ton mari d'avoir écrit *Lidivia*, en tant que livre dangereux, mais ne l'accuse pas d'avoir voulu t'annihiler, ni t'accuser. Il a fait le mal avec une sorte d'inconscience. En écrivant ses livres, qui ont perverti tant de femmes, chassé tant de chrétiennes des églises et fait croire à tant de filles abusées que le côté romanesque de la vie était le seul réel, il a voulu piquer la curiosité, entraîner les imaginations, pousser à la vente, faire du bruit et du bruit encore. Mais il n'était pas de ceux qui travaillent en haine même de la morale et se font une joie et un triomphe d'insulter au Christ et à son Église. D'ailleurs, il est si malheureux ! Songe donc, ni femme, ni enfant ! Rien que deux amis et l'orpheline, qui paye aujourd'hui si noblement sa dette de reconnaissance ! Tu reprendras près de lui la place que tu as cédée à cette enfant, et, je te le jure, la reconnaissance de Nanteuil te payera de ce sacrifice.

— Eugénie !...

— Ne te hâte point de me répondre ; ce que tu ne pourras pas seule, tu le feras avec l'aide de Celui qui est la force des faibles et l'éternel Ami des souffrants...

Augustine secouait la tête ; mais il semblait à Eugénie que sa résistance n'avait plus la froide obstination d'autrefois.

Les jours se succédaient, sans apporter d'amélioration à l'état de Mme de Reuilly ; elle sentait ses forces diminuer ; dévorée par la fièvre, elle sortait anéantie de longs et douloureux accès.

Un matin, elle voulut écrire à sa mère, et, comme Augustine lui fit observer qu'elle se fatiguerait :

— C'est peut-être la dernière fois que je pourrai le faire, dit-elle.

Eugénie la quitta. Quand elle revint dans la chambre de la malade, des traces de larmes se voyaient sur les joues d'Eugénie.

Augustine l'interrogea tendrement :

— Oui, répondit Mme de Reuilly, j'ai beaucoup pleuré en écrivant ces six pages ; d'abord parce que j'éprouverais un immense regret de mourir sans avoir revu ma mère, ensuite...

— Eh bien ?

— Je te confierai cela plus tard, quand j'en aurai le courage. Je te l'ai dit, la vie m'a été pénible par plus d'un côté, et l'épreuve dure encore...

Elle approcha la lettre de ses lèvres, en murmurant :

— Peut-être ma mère pensera-t-elle à prendre le baiser que je pose là ?... Pourvu qu'elle me réponde vite, bien vite !... Ma lettre arrivera demain matin dans cette petite ville paisible bâtie près des bords de la Rance, où elle vit à l'ombre d'un cloître... Après demain, je recevrai sa réponse, si elle ne perd pas de temps... Hélas ! ajouta-t-elle, il ne faudrait pas en perdre.

Dans la journée, Eugénie dit à son amie :

— Prends un volume ayant pour titre : *Histoire des ordres monastiques* ; étudie deux ou trois des gravures dont il est orné, et, d'après un de ces modèles, prépare pour moi une robe de trépassée de bure brune. Je ne peux supporter l'idée d'être roulée et cousue dans un drap; cette façon d'ensevelir me semble une profanation de la mort. Je veux avoir, dans le cercueil, la face dévoilée, comme si j'appelais le regard de mon juge; mes mains nues et jointes sur la poitrine... Tu mettras dans ma bière un de mes volumes, que parfume le nom de Jésus; des chapelets bénits, enrichis d'indulgences; des crucifix, portant avec eux le pouvoir d'aider à mourir. Tu retireras d'un petit cadre un scapulaire de satin blanc au chiffre de la Vierge... Je le portais le jour de ma première communion... Tu le placeras aussi dans mon cercueil.

— C'est horrible de t'entendre parler de ces choses ! s'écria Augustine.

— Tu te trompes, mon amie; la mort d'un chrétien est un grand enseignement; elle « est précieuse devant Dieu ».

Eugénie attendit en vain une lettre de sa mère; il ne lui arriva aucune nouvelle du vieux couvent de la Rance.

Elle commença à s'alarmer. Il lui sembla que sa mère aussi était frappée. Dans l'état de fièvre où elle se trouvait, son angoisse atteignit des proportions que connaissent seuls ceux qui, à une imagination vive, joignent une rare sensitivité. Toute peine morale prend alors des proportions inattendues. Tout ce qu'ils ont d'affiné dans l'esprit, dans le cœur, concourt à doubler leurs tourments. Il ne s'agit point de leur demander pourquoi ils souffrent, pourquoi ils n'attendent pas les événements avec calme. Ils jugent toute chose d'après une nature qui leur est propre et connaissent tour à tour, dans la vie, d'inénarrables joies et d'insondables désespoirs.

Le docteur essaya de réagir contre cette situation d'esprit; mais Eugénie se contenta de lui répondre :

— Je renaîtrai à la santé, quand j'aurai ma lettre... oui, quand j'aurai une lettre de ma mère...

Mais, chaque matin, le facteur apportait le courrier, sans qu'on y trouvât la missive attendue.

La chambre d'Eugénie faisait face à l'avenue plantée de bosquets de sapins. Son lit de milieu tout bas, garni seulement d'une couverture d'étoffe ramagée, lui permettait de voir de loin arriver le piéton. Dès qu'elle l'apercevait, elle se soulevait sur le coude; elle eût voulu fouiller du regard au fond de son sac de cuir noir, hâter sa marche un peu lassée : quand elle entendait sa voix dans le vestibule, un flot de sang lui remontait au cœur.

Depuis qu'elle habitait le Prieuré, Augustine montait les lettres d'Eugénie; celle-ci regardait les écritures diverses, reconnaissant tout de suite celles qui lui étaient familières. Dès qu'elle avait la certitude qu'aucune lettre de sa mère ne se trouvait dans le courrier, elle retombait, toute pâle, sur les oreillers.

Un matin même, elle cacha son visage dans son mouchoir et s'écria, d'une voix étouffée de sanglots:

— Maman! maman!

Augustine la prit dans ses bras, essayant de la consoler.

— Non! non! lui dit Eugénie, laisse-moi pleurer; cela me fait du bien!... Je l'appelle, maman, vois-tu, lorsque je souffre beaucoup et que je sens combien elle me manque... Il me semble alors que je suis redevenue toute petite, que je suis couchée sur ses genoux, que je vois inclinée devant moi sa belle figure un peu longue, éclairée par de grands yeux noirs... et qu'elle présente ses mains à la flamme, afin d'y enfermer mes pieds nus et de les chauffer, à la façon des mères et des nourrices... Oh! si elle savait combien de fois dans ma vie, à travers la distance qui nous sépare, j'ai tendu les bras vers elle!... Je sais, oh! je sais bien qu'elle ne comprendrait pas l'excès de mon angoisse, si j'essayais de la lui peindre... Elle sait attendre, sans se troubler... Moi, je souffre, j'étouffe, je pleure et je crie...

De nouveau, elle enfouit sa tête dans les oreillers, en répétant:

— Maman! maman!

Toussaint la suppliait de ne pas augmenter son mal, de suspendre des pleurs doublant les élancements terribles qu'elle sentait aux tempes; mais elle ne l'entendait plus et ne voulait pas suivre ses conseils.

Cet état de choses dura dix jours.

Le onzième, quand Augustine accourut dans la chambre d'Eugénie, celle-ci ne gardait plus la force de guetter l'arrivée du facteur.

Son amie lui tendit sa correspondance.

— Regarde! fit-elle, regarde! Voici une lettre de Bretagne.

Eugénie saisit les lettres, les éparpilla sur son lit; puis elle en saisit une et la porta à ses lèvres.

— Maman! C'est de maman!... Voilà donc cette bonne écriture ferme, droite, presque inflexible... La main qui écrit cela est vieille, et cependant elle ne tremble pas.

Eugénie baisa de nouveau la lettre et coupa l'enveloppe avec des ciseaux d'or. Augustine, le front appuyé contre la croisée, regardait au loin la colline de Jouarre, riante sous son revêtement de verdure.

Tout à coup elle se retourna. Eugénie, poussant un cri terrible blanche comme une trépassée, et le corps agité d'un tremblement mortel, venait de retomber en arrière, la tête heurtant contre les sculptures du lit.

— Qu'as-tu ? qu'as-tu ? lui demanda Augustine, épouvantée.

Eugénie ne répondit pas ; les mots ne pouvaient plus passer sur ses lèvres. Ses doigts crispés serraient la lettre qu'elle venait de recevoir.

Augustine se précipita sur la sonnette et dit à la femme de chambre :
— Priez le docteur de monter tout de suite.

Le médecin accourut et se pencha vers Mme de Reuilly.

— Mon Dieu ! demanda-t-il, qu'est-il arrivé ? L'état dans lequel elle se trouve est dû à une commotion terrible.

— Elle a reçu une lettre... dit Augustine.

— Ah ! fit le docteur, j'aimerais mieux soigner la fièvre jaune au Sénégal que des malades qui font succéder les émotions à d'autres émotions ! Je perds ici la science qu'on me reconnaît et l'expérience que j'ai acquise... Des remèdes n'y feront rien, voyez-vous.. ! Pauvre créature ! toujours vibrante, toujours brisée ! Parlez-lui, consolez-la, essayez de la raisonner... Si vous le pouvez, faites-la pleurer... Le mutisme de cette douleur m'effraye.

En effet, l'état d'Eugénie semblait effrayant : on eût pu croire qu'elle était morte, si le tressaillement nerveux de ses lèvres n'eût prouvé que la vie persistait. Sa main droite, qu'entouraient encore des bandages, s'allongeait sur la couverture de soie pourpre ; dans l'autre main fermée, elle serrait la lettre fatale.

— Je vous laisse, dit le docteur ; arrachez-lui son secret.

Augustine resta seule avec son amie.

Le front incliné sur celui de la malade, Augustine lui parla longuement à voix basse, entremêlant ses paroles de baisers. On eût pu croire qu'Eugénie ne l'entendait pas, car elle demeurait immobile ; cependant, de faibles signes apprirent à son amie que la malade l'écoutait. Ses paupières battirent ; l'arc tiré de la bouche se desserra ; un souffle, faible comme un soupir, s'en échappa ; elle ouvrit les yeux lentement et tourna autour d'elle un regard vague. Progressivement, elle retrouva le sentiment et la pensée ; alors, elle noua ses deux bras autour du cou de son amie et fondit en larmes.

— Pleure ! pleure ! lui dit Mme Nanteuil ; je ne te quitte pas, je t'aime, je voudrais prendre la moitié de ta douleur.

Ce ne fut que plus d'une heure après que Mme de Reuilly retrouva la force d'apprendre à Augustine ce qui l'avait jetée dans cet état alarmant

— C'est la lettre... dit Eugénie, avec une expression navrée, cette lettre attendue avec une si grande impatience. Sais-tu ce que renferme, cette lettre?...

— Mais non! Parle! parle! Je t'en supplie?...

— Eh bien! dit Eugénie, une accusation folle et la malédiction de ma mère.

— Ce n'est pas possible! s'écria Augustine.

— C'est vrai! fit Eugénie, avec un tressaillement d'épouvante.

— Mais enfin, le motif, le prétexte de cette malédiction?...

— Je ne trouve pas même le mot de cette épouvantable énigme, répondit Eugénie... Ma mère, à qui j'ai écrit : « Je me meurs », me répond que jamais je n'ai été ni blessée ni malade; que, pour la plonger dans le désespoir, j'ai inventé ce sinistre mensonge... Elle le sait, dit-elle; on le lui a écrit... Mais je n'ai donc plus ni le droit de vivre, ni le droit de mourir, moi? Je ne peux donc pas crier : « Je souffre! » et demander une larme à ma mère?...

— As-tu des ennemis? demanda Augustine.

— Je n'ai fait de mal à personne, répondit Mme de Reuilly.

— Eh! ce n'est pas une raison, ni une réponse! Est-il un être intéressé à te nuire? Mon mari répétait souvent, en parlant des grands crimes dont on recherchait les auteurs : « Cherchez à qui ils profitent. » Une créature a-t-elle intérêt à te brouiller sans retour avec ta mère, à t'en faire détester et maudire?

— Une seule, répondit Eugénie; mais ce serait tellement monstrueux...

— Tout ce qui est monstrueux est possible...

— Eh bien! oui, j'ai un ennemi acharné, dont toute la conduite tend au même but; qui, depuis quinze années, envie de me faire déshériter ou, tout au moins, de m'éloigner du lit de mort de ma mère...

— Mais alors, c'est?...

— Ne prononce pas son nom, murmura Eugénie; car, à mon tour, je le maudirais!

Quand le docteur apprit ce qui s'était passé, son indignation ne connut pas de bornes :

— Encore un *crime de la plume*! s'écria-t-il; un de ceux qui se commettent dans la famille, et que la pudeur empêche de poursuivre! Voulez-vous une certitude à vos soupçons?

— Oui, répondit Eugénie. Je veux que ma mère retire cette accusation erronée.

— Je me fais fort de vous y aider.

— Par quel moyen?
— Par le meilleur de tous : la police.
— Faites vite ! murmura Eugénie ; ce coup achèvera de me tuer.
— Docteur, demanda Augustine, verrez-vous mon mari?
— Oui, madame.
— Dites-lui que le jour où il aura écrit une œuvre belle et honnête j'irai, s'il le veut, lui tendre la main.
— C'est bien! c'est bien! s'écria Toussaint.
— Quant à Étienne Darthos, j'avais rêvé de lui donner un titre plus doux ; mais je l'appellerai « mon neveu » avec joie.
— Enfin, vos commissions pour Angèle?
— Des actions de grâces et des baisers.
— Soyez tout à fait bonne : Cécile?
— Qu'elle vienne près de moi, si elle souffre.

Deux heures plus tard, le docteur Toussaint entrait chez Nanteuil, à qui il raconta ce qui venait d'arriver.
— Comprends-tu cela? demanda-t-il.

« — Parfaitement, répondit celui-ci ; il s'agit d'un de ces drames de famille, comme il s'en passe bien plus qu'on ne croit! Balzac excellait à peindre ces convoitises ardentes, ces besoins effrénés d'argent, qui rendent capables de ces monstruosités que la loi reste souvent impuissante à punir, parce qu'elle croirait offenser l'humanité en les soupçonnant. Vois-tu, Toussaint? si je n'avais été homme de lettres, j'aurais voulu être magistrat ; non pas le magistrat qui signe et juge ; non pas le magistrat qui porte la parole, afin de prouver quel outrage vient d'être fait à la société et à la morale ; mais le magistrat qui, le crime étant donné, cherche et suit la piste de l'assassin. Je comprends cette recherche passionnée du coupable, cette poursuite à travers les difficultés, les enchevêtrements d'une enquête, cette lutte avec le mensonge aux abois. Jamais, quand j'écris un livre, je ne me trouve plus satisfait que si j'ai réussi à corser une trame ténébreuse, dont il semble que nul ne trouvera le commencement et la fin. On tient toujours de son père. Le mien m'a légué l'esprit d'observation et de déduction. Je t'assure qu'au fond le vieux professeur Brochant avait raison : Edgard Poë est un grand artiste, et, sans doute, la lecture assidue de ses ouvrages a laissé un levain de juge d'instruction et de détective en moi. Mme de Reuilly peut mourir de la secousse morale qu'elle vient de recevoir, et l'auteur de cet acte inqualifiable aurait un assassinat sur la conscience, ce qui peut-être lui importe peu !

« Je t'adresserai à un haut fonctionnaire, qui fera l'impossible afin de trouver les preuves d'une conspiration diabolique... Cette affaire ressemble, par certains côtés, à l'une des histoires d'Edgard Poë... elle intéressera un détective intelligent. Pourvu que Mme de Reuilly sacrifie beaucoup d'argent, tout ira vite et bien... Voici un billet pour le fonctionnaire en question... porte-le toi-même ; il choisira l'homme qu'il te faut et l'enverra au Prieuré... »

Une heure plus tard, Toussaint était de retour.

— Je n'ai plus qu'à attendre, dit-il ; la démarche est faite... Me voici tout à toi, jusqu'au soir. Et d'abord, as-tu travaillé ?

— J'ai fait un plan, répondit timidement Nanteuil.

— Je n'ai pas besoin de te demander si la donnée de ton livre est morale ?

— Profondément morale.

— Alors, j'ai confiance ; le livre ira vite.

— Qui sait ? fit Nanteuil, avec un geste indécis.

— Comment ! qui sait ? Je me souviens de ce que tu me racontais de ta fécondité merveilleuse, lorsqu'à mon retour du Poitou je te questionnai sur la facilité avec laquelle tu écrivais : « Il me faut un mois pour faire un livre, disais-tu ; lorsque mon plan est tracé, mes personnages mis en présence comme les pièces d'un échiquier et les lieux des scènes désignés, tout marche avec une rapidité merveilleuse. La combinaison des chapitres me donne seule de la peine. Mais, quand le moule est préparé, la pensée s'y précipite, comme un métal en fusion, et je n'ai besoin que du temps matériellement nécessaire pour écrire un nombre de lignes déterminé ».

— Oui, répliqua Nanteuil, cela était vrai. Je m'abandonnais à l'entraînement d'une inspiration sans cesse renouvelée. La production, loin d'affaiblir mon cerveau, y entretenait des forces vives. J'éprouvais pour le travail une passion, que rien ne pouvait entraver ni éteindre ; j'y ai sacrifié jusqu'au plaisir. Je ne me serais jamais résigné à abandonner une scène de drame ni un chapitre de roman, pour arriver à une fête. Le véritable élément de mon existence était cet enfantement perpétuel. Je vivais dans cette fièvre, qui répand en nos veines un fluide spécial. Mes heures de joies étaient celles pendant lesquelles j'entassais feuillets sur feuillets. Une plénitude de satisfaction débordait alors de tout mon être. J'aimais les personnages que je douais de vie, je me réjouissais de leur félicité, je pleurais leurs larmes, et c'est parce que j'ai beaucoup senti ce que j'ai écrit que j'ai réussi à charmer. Mais alors rien ne m'effrayait. La langue que je parlais était celle de la passion ; pourvu qu'elle ût entraînante, on ne m'en demandait pas davantage. Ma plume courait librement et sans frein. Elle disait, suivant l'impression de mon cerveau, ce que devaient exprimer les personnages de mes fictions. Je savais à l'avance que des milliers de lecteurs frémiraient d'impatience en lisant mon feuilleton; que des femmes se tiendraient pour satisfaites, quand j'aurais rassemblé des sophismes afin de leur prouver que certains crimes ruineux de la société et de la famille ne sont pas même des fautes; qu'elles ne sont point libres de résister à une tentation qui dépasse les forces de leur cœur. Je savais être applaudi par les hommes, en étalant leurs vues élégantes, et par le peuple, en écrivant des drames tendant à prouver que, seul, il dispose de l'avenir de la France, demeure le levier chargé de soulever le monde social. Mais, aujourd'hui, je ressemble à un homme qui, après avoir parlé une langue toute sa vie, se trouve subitement obligé de se servir d'un autre idiome. Quand je songe que l'intrigue du livre que je veux faire ne doit offenser aucune imagination jeune, que pas une phrase ne doit faire rougir un front de vierge... alors je tremble, j'ai peur... Je ne sais ni la langue chaste des mères et des épouses, ni la langue angélique des jeunes filles et des enfants. Il me semble que, résolu à tirer d'un bloc de Carrare une statue de madone, je vais, malgré moi, en faire jaillir une ménade.

— Tu exagères! dit le docteur.

— Je souffre surtout beaucoup. Darthos prévoyait cette crise...

— Tu en sortiras victorieux.

— Je m'humilie et je prie, dit l'écrivain.

— Maintenant je puis prononcer le nom de Mme Nanteuil, reprit le docteur. Elle aussi a souffert... Livrée à elle-même, le désespoir l'eût jetée dans le marasme et la consomption... Eugénie l'a sauvée. C'est près du lit de Mme de Reuilly, c'est en entendant cette chère blessée lui parler de Dieu et de ses devoirs, qu'elle a compris combien il lui en reste à remplir. Elle te reviendra... Je ne saurais fixer une date à ce retour, mais je sais que, lorsque Eugénie de Reuilly sera guérie, Augustine reprendra sa place à ton foyer.

Des larmes roulèrent dans les yeux du romancier.

— Soyez tous bénis, dit-il, pour le dévouement que vous me témoignez!

En ce moment, un coup discret fut frappé à la porte.

Un moment après, le jardinier, très intimidé, entra. (Voir page 212.)

CHAPITRE XVIII

CEUX QUI RAMPENT

— Pardon, mon oncle, de vous déranger, dit Angèle, en pénétrant dans le cabinet du romancier. Bonjour, docteur... Je vous serrerai la main plus tard... Ne m'en veuillez pas... Maintenant, il s'agit d'affaires...

— D'affaires ? répéta Nanteuil avec surprise. Et pour qui ?

— Pour vous, mon bon oncle : un billet à payer...

— Tu fais erreur, mon enfant, répondit l'écrivain ; les pauvres gens ne signent point de billets, et je suis maintenant un pauvre homme.

— Regardez, mon oncle ; voici cependant votre signature...

Angèle tendit le billet.

Le romancier prit le papier timbré, l'examina longuement, curieusement ; puis il se contenta de répondre :

— Cette signature est contrefaite, mon enfant, assez habilement, je l'avoue. Cependant, à force d'écrire mon nom, j'ai contracté certaines habitudes de plume auxquelles un expert ne se tromperait point.

« Le *V*, qui commence mon prénom : « Victor », laisse courir bien plus loin le délié qui le termine et semble une aile légère planant au dessus du nom propre. L'*N*, qui commence Nanteuil, s'écrase avec une sorte de brutalité ; le *t* est barré avec énergie, tandis que la fin du mot s'allonge en lettres molles, presque imperceptibles... Je te le répète, c'est assez bien imité, voilà tout.

Le docteur se leva.

— Me permets-tu d'interroger le porteur de ce billet ? demanda-t-il.

— Tu me rendras un vrai service, mon cher ami.

Toussaint trouva dans l'antichambre la personne chargée de présenter la valeur signée : *Nanteuil*.

— De qui tenez-vous ce billet ? demanda Toussaint.

Le jeune homme consulta son carnet et répondit :

— De M. Kasio Vlinski..,

Le docteur devint pâle, réfléchit l'espace d'une seconde ; puis il ajouta :

— Mon ami, qui avait oublié cette petite affaire, vient de me prier de la régler en son nom ; je demeure à dix pas d'ici, et je vous serai fort obligé de m'accompagner ; cela vous évitera une course, et peut-être des ennuis.

— Volontiers, monsieur ; cependant, la signature de M. Nanteuil est tellement sûre que, si cela lui était agréable, notre maison renouvellerait l'effet ?...

— Mille grâces, monsieur, répondit le docteur ; il me paraît préférable de terminer cette affaire.

Une demi-heure après, Toussaint revint dans le cabinet de son ami.

— Tu as été bien longtemps? dit Nanteuil.
— Pas trop pour la besogne que j'ai accomplie, tu peux me croire.
— Qu'as-tu donc fait?
— Deux choses : d'abord, j'ai payé ce billet...
— Ce billet, qui, je te l'affirme, est l'œuvre d'un faussaire!...
— C'est pour cela, répondit tranquillement Toussaint.
— Tu règles le montant d'une valeur fausse? Et pourquoi?
— Afin de tenir l'habile imitateur de ta signature.
— Tu le connais donc?
— Je le connais.
— Alors, mon cher, au lieu de payer, tu devais tout bonnement remettre ce billet au commissaire de police?
— Halte-là! je n'ai nul désir que la police se mêle de cette affaire. Je suffirai pour l'arranger. Et peut-être bien achetons-nous bon marché le droit de rendre le repos à une pauvre jeune créature?
— De qui veux-tu parler? demanda Victor Nanteuil.
— De ta fille.
— Ah! fit le romancier, elle expie sa faute... durement!
— Plus durement que tu n'aurais osé le souhaiter pour son châtiment. J'avais, je te l'ai dit, procuré une place à Kasio Vlinski ; mais Vlinski ne veut pas travailler, et, trouvant que la vie sédentaire ne lui valait rien, il a remercié le directeur de l'administration du Soleil, et il a recommencé sa vie de flânerie inutile et d'emprunts indélicats. Parfois, la chance lui sourit au jeu; le plus souvent, elle s'est montrée défavorable. Alors, dans son logis sans ressources, l'existence est devenue un enfer :

« Il a osé reprocher à ta fille l'entraînement fatal auquel elle a cédé en devenant sa femme. Il n'a pas rougi de lui déclarer que jamais il n'avait cru à la rancune paternelle ; qu'en l'épousant il s'était imaginé réaliser à la fois un mariage d'argent et d'inclination ; qu'il ne pouvait vivre dans une misère à laquelle il n'était pas accoutumé ; enfin il lui signifia qu'elle eût à venir te supplier de lui pardonner.
« Je solliciterai bien mon pardon, répondit Cécile, mais je ne de-
« manderai pas l'aumône. L'un après l'autre, je vendrai les objets qui
« restent de mon trousseau de jeune fille, et, quand je n'aurai plus
« rien, je travaillerai pour gagner le pain de mon enfant. »
— Son enfant? fit le romancier d'une voix déchirante.
— Oui, un petit enfant frêle et pâle, qu'elle serre sur son sein en le couvrant de larmes et de baisers. Vlinski croyait que ta fille, accoutumée à toutes les jouissances du luxe, ne saurait jamais endurer les privations ; mais, avec la maternité, est entré dans l'âme

de Cécile un sentiment nouveau. En comprenant de quel amour une mère, un père chérissent l'être qu'ils ont vu grandir, elle sent l'énormité de sa faute : « J'ai mérité ce qui m'arrive, me répète-t-elle souvent. Je ne me plaindrai jamais... »

— Ah! ce Kasio! ce misérable! cet imposteur! ce lâche!

— Vingt fois plus misérable encore que tu ne le supposes; mais, cette fois, je me réjouis de songer qu'il est tombé dans l'abîme... On va vite dans la route qu'il suit. De l'indélicatesse, on descend aisément à l'escroquerie, et de l'escroquerie au vol. A-t-il perdu une somme considérable? s'est-il trouvé subitement dans une situation si terrible qu'il lui fallait de l'argent à la minute même?... Peu importe! Ne pouvant décider sa femme à l'accuser sa misère, il a contrefait ta signature.

— C'était lui?

— Oui! fit Toussaint. Kasio Vlinski est un faussaire.

— Mon Dieu! mon Dieu! s'écria Nanteuil, quelle honte! quelle tache! Lui, en cour d'assises; elle, condamnée à voir l'homme que, malgré son père, elle s'est obstinée à épouser, envoyé à Nouméa sous une casaque de forçat!

— Rien de ceci n'arrivera, dit Toussaint. Voici mon projet : un romancier, comme toi, connaît toujours un haut magistrat. Nous irons le trouver ensemble, ou, si tu le désires, je me chargerai seul de ce soin. Les magistrats témoignent, d'habitude, une grande sollicitude aux familles. Autant qu'ils le peuvent, ils évitent d'ébruiter les faits capables de jeter de la déconsidération sur des noms connus. Je suis certain de trouver leur appui dans cette circonstance. Ce fait nous livre Kasio, pieds et poings liés. Se montrer, je ne dirai pas indulgent, mais faible, serait lui fournir la facilité de commettre des fautes nouvelles. Le faux, cette autre forme des *crimes de la plume*, nous permet de l'empêcher de mal faire, au moins sous nos yeux. Kasio partira; il aura peur, en voyant entre les mains d'un juge la preuve de son infamie, et ta fille se trouvera à l'abri de ses indignités et de ses violences.

Nanteuil se leva et serra la main de son ami.

— Le soin de cette affaire me regarde, dit-il. Je suis l'ami d'un homme de grand sens et de haute vertu, qui mettra ton projet à exécution. Pourvu que la malheureuse Cécile ne croit point de son devoir de suivre cet homme dans son exil?

— Bah! fit le docteur, il n'essayera pas même de l'emmener avec lui! Kasio ne laissera point, à ta malheureuse fille, l'illusion qu'elle sera pleurée!

Les deux amis s'entretinrent longtemps de Cécile et d'Augustine.

— Ah! dit le romancier, que Vlinski s'éloigne, et, dès qu'il aura franchi la frontière, que Cécile vienne mettre son enfant dans mes bras! Après tout, fit le romancier en se levant, et en laissant voir sur son visage l'empreinte d'une inoubliable douleur, c'est ma faute, c'est ma très grande faute!... J'ai écrit les *Filles majeures*, et Cécile m'a crié, en s'enfuyant : « C'est ce livre qui m'a perdue! »

Nanteuil appuya ses deux coudes sur la cheminée et sanglota amèrement :

— Ma fille! ma fille! ma pauvre chère petite Cécile!

— Je te la rendrai, dit Toussaint. Sois sans inquiétude.

Il tira de sa poche un portefeuille, qu'il plaça sur la cheminée.

— On ne voyage pas sans frais de routes, ajouta-t-il; tu trouveras là quinze mille francs. Après avoir retenu le voyage de Kasio, fais-lui tenir une lettre de change sur un banquier de New-York... L'appât de cette somme à palper, lors de son arrivée, contribuera à le décider au départ. Il lui sera servi, en outre, une pension suffisante... Quant au luxe, s'il lui en faut, il joue assez bien les *Berceuses* et les *Polonaises* de Chopin pour le gagner.

Le regard que Nanteuil jeta sur son ami refléta une reconnaissance voilée d'angoisse et d'amertume.

— Me ferais-tu l'injure d'hésiter? demanda Toussaint. Tu me rembourseras sur les droits d'auteur du volume que tu écris.

— Tu oubliais une chose, ami; la littérature honnête rapporte moins que l'autre, et son placement est moins facile.

— C'est possible; mais on ose offrir cet argent à Dieu et aux pauvres!

Toussaint s'éloigna, dans la crainte qu'un attendrissement trop violent fût nuisible à Nanteuil, encore affaibli. Il rencontra Angèle dans l'antichambre :

— Allez près de votre oncle, ma mignonne; demain, tandis qu'il sortira pour une grave affaire, courez chez Cécile, décidez-la à vous suivre, et installez-la ici avec son enfant. Elle aura besoin de se sentir serrer sur le cœur de son père, quand éclatera le coup qui doit la frapper.

— Vous m'effrayez, docteur!

— Kasio a commis un faux...

— L'effet présenté à mon oncle?...

— ... était signé du mari de Cécile. Mais, soyez tranquille, nous n'aurons ni bruit, ni procès; Kasio partira... Nous nous efforcerons ensuite de faire oublier à Cécile ce qui fut un malheur, autant qu'une faute... Au revoir, mon enfant; j'ai accompli ici plus de besogne que je ne comptais : je dois achever celle que j'ai commencée au Prieuré. Là aussi, on a besoin de moi.

— Docteur, dit Angèle, laissez-moi vous embrasser, et portez, de ma part, cette caresse à ma tante.

« — Heureux Darthos! murmura Toussaint en s'éloignant. Et quand je songe qu'Étienne a été longtemps assez aveuglé pour lui préférer Cécile!... »

Toussaint prit un train qui le ramena à La Ferté vers dix heures.

Du pont de la Marne, il aperçut la clarté de la lampe d'Eugénie.

— Comment va notre malade? demanda Toussaint à Augustine, quand il revint au Prieuré.

— Elle me semble moins abattue.

— Que vous a-t-elle dit?

— Elle ne cesse de me répéter : « Il faut que je vive, jusqu'à ce que ma mère connaisse la vérité et retire son injuste malédiction... Après, il arrivera de moi ce qu'il plaira à Dieu. Je serai prête. »

— Pauvre noble femme!

— Vous êtes-vous occupé de son affaire, mon cher docteur?

— Avec grande hâte, comme vous pouvez le croire... En quittant Nanteuil, je suis allé voir un magistrat prudent, que j'ai mis au courant de ce qui s'est passé... Les faits les plus monstrueux ne sont point passibles de la cour d'assises, vous le savez... Si Eugénie succombait au chagrin qui l'écrase, celui qui l'a causé aurait aussi réellement un meurtre sur la conscience que s'il l'avait frappée d'un coup de poignard... Je me suis toujours demandé pourquoi les forfaits moraux étaient si peu châtiés, quand le vol est réprimé avec une sévérité si grande? Remarquez que j'approuve complètement l'arrestation et l'emprisonnement des voleurs. Je regrette seulement que les *crimes de la plume*, dans le genre de celui dont Eugénie est victime, ne soient point punis d'une façon terrible.

— Il reste Dieu, fit Augustine, Dieu qui voit tout et n'oublie rien!

— Dois-je monter chez elle?

— Elle vous attend.

En effet, Eugénie, dévorée d'inquiétude et d'impatience, prêtait l'oreille à tous les bruits de la maison et se demandait pour quels motifs Toussaint différait de la rejoindre.

Quand elle le vit, elle se souleva avec peine sur son lit.

— Eh bien? demanda-t-elle.

— Je crois pouvoir vous répondre que nous apprendrons la vérité, mais à une condition, à une seule.

— Laquelle ?
— C'est que vous nous aiderez.
— De tout mon pouvoir.
— Le magistrat, auquel je me suis adressé, m'a chargé de vous demander des détails sur des choses que vous seule pouvez révéler. Il ne s'agit point ici d'une enquête ordinaire. Le crime commis contre vous, car il s'agit d'un véritable crime, a de sourdes et mystérieuses allures... On a miné le sol sous vos pieds, et vous roulez dans un abîme. Qui a creusé cette mine? Qui avait intérêt à ouvrir cet abîme sous vos pieds? Tout crime profite à quelqu'un... A qui profite celui-ci?

— Mais, docteur, fit Eugénie, quel être pouvait souhaiter me brouiller avec ma mère, m'attirer sa malédiction et la porter à me rejeter, pour ainsi dire, loin d'elle?

— Cherchez, dit doucement, mais impérieusement, le docteur.

Eugénie réfléchit un moment, puis elle laissa échapper un gémissement :

— Si ce que je pense répand la lumière sur cette affaire, dit-elle, cette lumière brûle comme un incendie... Oui, un être, un seul, a un grand intérêt à m'éloigner de ma mère... Abusant jadis de mon hospitalité, il n'avait cessé alors d'ourdir des trames contre moi. Bassement jaloux, animé d'une cruauté froide, sachant poursuivre un but, comme le serpent rampe pour atteindre sa proie, il n'a jamais rien négligé pour semer la discorde entre moi et ma mère... Il n'a jamais complètement réussi; mais il ne se décourage pas. Cette fois, il se croit bien certain du succès, sans doute... Seulement, si le mensonge dont ma mère a été dupe est horrible, il faut convenir qu'il est encore plus maladroit. On n'escamote pas un malade. Une maladie se prouve. Un jour, il aura bien de la peine à démontrer à ma mère qu'il ne complota pas, d'une manière infâme, contre moi et contre elle... Si elle apprend la vérité, et elle l'apprendra, n'en sera-t-elle pas réduite à le mépriser dans le fond de son cœur?... Oui, poursuivit Eugénie, mon frère seul est capable d'avoir menti avec cette audace, en comptant sur une impunité dont il a souvent recueilli les fruits.

— Cela suffit, dit le docteur. Remettez-moi la lettre que votre mère lui envoyait, et qui, par un miracle, a été glissée dans une enveloppe portant votre adresse?... On affirme souvent que les erreurs de ce genre sont de petits moyens employés par les auteurs de vaudeville... Voyez combien on se trompe!... Cette fois, il s'agit d'un drame réel, et d'un drame de famille... Grâce à vos indications, je pourrai traiter directement cette affaire avec le détective qui me sera envoyé. Courage! nous triompherons de toutes ces lâchetés, et vous retrouverez à la fois la santé, le bonheur et la force de reprendre vos travaux.

Dès le lendemain, un homme d'une taille élevée franchit la grille du Prieuré et demanda le docteur.

Celui-ci le rejoignit au salon, pressentant quel était son visiteur.

— Monsieur, dit l'étranger, en présentant une carte, voici qui m'accrédite près de vous. J'ose espérer que vous m'accorderez votre confiance.

Toussaint raconta l'entretien qu'il avait eu, la veille, avec Mme de Reuilly.

— Fort bien, répondit le détective; le champ des recherches se rétrécit maintenant d'une façon qui rend la tâche facile. Il me faudrait seulement quelques renseignements provenant des gens de la maison. Pouvez-vous mander le jardinier?

— Très volontiers, monsieur; je vous l'envoie chercher de suite.

Un moment après, le jardinier, très intimidé, entra dans le salon.

— Mon ami, lui dit l'agent, il s'agit de rappeler vos souvenirs et de les formuler d'une façon précise? La tranquillité d'une famille et la vie d'une femme dépendent peut-être de ce que vous allez nous apprendre... Je vous interroge en raison du pouvoir que je tiens d'un magistrat?

L'idée de la justice effraye d'ordinaire assez les gens du peuple, et le jardinier tremblait légèrement, en tortillant les bords de son chapeau de paille.

— Est-il venu ici un étranger? demanda l'agent.

— Non, monsieur, répondit le jardinier, avec l'accent de la franchise.

— Aucune personne inconnue ne vous a-t-elle questionné au sujet de la santé de Mme de Reuilly ?

— Si, monsieur, si; je me souviens, maintenant... C'était vers le soir, et j'allais fermer la grille, quand un monsieur m'a abordé avec des allures assez mystérieuses... Il m'a demandé si madame avait été gravement mordue par le chien, si elle se trouvait en danger?... Je répondis que les crocs de la bête avaient assez profondément entamé les chairs, mais que les plaies se cicatrisaient... que madame se trouvait très malade et que le médecin venait tous les jours... J'ajoutai tout ce que je savais sur les fièvres dont souffrait madame; mais, par deux fois, le monsieur m'interrompit pour me questionner sur les morsures du chien, si bien que je ne pus m'empêcher de penser : « On dirait que ce particulier apprendrait avec plaisir que le chien était enragé et que madame est perdue?... »

— Après?

— Après, le monsieur me remit sa carte, en me priant de lui écrire en secret et me promettant de me récompenser, si je le tenais au courant de l'état de madame... Je le promis et je gardai la carte... Cela pouvait être utile à l'occasion.

— Tellement utile que vous allez me la chercher et me la remettre.

Le jardinier obéit à l'injonction du détective et revint bientôt.

— La voici, dit-il.

— C'est bien cela! s'écria Toussaint; oui, c'est bien cela, et maintenant tout ceci devient d'une clarté aveuglante. La mère de Mme de Reuilly, apprenant à la fois la maladie et l'accident arrivé à sa fille, l'a écrit à son fils. Celui-ci, dans sa hâte de mettre peut-être prochainement les mains sur une fortune, est accouru à Rueil, questionner le jardinier... Évidemment, ces deux mots *morsure* et *maladie* en ont, pour lui, signifié un seul : *hydrophobie*... Il a espéré que sa sœur succomberait dans un délai prochain et qu'il hériterait de sa fortune... Les réponses du jardinier ne confirmant pas cette attente, un projet a vite mûri dans sa tête... Ne pouvait-il tirer parti de la situation, la dénaturer et faire déshériter sa sœur, s'il ne pouvait lui prendre sa fortune personnelle?... Le soir même, il adressait à sa mère la dépêche télégraphique dont parle celle-ci dans cette lettre, qui a presque tué Mme de Reuilly... A ce télégramme, a succédé une missive explicite, renfermant toute la trame : sa sœur était ni blessée, ni malade; elle avait inventé cette sinistre histoire, dans l'unique but de faire de la peine à sa mère... Celle-ci, ne lui pardonnant point un procédé si inqualifiable, se tournerait tout entière du côté de son fils... On cesserait d'écrire à Mme de Reuilly... Personne, au couvent, ne saurait plus ce qu'elle fait, ni où elle demeure... On la mettrait en quarantaine... et, si la mère d'Eugénie tombait gravement malade, le fils, mandé seul près d'elle, aurait tout loisir de s'emparer des valeurs au porteur, et Mme de Reuilly se trouverait dépouillée...

— Monsieur, répondit l'agent avec un sourire, vous avez tellement simplifié ma tâche qu'il ne me reste plus rien à faire.

— Pardon, répondit Toussaint; nous avons besoin de la copie du télégramme envoyé en Bretagne.

— Je vous demande deux jours, répondit l'agent.

— Faites au mieux, monsieur, dit le docteur; la situation de Mme de Reuilly s'aggrave d'une façon désolante.

L'agent quitta le Prieuré, et Toussaint retourna près de la malade, dont la surexcitation était extrême.

Vers le soir, Eugénie fut prise d'un accès de délire, pendant lequel elle ne cessait d'implorer sa mère. Elle lui rappelait, avec une éloquence arrachant des larmes à ceux qui l'entendaient, les jours pendant lesquels sa correspondance avait fait toute sa joie. Elle lui rappelait les bonheurs du passé; elle la suppliait de se hâter de la bénir, parce qu'elle avait peur de mourir avant d'avoir reçu un mot de tendresse.

Quand elle recouvra la raison, elle demanda un prêtre.

— La force me manque pour pardonner, dit Eugénie ; je dois l'obtenir de Dieu... Peut-être me l'accordera-t-il ?

Oui, quelque résignée qu'elle fût d'habitude, Mme de Reuilly sentait en elle une lutte terrible. Elle ne pouvait se faire à cette idée, qu'elle allait mourir sous le coup de la colère maternelle; que, de loin, elle ne recevrait pas une dernière caresse, une suprême bénédiction. Elle pleurait à sanglots, entremêlant ses larmes d'appels déchirants, qui l'épuisaient davantage. Le docteur ne pouvait plus rien pour calmer cette angoisse; le prêtre seul devait garder assez d'influence pour triompher de l'excès de cette douleur.

Il y parvint. La loi de la miséricorde s'imposa à Eugénie de Reuilly ; en couvrant de ses baisers les pieds de Celui qui pardonna à ses bourreaux, elle sentit se fondre en elle ses ressentiments et, en même temps, se calmer la fièvre qui lui martelait le cerveau.

Le surlendemain, scrupuleusement exact, l'agent revint au Prieuré.

Durant ces deux jours, Toussaint n'avait pas perdu une heure. Il avait demandé au juge de paix une attestation, une lettre au confesseur, et, quand on lui remit la copie du télégramme, il plaça sous enveloppe toutes ces pièces, en joignant la lettre de la mère d'Augustine, dont le changement d'adresse avait révélé une trame odieuse ; puis il expédia le tout en Bretagne.

Le docteur, afin de juger de l'opportunité de l'heure où il devait remettre la lettre à Eugénie, avait supplié sa mère d'envoyer cette réponse à son adresse personnelle.

Deux jours se passèrent, sans qu'il reçût un seul mot.

Le troisième jour, un télégramme lui était envoyé par la supérieure du couvent où était la pauvre mère. En recevant les pièces réunies par le docteur et l'agent, en comprenant quelle trame horrible avait été ourdie pour la séparer de sa fille, l'infortunée avait été frappée d'une congestion, et l'on craignait pour sa vie.

— Je me défie des médecins de province, dit le docteur, en se levant et en frappant la table avec une sorte de violence désespérée. Ma place est là. Je partirai, ce soir, chercher la vérité. Après-demain, je serai revenu, et Mme de Reuilly me croira à Paris.

Toussaint alla à la recherche d'Augustine pour lui faire part de son projet.

— Savez-vous ce qui est arrivé? lui demanda-t-il. Ce n'est plus seulement sa sœur qu'un misérable a frappée, mais sa mère... A cette heure, la malheureuse mère d'Eugénie est peut-être morte. Dites à votre amie que, durant son sommeil, les affaires de Nanteuil m'ont appelé à Paris... Adieu! J'ai charge d'âme, et je me dois de sauver et de rendre, l'une à l'autre, ces deux infortunées.

Le docteur passa par Paris, alla voir Nanteuil et le supplia de permettre à Angèle et à Cécile d'aller passer quelques jours au Prieuré.

Le romancier y consentit.

Pauvre Cécile! elle n'était plus que l'ombre d'elle-même; le désespoir avait cerné ses grands yeux, jadis si brillants; ses lèvres blémies avaient pris, pour le garder à jamais, un pli douloureux. On sentait que plus jamais leur rigide dessin ne s'éclairerait d'un sourire.

Elle ne revint pas seule : elle apporta son petit enfant.

Le caractère de la jeune femme était trop enclin à l'emportement, pour qu'elle ne sentît point l'énormité de la faute qu'elle avait commise. Elle eut la franchise, presque la grandeur de s'accuser :

« — Mère, dit-elle, en tombant aux genoux d'Augustine, autrefois j'essayais de me trouver une excuse ; je me répétais que les livres de mon père m'avaient perdue... Mais, si j'avais lutté, prié; si j'avais eu la foi, j'aurais triomphé d'un entraînement fatal. Ai-je pu être si folle que de me jeter dans un abîme où toute ma vie est restée?...

« Si tu savais par quelle idée terrible je suis poursuivie! Il me semble que c'est mon enfant, cette belle petite fille blonde et rose, qui se chargera de mon châtiment... qu'à son tour elle bravera ma défense, repoussera mes conseils et cherchera, dans une union maudite comme la mienne, le bonheur que j'ai cru trouver. Ah! dis-moi, répète-moi que tu me pardonnes, que jamais tu ne te souviendras de ma faute, de mon crime, et que tu aimeras, que tu béniras mon pauvre petit enfant!... »

— Hélas! murmura Augustine, si j'avais fait de toi une fille plus chrétienne, je t'aurais davantage armée pour la lutte; tu aurais prié, Dieu t'aurait soutenue.

Toutes deux pleurèrent, mêlant des douleurs également cuisantes ; toutes deux se rapprochèrent, et leurs cœurs ne s'étaient jamais si bien confondus qu'au moment où elles souffraient davantage.

Avec une sorte de honte, elle demanda des nouvelles de Kasio.

— Le docteur seul en a reçu, répondit Augustine. Il est à New-York ; à son arrivée, on lui a compté une somme de deux mille francs, et il en touchera autant chaque semestre. Il n'a pas à se plaindre!

— Mais mon père n'a plus rien?... dit Cécile étonnée.

— J'ai donné des ordres au docteur, ma fille ; cette pension distraite de ma petite fortune, me laisse encore onze mille francs de rente. Il faudra vivre avec cela.

— Oh! je travaillerai, dit Cécile.

— Toi, ma chérie? Et à quoi? Comment? Que ferais-tu?

— Je travaillerai, répéta la jeune femme ; j'ai compris, en me voyant jouée et dénuée de tout, que, loin d'en rougir, on doit être fier de savoir gagner de l'argent.

Quand vint l'heure de rentrer chez Nanteuil, Cécile demanda à sa mère :

— Quand viendras-tu avec nous?

— Quand ton père m'appellera, répondit Augustine.

Le Religieux reçut la suprême expression du repentir de Victor Nanteuil.
(Voir page 228.)

CHAPITRE XIX

L'IRRÉPARABLE

Lorsque Etienne Darthos eut dit à Nanteuil : « Voilà une main de papier, écrivez une grande œuvre... » le romancier se mit au travail avec une sorte d'enthousiasme. Plus tard, comme il le raconta à son ami et au docteur, des doutes lui vinrent sur la valeur de l'ouvrage commencé. Il connut, pour la première fois, l'angoisse du labeur et de l'enfantement, lui qui jamais n'en avait ressenti que les fièvres généreuses. Certes, l'idée du livre était heureuse et morale; lorsqu'il en eut combiné les divisions, ménagé les effets, et amené un dénouement satisfaisant, il ressentit une sorte d'espérance et soumit son plan à l'approbation du critique. Celui-ci écouta Nanteuil avec une grande attention, puis il prit amicalement dans les siennes les mains de son ami :

— Ce n'est pas cela! lui dit-il.

— Pas cela?... Pas cela? Cependant, mes personnages sont intéressants, les événements logiques, la péripétie imprévue...

— Certes, répondit Étienne, mais quel est le personnage intéressant? C'est le plus coupable.

Pendant tout le drame, on le suit avec une persistance fiévreuse. On est content de le voir se tirer d'affaire par quelque moyen que ce soit. Ce coquin plaît et captive. Ce scélérat possède de l'esprit! Ce voleur, qui frise la potence, vous a tout à fait bon air! Il est puni à la fin, c'est vrai; mais si c'est en cela que tu fais consister la moralité de ton œuvre, tu as tort. Pour écrire un livre d'une portée sérieuse, on doit se donner garde d'habiller le vice de tant de soie et de le doter de tant d'agréments. Les situations que tu présentes sont hasardées, scabreuses; loin de glisser rapidement sur les détails, tu y appuies et tu les développes. On reste l'imagination troublée par plus d'un tableau, et, quelque grave que soit ensuite ton appréciation et ton dénouement, on garde l'impression première; de telle sorte que si tu condamnes les choses irrégulières et immorales, tu les rends cependant tellement tentantes qu'on ferme l'oreille au court avis de la sagesse d'une ligne, pour s'abandonner à des plaisirs dont l'analyse a pris vingt pages et même plus...

— Et il s'ensuit que?... demanda Nanteuil, haletant.

— Ton livre, malgré tout, est encore un livre dangereux, répondit Darthos.

Nanteuil déchira le plan de son ouvrage, en composa un second et retomba dans les mêmes fautes.

— Étienne, dit-il avec découragement, j'ai entrepris une chose impossible.

— Difficile, je te l'ai dit, voilà tout!

— Impossible! je te le répète. Il faudrait inventer une poétique de livres moraux, et personne ne l'a fait. Je sais échafauder une machine compliquée; je ne raconterai pas naïvement une naïve histoire. Mon style chaud, coloré, ne convient pas à des récits de village, à des *nouvelles*. Faute de m'être contenu, je me suis en réalité amoindri. Je regrette mes œuvres d'autrefois, mais j'ai employé pour les faire des moyens dont je ne saurais me débarrasser. Je deviens insignifiant, si je me limite. Je ne peux faire parler deux jeunes filles innocentes, faute de connaître leur langage. Mon allure sera et restera trop libre! Pour le roman chrétien, il faut une fleur de pureté qui parfume toutes les pages. L'âcreté de ma douleur, l'amertume de mes regrets, ma science du mal, mon dégoût de la vie, se trahiront malgré moi. J'ai l'habitude des poisons, ils ne me font plus rien; je ne saurais même m'en passer, la trace en reste partout. Vingt ans consacrés à combiner des aventures, à mettre en relief de hideuses figures, font perdre la faculté d'idéaliser la candeur et de chanter la vertu. Je me sens gauche, emprunté, impuissant. Je me souviens que tu as un jour soutenu cette thèse devant moi : *Sacra sanctis*! Hélas! je ne suis pas un saint; en touchant aux choses saintes, il me semble que je les profane.

— C'est un scrupule exagéré.

— Soit, mais mon impuissance est un fait.

— Malheureusement.

— Que faire, Étienne, que faire?

— Écris ton histoire, alors; ce sera le plus vrai, le plus terrible des enseignements. Que ton désespoir crie assez haut pour être entendu de tous. Que ton regret de ne pouvoir rien faire pour la cause d'une morale que tu as insultée, pour la religion dont tu t'étais fait l'ennemi, serve d'exemple à ceux qui seraient tentés de t'imiter un jour.

— J'essayerai, dit Nanteuil avec abattement, mais, pour avoir revêtu un cilice, La Fontaine n'a point réussi à faire oublier les *Contes*, et, bien que Hamilton eût brûlé la fin des siens, nous connaissons encore *Mousseline la sérieuse*.

Victor se remit au travail; mais une indisposition grave l'empêcha bientôt de continuer les *Mémoires* commencés. Il les avait conçus non pas à la façon de Jean-Jacques, qui présente le mal dont il est coupable comme la preuve d'une incontestable vertu; non pas comme les *Souvenirs* laissés par les hommes de la génération dernière, et qui sont entachés de mensonges et grossis de tant d'exagérations; mais il racontait sa vie d'une manière simple et vraie, montrant l'homme avec ses misères, ses défauts, ses ambitions, ses erreurs, aujourd'hui si amèrement regrettées, si cruellement expiées aussi.

Dans ce livre où il mettait toute son âme, Nanteuil s'élevait à une véritable hauteur et arrivait à l'éloquence à force de remords. Seulement il ne l'acheva pas.

Il reprenait sa tâche avec le dessein d'un devoir à remplir, d'une satisfaction à donner ; il ne se sentait plus entraîné par l'inspiration.

Chaque jour, il lui semblait que sa facilité de travail devenait moins sincère, moins vivante. Les grands ressorts de la vie se relâchaient chez cet homme encore dans la force de l'âge, et d'apparence si robuste.

Nanteuil possédait trop l'habitude de l'analyse pour ne point s'étudier avec un soin persistant, maladif. Quand il comprit que jamais il ne trouverait pour le bien la puissance qu'il avait eue pour le mal, il sentit le désespoir envahir son âme, et glissa sur la pente d'un marasme que pouvait suivre la mort.

Le sentiment de joie exaltée qu'il avait ressenti en rentrant en possession de ses traités, diminua, puis s'évanouit.

Le poids qu'il avait cru pouvoir soulever, écrasa de nouveau ses épaules.

Son incapacité à réaliser le bien, après avoir semé le mal, devint une torture sans nom. Le rocher de Sisyphe qu'il tentait de soulever l'écrasait de tout son poids. Ce géant restait impuissant, et il savait que cette impuissance était un châtiment, et le plus rigoureux que le Seigneur lui pût envoyer. Du jour où il sentit tomber la plume de sa main fatiguée, il comprit l'indignation d'Étienne, et la grandeur de son crime.

Lorsqu'il sortait de son pauvre appartement, où ne venaient plus les flatteurs et les parasites de sa vie fastueuse, il allait sur les quais, sur les boulevards, regardant par une habitude machinale les étalages de librairie.

Quelquefois il s'entendait nommer, et alors, il surprenait sur les visages un sentiment de curiosité mêlé de l'admiration pour le passé, et de la pitié pour le présent. Rien ne le faisait plus souffrir que ce qu'on appelait sa gloire, quand il ne poursuivait d'autre but que celui d'en anéantir les traces. Passait-il devant un magasin de librairie ? il l'inspectait soigneusement, afin de racheter les exemplaires de ses livres. Un jour, chez un bouquiniste, il aperçut une collection complète de ses œuvres ; Nanteuil n'avait pas d'argent, il vendit sa montre, acheta les volumes et les brûla en rentrant chez lui.

Il dormit la nuit suivante.

Le romancier alla plus loin :

Afin de rentrer en possession du plus grand nombre possible d'exemplaires de ses romans, il retourna chez d'anciens amis, renoua des relations avec des connaissances négligées. Près d'eux il se ranimait, et retrouvait un peu de l'entrain de ses causeries d'autrefois. Il rappelait les années de sa jeunesse, les tentatives de ses débuts; quand il avait jeté le dernier bouquet du feu d'artifice de son esprit, il usait de mille périphrases diplomatiques afin d'arriver à emprunter ses œuvres.

Rentré chez lui, Nanteuil envoyait une lettre de regrets, et pensait qu'un tel autographe compensait suffisamment la perte matérielle des volumes.

Il éprouvait un moment de joie enfantine, lorsque, grâce à un subterfuge de ce genre, il retirait un roman de la circulation.

Puis, un moment après, il pleurait des larmes de sang, en comparant ce misérable résultat à ce qu'il avait eu l'ambition d'accomplir.

C'est à ces recherches que Nanteuil occupait désormais ses heures. Ces résultats, si faibles qu'ils fussent, gardaient leur côté poignant.

Oh! qu'il était alors différent de lui-même, ce romancier, qui avait été le roi de la littérature tapageuse, le dramaturge à la mode dont les soupers de *centième* ne se comptaient plus; ce batailleur qui semblait vouloir accaparer la renommée pour lui seul; dont les murs de Paris étalaient le nom sur d'énormes affiches, dont la gloire sonnait des fanfares, qui comptait de rares émules et pas un rival !

Non point qu'on le plaçât au niveau des poètes dont le nom franchira notre siècle, et il n'y prétendait pas. Il bornait son ambition à remplir Paris, la France, l'Europe de sa popularité. Aux sons éclatants des trompettes classiques de la renommée, il ne lui déplaisait point de mêler la cymbale du bateleur. Il s'épanouissait dans le succès qui fait vivre, qui dilate, qui met en vue; dans le mouvement de respect instinctif qui fait que la foule se range et se découvre quand un homme passe. Quelques-uns de ses voyages avaient été une longue suite d'ovations.

Maintenant il se demandait s'il avait, même au point de vue humain, atteint le but que rêve, dans la belle confiance de sa jeunesse, l'homme qui se donne à la masse, de quelque nom qu'elle s'appelle.

Avait-il possédé la gloire?

Oui, si l'on se contente du mouvement, du tapage qui se font autour d'un nom; oui, s'il suffit de voir saluer par les journaux le livre encore sous presse, d'inspirer de fiévreuses attentes au public qui voit la suite d'un feuilleton dramatique; de savoir que chaque œuvre excitera l'émulation des critiques, soulèvera des polémiques ardentes, sera défendue par les uns, sera anathématisée par les autres; oui, si les gravures sur acier, sur bois, les eaux-fortes, en reproduisant des types pris dans les livres, ajoutent à la renommée d'un écrivain; oui, aussi et surtout, si une salle entière se lève, électrisée, pour acclamer une œuvre, et répéter le nom en faveur de l'homme qui vient tour à tour d'exciter le rire et les pleurs.

Mais si, par le mot *gloire*, on veut exprimer la renommée conquise au prix d'une œuvre douée d'immortalité, d'une idée grandiose, appartenant au seul génie; si l'on comprend surtout par le mot *gloire* la grandeur de la pensée créatrice, la beauté magistrale de la forme, la jeunesse divine et vraiment idéale de l'idée : non, Victor Nanteuil n'avait point atteint la gloire.

Il l'aurait pu, cependant. A cette heure, il le sentait. En concentrant ses forces, il les eût doublées; en conservant à son âme la fleur veloutée qu'elle tient de Dieu, il eût marché de pair avec les premiers.

Ainsi, sans profit pour sa vraie grandeur, il était descendu. Et maintenant, il ne pouvait rien édifier sur des ruines.

Un soir, tandis qu'Étienne et Nanteuil s'entretenaient familièrement, tristement, car Nanteuil ne pouvait plus sourire, le critique lui dit d'une voix douce :

— Vous avez tenté de réparer le mal commis; vous vous êtes repenti devant la société, devant la morale, je dirai presque devant la religion; mais cela ne suffit pas.

— Que puis-je faire encore? demanda Nanteuil.

— Il faut qu'à ma place vienne s'asseoir un prêtre.

Victor Nanteuil n'y avait point encore pensé !

Les coups qui frappaient sa famille, en retombant sur son cœur, lui avaient montré l'abîme; mais son regret ne se sanctifiait pas au pied de la croix.

— Vous avez raison, dit Nanteuil, oui, vraiment raison, mon ami... Croyez-vous sincèrement que le Père Denis, un des jésuites dont j'apprécie le plus le talent, consentira à venir me voir si je l'en prie?

— Je vous le promets.

Le lendemain même, le Père désigné par le romancier montait les six étages de l'appartement de Nanteuil.

Comme il traversait le petit salon, il vit Angèle et Étienne qui causaient à voix basse.

— Je laisse la paix ici, dit le jésuite.

Il revint souvent, presque tous les jours. Il s'était promis de rendre un calme complet à l'âme de Nanteuil. Mais cette âme troublée résistait pour ainsi dire à l'action que voulait exercer le Père Denis. Une tentation violente entraînait Nanteuil vers le désespoir.

— Dieu repoussera mon repentir, disait-il avec angoisse, Dieu m'a rejeté, je le vois : mes remords, mes efforts d'expiation, tout est vain.

— Mais non ! lui répondait le Père Denis, ce n'est pas vrai ! Jamais le Seigneur ne refuse les larmes du pécheur, dernier hommage que celui-ci puisse rendre à celui qu'il offensa... Le crime véritable, le plus grand que vous puissiez commettre, serait de douter de votre pardon.

— Mais, mon Père ! s'écriait Nanteuil, si Dieu me prend en miséricorde, pourquoi me refuse-t-il la faculté d'écrire maintenant de bons livres ? pourquoi me frappe-t-il d'impuissance ?... Veuillez m'expliquer ?...

— Vous n'avez pas le droit de demander compte à Dieu du châtiment qu'il vous inflige... Peut-être met-il au prix de la torture que vous subissez l'indulgence dont vous avez besoin... Ce qu'il demandait, ce qu'il exigeait de vous, vous l'avez fait... Devant tous, vous avez reconnu vos fautes, et quand vous fîtes brûler vos œuvres par la main du bourreau, vous donnâtes certainement le spectacle d'une noble humilité... Mais auriez-vous donc beaucoup expié, si, cessant d'écrire des livres dangereux, vous aviez, avec la même plume, entrepris de composer des œuvres saintes ? Votre réputation, votre fortune, votre gloire, n'auraient fait que changer de courant. Vous auriez gardé les avantages de votre notoriété, et votre repentir aurait eu plus de retentissement que vos anciens succès... Peut-être Dieu ne juge-t-il pas vos mains assez pures pour travailler désormais à l'édification de son temple. Vous avez trop aimé les jouissances de la fastueuse vie égyptienne pour entrer dans la Terre promise... Mais Dieu vous comptera ce martyre, dont il connaîtra seul les angoisses. Vous n'écrirez plus, vous prierez... Vous ne composerez plus d'œuvres dramatiques, mais vous vous agenouillerez sur le pavé des églises... On vous y verra faible, prosterné, abattu par la main de Dieu, cette main que vous adorez même quand elle châtie, et ceux qui vous verront ainsi retireront de votre pénitence plus de fruits que n'eussent produit de bien les œuvres nouvelles que vous comptiez écrire. Gardez-vous, mon fils, de l'orgueil de croire que vous étiez nécessaire au Seigneur. Vous ne pouvez plus tenir une plume ; à cette heure peut-être un écrivain catholique écrit dans un grenier une œuvre destinée à purifier, à consoler les âmes. Le Seigneur a ses voies et son heure ! pleurez et humiliez-vous... adorez ses secrets.

Ce fut la dernière, la plus terrible épreuve de Nanteuil.

Un soir, on frappa assez tard au logement du romancier, et le vieux serviteur introduisit une femme enveloppée dans un vêtement sombre, et tenant un fardeau dans ses bras.

Benoît ouvrit silencieusement la porte.

La jeune femme ne prononça pas un mot, elle étendit la main et désigna une porte ; le domestique lui répondit par un geste muet qui signifiait :

— C'est là.

Alors, avec une précaution mêlée de crainte, elle l'ouvrit, puis, très doucement, la referma derrière elle.

Si faible que fût le bruit qu'elle avait fait, Nanteuil se retourna brusquement.

A la clarté de la lampe, il aperçut une forme indistincte.

— Qui est là ? demanda-t-il, d'une voix sourde.

La jeune femme haletante tomba sur les genoux, et, soulevant un petit enfant dans ses deux mains, elle le tendit anxieusement vers le romancier.

Ce fut tout ; le romancier s'élança vers elle avec une sorte d'emportement de paternité presque sauvage, et il la garda serrée sur sa poitrine.

— Oh ! père ! père ! fit-elle, vous me pardonnez donc ?

Il étendit la main sur son front penché, et murmura :

— C'est ma faute ! ma très grande faute.

Mais une seconde s'était à peine écoulée qu'Angèle, prévenue par Benoît, accourait à son tour. Alors ce furent des caresses affectueuses, des épanchements sans fin.

Cécile ne cacha rien de ce qu'elle avait souffert à sa cousine ; quand elle avait appris que Kasio partait, elle oublia ses fautes, ses mauvais traitements ; elle ne se souvint que de ses devoirs.

— Dans une heure je serai prête, lui dit-elle.

— Ma chère ! répliqua Vlinski en souriant, le temps des romans est passé ; votre père lui-même n'en fait plus ; retournez près de lui, et tâchez d'oublier que je vous ai joué des mazurkes de Chopin et que vous avez été assez folle pour vous éprendre d'un Polonais de ma sorte.

Ce fut l'adieu de Kasio à sa femme.

Le docteur et Étienne l'ayant prévenue qu'ils accompagnaient Vlinski jusqu'au Havre, et le mettraient prudemment à bord du paquebot qui le devait emporter en Amérique, Cécile alla d'abord chez sa mère et chez Eugénie; maintenant elle venait s'agenouiller devant son père.

Quand elle voulut endormir son enfant, avant de le coucher dans le lit qu'elle dressa à côté du sien, elle le berça longtemps et vainement, sans réussir à clore ses yeux ;

— Qu'attend-il pour dormir? demanda en souriant Angèle, qui trouvait un charme inexprimable à regarder cet enfant, dont la surprenante beauté réunissait si heureusement les types si divers de Kasio et de Cécile.

— C'est que, dit la jeune femme en étouffant ses pleurs, j'avais jadis l'habitude de lui murmurer chaque soir une chanson, une triste chanson.

Elle s'inclina sur le front de l'enfant et commença :

> Dans le petit bois vert
> Une jeune fille cueille des fraises;
> Sur un petit cheval gris,
> Passe un jeune seigneur.

Elle n'alla pas plus loin, et fondit en larmes.

Mais, tandis que des lèvres maternelles tombaient ces vers, le petit ange s'était endormi.

Quelques semaines plus tard, Augustine achevait les préparatifs d'une installation nouvelle, dans un appartement qu'elle venait de louer à Paris. Elle apportait un soin extrême aux moindres détails de son aménagement, et Eugénie de Reuilly avait pris une grande joie à apporter dans ce nouvel intérieur quelques belles porcelaines et des bronzes élégants.

Eugénie n'avait plus besoin de ses soins.

Ainsi qu'il y comptait, Toussaint, en arrivant en Bretagne, trouva la mère d'Eugénie dans un état désespéré. Mais il était de ceux qui ne désespèrent presque jamais, et auxquels les voyages ont révélé mille secrets merveilleux. A l'aide de remèdes rapportés des Indes, il raviva une existence prête à s'éteindre; puis, à force d'éloquence, il persuada à la pauvre mère que désormais sa place était au Prieuré, près d'Eugénie. Quand il lui fut possible de supporter le voyage, il l'accompagna, et grâce à des stupéfiants qui la plongèrent dans un profond sommeil, elle ne s'aperçut nullement de la fatigue de la route.

Eugénie ignorait son départ pour la Bretagne. Un soir, tandis que sa chambre était encore plongée dans l'ombre, un pas léger se fit entendre, deux bras tremblants l'entourèrent, des baisers mouillés de larmes se posèrent sur sa joue. Elle s'évanouit et se ranima sur le sein de sa mère.

— Voilà deux cures merveilleuses, dit le docteur; mais il est temps de m'occuper de la dernière... La présence de Mme Nanteuil et de sa fille est désormais indispensable à Paris, et je l'emmène avec moi.

Le docteur avait déjà tout arrangé dans sa tête.

Les épaves de la fortune d'Augustine devaient suffire à l'entretien d'une maison modeste. Une chambre y serait gardée pour Cécile. Quant à Étienne, dont le docteur jugeait la collaboration si précieuse, il devait, après son mariage avec Angèle, s'installer dans l'appartement que lui cédait le docteur, au second étage de son petit hôtel. La jeune fille devait donc provisoirement occuper un très petit cabinet. Tout était disposé par Augustine : le dîner, un dîner de fête, attendait les convives ; Mme Nanteuil, pour la première fois depuis longtemps, consentit à s'occuper de sa toilette. Elle était toujours belle, mais pâlie, et dans toute sa personne on remarquait des traces d'alanguissement. Debout près de la fenêtre, à côté d'Eugénie, elle attendait. Nanteuil n'était prévenu de rien. Elle ne voulait pas avoir à lui pardonner ; il avait assez souffert pour qu'elle lui tendît les bras. Cécile, tenant son petit enfant serré sur sa poitrine, sentait palpiter son cœur avec violence. Pour elle, comme pour sa mère, il s'agissait de recommencer une vie nouvelle, bien différente, hélas ! de ce que fut jadis cette fastueuse vie dont le romancier expliquait au docteur les enchantements et les triomphes, le jour où celui-ci, revenant des Indes, accourut, tout heureux, lui serrer la main.

Quand le timbre résonna, Mme Nanteuil et Cécile se prirent nerveusement les mains.

Toussaint apparut le premier.

Augustine et sa fille s'élancèrent au-devant de Nanteuil, qui défaillait.

— Ma femme! s'écria-t-il, ma femme! ma fille!

Étranglé par l'émotion, il ne put en dire davantage, les sanglots le suffoquaient.

Augustine ne lui permit de rien ajouter; le docteur et Eugénie, ces amis des bons et des mauvais jours, l'entourèrent; sa fille plaça son petit enfant dans ses bras, et il comprit que s'ouvrait pour lui une vie nouvelle, et que Dieu, miséricordieux dans sa justice, adoucissait l'expiation.

A partir de ce jour, Nanteuil s'enferma dans le cercle étroit de la famille, déversant des trésors de tendresse sur ceux qui avaient souffert pour lui. Dans son cœur était une plaie saignante, et nul ne sut la rigueur de son expiation. Il faut avoir possédé la puissance créatrice de Nanteuil, son admirable intelligence, avoir savouré comme lui tous les enivrements de la popularité, pour comprendre de quelle amertume resta rempli son esprit, réduit à l'impossibilité de faire pour de nobles causes ce qu'il avait fait pour la mauvaise. Pour le punir d'avoir fait un coupable usage de l'outil merveilleux que Dieu lui avait prêté, cet outil se brisait dans ses mains, et passait dans celles d'un plus digne.

Un jour, il entendit un jeune homme dire, avec une sorte de pitié, à un de ses amis :

— Tiens, voilà celui qui fut Victor Nanteuil.

Cela était vrai; Nanteuil était mort pour tous et à tout par son repentir; et plus d'une fois, quoiqu'il s'en cachât comme d'une rechute dangereuse, le docteur le surprit recommençant l'éternel calcul des âmes qu'il avait perdues...

Alors il comprit que le sauver était impossible.

Dieu, qui avait accepté son repentir, ne permettait pas qu'il ressentît la joie de réparer le mal commis.

Lorsque cette idée pénétra dans l'esprit de Nanteuil, il éprouva un désespoir si profond que Darthos regretta amèrement sa trop grande franchise.

Cependant, lentement et progressivement, la douleur du romancier s'apaisa; il accepta ce châtiment, le plus cruel qui pût lui être infligé, et, comprenant que le dernier effet de ses remords devait être d'accepter son impuissance, il pria Dieu de la lui compter comme une expiation.

Mais trop de secousses avaient successivement frappé cet homme, si fort jadis et d'une imagination si puissante. Les sources de la vie tarirent lentement en lui. L'anémie l'atteignit, et s'il permit à Toussaint de la combattre, ce fut sans illusion, il n'espéra point l'en voir triompher.

Les joies de la famille lui étaient rendues. Augustine, Cécile, Angèle ne le quittaient plus. Le docteur, en voyant l'inutilité de l'épreuve tentée, ne la renouvela point. Il sentit que son ami s'éteindrait lentement, doucement, au milieu des suprêmes consolations de la foi.

Ce fut une longue agonie, dont nul ne pénétra les mystères. Augustine, en entrant dans l'appartement de son mari, le trouva plus d'une fois le visage baigné de larmes. Enfin, un soir, tandis qu'il voyait groupés autour de lui les objets de son affection, il fut pris d'un spasme subit, et n'eut que la force de demander le Père Denis.

Le Religieux reçut la suprême expression du repentir de Victor Nanteuil, et quand il rouvrit la chambre de l'agonisant, celui-ci agitait déjà les mains avec le mouvement inconscient et vague des mourants. Elles se posèrent sur des fronts courbés, et le dernier mot qui tomba des lèvres de cet homme qui avait tenu tout Paris enfiévré avec les conceptions hardies de ses romans et de ses drames, fut : *Pardon!*

FIN.

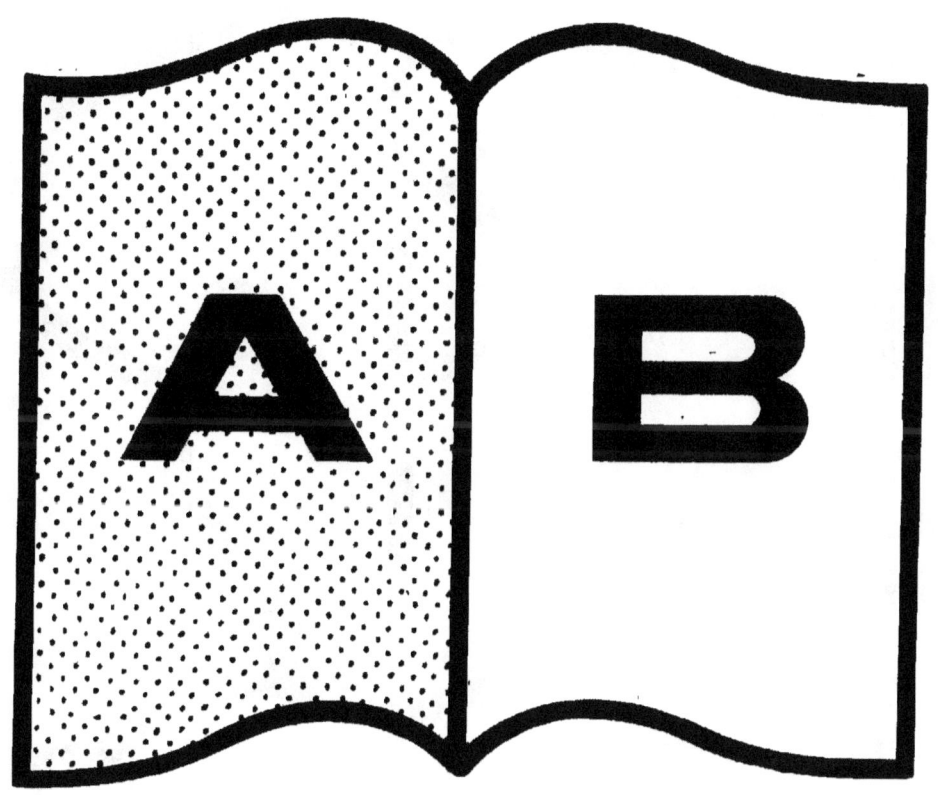

Contraste insuffisant
NF Z 43-120-14

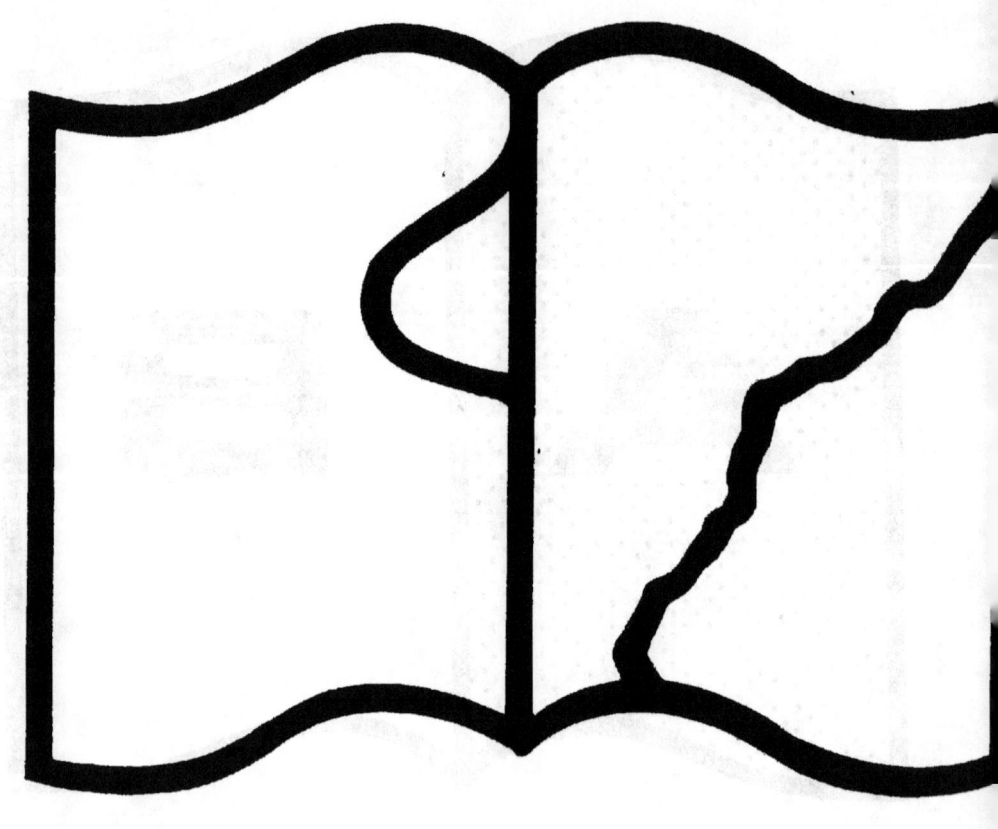

Texte détérioré — reliure défectueuse

NF Z 43-120-11

www.ingramcontent.com/pod-product-compliance
Lightning Source LLC
Chambersburg PA
CBHW051858160426
43198CB00012B/1656